初中英语写作教学理论与实践

主　编　邹德平
副主编　张　彦　高　颖
编　者　（按姓氏拼音顺序排列）
郭　婧　贾强强　刘　田　朱伟雪

山东大学出版社
SHANDONG UNIVERSITY PRESS
·济南·

图书在版编目(CIP)数据

初中英语写作教学理论与实践/邹德平主编.—济南:山东大学出版社,2023.8

ISBN 978-7-5607-7872-3

Ⅰ.①初… Ⅱ.①邹… Ⅲ.①英语-写作-教学研究-初中 Ⅳ.①G633.412

中国国家版本馆 CIP 数据核字(2023)第 122232 号

策划编辑 徐 翔
责任编辑 孙艳凤
封面设计 王秋忆

初中英语写作教学理论与实践
CHUZHONG YINGYU XIEZUO JIAOXUE LILUN YU SHIJIAN

出版发行 山东大学出版社
社 址 山东省济南市山大南路 20 号
邮政编码 250100
发行热线 (0531)88363008
经 销 新华书店
印 刷 济南新雅图印业有限公司
规 格 787 毫米×1092 毫米 1/16
16.5 印张 381 千字
版 次 2023 年 8 月第 1 版
印 次 2023 年 8 月第 1 次印刷
定 价 78.00 元

编者介绍

邹德平，1987年4月生，现任齐鲁师范学院外国语学院副教授。目前发表论文6篇，主持省级课题2项、厅级课题4项、校级教改2项，参与课题多项，出版专著1部，编撰教材1部。取得的具体奖项有：2016年校级教学改革论文比赛二等奖、2017年第九届课堂教学大奖赛一等奖、2017年青年教师讲课比赛二等奖、2018年山东省第五届“超星杯”高校青年教师教学比赛三等奖、2021年校级创新大赛一等奖、2021年山东省首届教学创新大赛三等奖、2022年首届课程思政大赛校级一等奖、2022年山东省校级课程思政大赛二等奖。

张彦，1981年4月生，现任齐鲁师范学院外国语学院讲师。发表论文多篇，主持并参与省级课题、校级教改课题多项，曾获全省高校青年教师多媒体教育软件竞赛一等奖，校课堂教学大赛一等奖，2020年、2021年外研社国才杯全国英语写作大赛省赛指导教师奖。

高颖，1983年1月生，现任齐鲁师范学院外国语学院讲师。发表论文多篇，主持省级课题1项，荣获省级教育成果一等奖1项，出版专著1部，参与省级课题2项，获外研社高校英语教师教学大赛山东赛区三等奖、国家级优质课展评一等奖。

刘田，1987年2月生，现任山东省泰安市泰安实验中学初中部英语教师。多次被评为校级优秀班主任及教学先进个人。取得的奖项有：2019年校级教学能力大赛一等奖、2019年泰安市泰山区优秀教学班主任、2022年泰安市优秀教学班主任。

郭婧，1988年1月生，现任山东省济宁市第十三中学英语教师。多次执教校、市区级公开课，参与市级课题1项，发表省级论文1篇，曾获济宁市任城区教学先进个人。取得的奖项有：2018年山东省“一师一优课，一课一名师”活动“优课”、2020年济宁市任城区初中英语学科优质课一等奖、2021年济宁市任城区第一届基础教育教学成果二等奖、

2021 年济宁市初中英语学科基本功比赛一等奖。

贾强强，1994 年 5 月生，现任天津市咸水沽第二中学初中英语教师，二级教师。研究生期间发表英语教学类论文 1 篇。取得的奖项有：2022 年校级优质课一等奖、2022 年义务教育作业设计大赛区级三等奖。

朱伟雪，1986 年 11 月生，现任潍坊市高新区智谷学校初中英语教师。取得的奖项有：2018 年山东省“一师一优课，一课一名师”活动“优课”、山东省教育教学信息化大奖赛三等奖、县级教学能手、县优质课一等奖、县政府成果奖等。

序

人为什么要写作？美国学者史密斯（Raymond Smith）说，人们为了两个理由而写作：一是为了与人沟通，二是为了记录自己。还有人说，write、speech和code是自媒体时代最有价值的工具，强大的写作能力会让人生拥有更多的可能性。可以说，如今的时代，写作的重要性越来越高。写作能力是一种综合性很强的语言应用能力，特别能体现一个人的语言能力和水平。在英语"听、说、读、写、译"五种基本能力中，写作能力独具价值，也是培养难度最大的。本书作者选择"写作教学"这个主题，可以说独具慧眼，同时颇具勇气。

有学者指出，写作能力等于思考能力，当人们把自己的想法写下来时，原本脑海中的模糊、抽象的各种想法会逐渐变得清晰和具体，人们在写作的过程中还会产生很多新的想法，也因此变得更加聪明，而教育的目的之一就是让学生更聪明。学生在用英文写作时，需要调用已有的语言知识，还要关注语言表达的准确性，英文写作给学生提供了激活思辨能力和创造力的空间，指向了人的全面发展和素养达成。《义务教育英语课程标准（2022年版）》已经颁布，紧随其后的就是中考命题改革的深入推进，相信写作测试的研究将成为教师们无法回避的工作重点。新课标对初中生的写作能力提出了更高的要求，比如要求学生在书面表达中做到内容清晰、结构完整、语言达意、逻辑连贯，在考查学生的书面表达能力的同时，还要考查学生在家国情怀、国际理解等方面的文化意识和思辨能力。

在这样的时间节点，我非常愿意把这本书推荐给现在的老师和未来的英语教师们。我推荐它的理由有以下几点：第一，作者澄清了我们对于写作的诸多误区，比如写作不能有功利性，不只是为了应付考试；写作能力的培养是需要花费时间、需要科学规划的；写作能力不是单纯靠"写"的训练就能获得，"套模板"式的写作练得再多也不一定有效果。

第二，作者关注到了一个以往被忽视的问题，那就是教师的专业成长不仅包括教师的在职培训，更包括教师的职前学习与培养，如果教师在入职之前就能较好地把握写作教学的理论与实践，学生写作能力培养的效果会更好。第三，作者梳理、分析了国内外各种写作教学的方法，提供了诸多思路。第四，作者分别从英语学科核心素养、写作体裁、教材和写作类型四个方面来讲写作的课堂教学设计，可以说全面、具体、落地，特别符合教师的教学实际。第五，作者还关注到写作教学的评价设计，引导教师明晰写作素养的构成要素，确保学生的写作学习质量。第六，作者急教师之所急，提供了大量写作教学和学生习作的案例，这些具体翔实、可操作性强的案例定会给教师们赋能，最终为学生们赋能。

本书体现新课标理念，回应教师关切，指向学生发展，具有实操性、创新性和引领性，非常期待读者的共同发现和深入探讨。

杨　璐

山东省教育科学研究院教育评估所副所长

2022 年 11 月 27 日

前　言

党的十八大以来，以习近平同志为核心的党中央十分关心广大教师、高度重视教师队伍建设工作。习近平总书记深刻指出，教师是立教之本、兴教之源，做的是传播知识、传播思想、传播真理的工作，是塑造灵魂、塑造生命、塑造人的工作。习近平总书记站在"好老师是民族的希望"的高度，对教师提出殷切希望，号召广大教师做到"三个牢固树立""四个相统一"，争做"四有好老师"，当好学生"四个引路人"。近年来，教师教育体系不断开放，教师教育改革不断深化，培养造就了大批合格教师，有力地支撑了世界上最大规模的教育体系。进入新时代，广大人民"有学上"的目标基本实现，"上好学"的希望愈发凸显，"有老师"的目标基本达成，对"好老师"的需求愈发强烈。英语写作课是初中英语教学中的重要一环，帮助教师上好写作课，英语师范生学会上好写作课，成为一名会教英语写作的"好老师"，是本书的出发点。

党的二十大报告指出："教育、科技、人才是全面建设社会主义现代化国家的基础性、战略性支撑。必须坚持科技是第一生产力、人才是第一资源、创新是第一动力，深入实施科教兴国战略、人才强国战略、创新驱动发展战略，开辟发展新领域新赛道，不断塑造发展新动能新优势。"报告明确指出，"深化教育领域综合改革，加强教材建设和管理"，这对新时代教材建设和管理提出了新要求。因此本书在编写过程中严格遵守党的二十大报告提出的要求，内容有理有据。首先，依据成果导向教育理念（Outcome-based education，OBE），坚持"学习中心，产出导向，持续改进"的原则。根据《英语师范专业人才培养方案》中毕业要求的设计，针对教学能力方面，要求学生在毕业时能够"理解中学英语课程标准，针对中学生身心发展和学科认知特点，运用英语语言文学学科知识，合理使用现代信息技术，创设以学生为中心的教学情境，进行教学设计、实施，并开展多元化的学习评价，获得一定的教学经验；具备教学基本技能，具有问题意识以及一定的教学研究能力”。本书的目标是帮助英语师范生学会如何上好写作课，具备一定的写作教学实践能力，未来能够在中学从事英语及相关教育教学工作，以立德树人为己任，最终成为具有良好的教育情怀和教师职业道德、较好的人文底蕴和科学精神、扎实的英语语言基本功、厚实的英语专业知识、较强的跨文化能力、熟练的教育教学技能的区域骨干教师。再者，本书的编撰依据《普通高等学校师范类专业认证工作指南(试行)(2018 年版)》，坚持以社会需求适应度、学生和用人单位满意度、质量保障有效度为主线。因此，本书的理论部分由齐鲁师范学院外国语学院的三位老师编撰，实践部分由四位初中一线英语教师编撰，极大地确保了本书的质量和深度。

本书的前六章注重对初中英语写作教学理论的介绍。第一章介绍了当前初中英语写作课教学现状，针对目前现状，提出了本书的研究目的与意义，进而对相关的初中英语写作教学理论进行了阐释并对《义务教育英语课程标准(2022 年版)》关于初中英语写作部分进行了解读。第二章介绍了主流的初中英语写作教学法。基于教学方法，对初中英语写作课堂进行了教学设计。第三章主要介绍基于英语学科核心素养的写作课堂教学设计。第四章主要介绍基于写作体裁的课堂教学设计。第五章主要介绍基于教材的写作课堂教学设计。第六章主要介绍基于写作类型的课堂教学设计。《义务教育英语课程标准(2022 年版)》明确提出要进行“教—学—评”一体化设计，因此第七章介绍了初中英语写作课的教学评价，主要有终结性评价、过程性评价、表现性评价、多元化评价。

基于前七章的理论介绍，本书的后两章注重初中英语写作教学的实践层面。第八章结合真实的初中英语课堂，从写作话题入手，针对不同年级设计写作教案。第九章以思维导图的方式呈现写作课堂教学步骤，继而对学生的写作内容进行自评、同伴互评和教师点评，最终进行佳作共赏。

本书反映了编写团队对国家《义务教育英语课程标准(2022 年版)》中关于初中英语写作教学标准的学习与理解，以及对《普通高等学校师范类专业认证工作指南(试行)(2018 年版)》中关于师范生培养的学习和理解。本书提供了适合初中学生英语写作能力训练与提高的理论以及丰富多彩的课堂教学活动设计、教案和范文，可供广大初中英语教师在写作教学中借鉴和选择使用，也可供英语师范生当作课程教材使用。

本书从构思到完成，得益于团队的合作。郭婧老师是我的大学同窗，朱伟雪老师和刘田老师是我的研究生同窗，贾强强老师是我校优秀毕业生，张彦老师和高颖老师是我亲密无间的同事。能够通过此书的合撰把大家聚集到一起做科研实属不易，此处一并致以诚挚的谢意！也以此书致敬大学情、师生情、同事情！

本书的错讹之处，敬请读者不吝批评指正。

邹德平

2022 年 12 月 1 日

于马来西亚吉隆坡

目　录

第一章　绪　论

写作是综合性输出语言的过程，属于较高层次的语言能力。具体而言，写作与两种能力关系最为密切：一是用词造句、布局谋篇的能力，即语言表达能力；二是观察事物、分析事物的能力，即认识能力。写作教学不仅致力于培养学生的书面表达能力、语言组织能力和社会交际能力，更可以促进学生感知力、记忆力、想象力、分析判断力等思维能力的提高。总之，写作过程是学生认识水平和英语表达能力的综合体现。

第一节　写作教学现状

近年来，学术界越发认同写作在促进语言学习方面的积极效果，这更加凸显写作在英语学习中的重要性（文秋芳，2015）。虽然写作教学被给予了高度重视，但很多教学理念在教学实践层面并没有得以贯彻落实，这就需要我们为英语写作教学找到更多落实新理念、新方法的突破口。下面从教师、评价、教材等方面阐述当前英语写作教学中存在的问题。

（一）写作教学的目的功利化

受应试教育的影响，写作教学训练存在形式单一、套用模板、教学时间投入不足、反馈不及时、反馈形式单一等问题。“取得高分”沦为英语写作的唯一目标，训练过程枯燥乏味、功利化。刘兴华（2020）的调查研究发现，中学英语教师不太愿意采用比较耗时的教学方法，也很少让写作成为促进语言学习和认知发展的手段。很多教师为了短时期内有效提高学生的写作成绩，甚至在课堂上给学生提供相应的写作模板，并让学生熟练背诵，写作时根据题目的要求直接套用合适的模板。这样的教学模式虽然在短时期内提升了学生的写作成绩，但写作过程程式化、单一化，不是真正采用书面语言进行交际的过程，因此写作能力不能得到有效提升。

（二）缺乏对学生写作兴趣的培养

目前英语写作教学存在“重输入，轻输出”的问题。在教学过程中，很少有老师通过语言输出带动学生的语言输入，这导致学生写作能力提升缓慢，过于重视词汇、阅读、语法的教学，学生的英语学习兴趣因此受到极大影响。在教学过程中，教师评价学生作品的标准程式化，比如要求运用“高级词汇、高级句型”，套用结构模板，让写作过程模式化、机械化。这使得学生的想象力急剧退化，语言创造力受到严重阻碍。此外，写作任务的情景创设缺乏真实性，与学生的知识背景关联程度不高，这既不利于培养学生的英语写作兴趣，也无法培养学生的创造性思维。

（三）写作训练的投入时间少，教学质量难以保证

在中学英语教学中，“赶进度”是教学常态。课堂教学过程过于重视词汇、语法等语言输入的教学，很少有老师愿意拿出宝贵的课堂时间，对学生进行独立的写作训练。一般来说，教师会在课堂上给学生布置作文题目，并让学生利用课余时间完成写作。这导致了学生的写作过程缺乏专业、科学的指导，比如，很多学生没有养成整理思路、列出提纲、写作文草稿的习惯，也没有养成写后检查、自我反思的习惯。这种教学现状不利于学生良好写作习惯的培养。

（四）缺乏完善的教学评价体系

写作教学评价具有诊断、激励、调整的功能，其中激励功能可以激发学生学习英语的积极性，建立自信。在现实的教学评价中，存在评价的主体单一、维度单一、方法单一等问题。在评价主体上，以教师评价为主。在评价维度上，只注重对学生写作语言、结构、主题等方面的评价，以考试标准对学生的写作进行评价。在评价方法上，较少运用同伴互评、同伴讨论等方式，导致课后反思效果较差。在教学评语中，多注重指出学生文章语言、标点、书写中的不足，缺乏正面、鼓励的点评。这些评价体系都不利于学生英语写作综合能力的培养。

（五）教材资源匮乏

现行初中英语教材话题新颖，贴近学生的实际生活，很受广大教师和学生的欢迎。但经过仔细分析之后，发现虽然每单元的写作标题新颖，能够调动学生的写作积极性，但缺乏对学生进行系统的写作教学策略方面的指引，这在一定程度上导致师生们对英语写作的忽视。

第二节　研究目的与意义

在经济全球化与世界多极化的进程中，各国在经济、政治、安全、文化等领域深化合作，寻求发展。作为一种国际通用的交流性语言，英语的重要性越显突出。英语写作教学的目的不仅在于使学生根据常规语篇结构学会布局谋篇，更重要的是让学生通过写作养成良好的学习习惯，形成有效的学习策略。

作为学习英语写作的初级阶段，初中英语写作是初、高中英语教学衔接的重要环节。高质量的写作教学对于学生语言综合能力的提升大有帮助，能够有效提升学生英语学习的兴趣和信心，培养学生良好的写作习惯和方法。

在本书中，编者将探索英语写作教学理论基础，研究基于英语学科核心素养、写作体裁、现行英语教材以及写作类型的课堂教学设计，最终达到以下四个方面的目的。

（一）帮助英语师范生提高写作教学能力

通过分析《义务教育英语课程标准（2022 年版）》[以下简称《课标（2022 年版）》]中关于写作教学的基本要求和理念，帮助英语师范生掌握英语写作教学的基本思路、基本方法，并能够结合中学生的学习规律和认识特点，灵活地运用教学方法和现代化教育技术，设计出高效、科学的写作教学案例，具有初步的教学反思的能力。从而进一步培养师范生对于英语写作教学的研究兴趣。

（二）帮助中学英语教师提高写作教学水平

通过对具体教学案例的分析，启发教学思考。帮助新教师从中获取英语写作教学方面的经验，巩固与发展自身专业水平，并且有助于促进老教师教学观念的转变与革新，推动英语写作教学方面的改革。帮助广大英语教师夯实英语写作教学的理论基础，获取英语写作教学研究的新动态、新理念，进一步改进教学方法，推动课堂教学结构改变，从而提升教学质量，促进学生英语学科核心素养的发展。

（三）提高英语教学质量

听、说、读、写能力是相互影响、相互作用的有机统一体。把提高学生的英语写作能力作为突破口之一，以写促学，以写带动听、说、读等语言技能的全面发展。探索学生英语学习的策略，培养学生学习英语的兴趣。

（四）助力教师的教学科研工作

中学教师的教学任务繁重，可用于教学科研的时间不是很多。希望本书有助于增强教师的教学科研意识，推动有经验的教师积极投身教学科研，为教学科研提供帮助，从而形成教学与科研和谐发展的局面。

第三节　教学理论阐释

（一）整体教学理论

1.输入假说理论

根据美国学者克拉申（Stephen Krashen）提出的语言习得理论中的“输入假说”（Input Hypothesis），只有当语言习得者接触到“可理解的语言输入”，即略高于习得者现有语言技能水平的第二语言输入，而习得者又能把注意力集中于对意义或对信息的理解而不是对形式的理解时，才能产生习得，即著名的“i＋1”公式。“i”代表习得者现有的水平，“1”代表略高于习得者现有水平的语言材料。语言输出建立在语言输入理解的基础上，因此教师在进行写作教学时，要注意语言输入的质量和数量。然而仅仅是输入可理解性的语言还不足以引发与延伸写作习得的产生，必须对阅读材料中的意义进行加工，使材料更加有意义，更具趣味性和关联性，这样学习者通过有效的练习，才能获得使用语言的条件。在真实的教学环境中，学生的理解技能通常略高于表达技能。在初中英语写作的教学设计中，输入假设可以理解为：教师首先要创设有意义的、有趣的写作情境，提供略高于学生现有水平的语言材料，并通过“听”和“读”等途径输入语言。在教学设计上，如果写作目标中所输入的语言过于高深，且超出了学生的理解能力，教师需采用多步走的教学设计，依据学生的能力，进行多元化、有层次的教学设计。把语言信息按照从简到繁、由易到难的顺序进行输入，并辅以听、说、读等相关训练，最大限度地把语言输入内化和吸收。当写作任务达到预期目标时，语言输入才会达到预期的理想效果。

与此同时，依据《课标（2022 年版）》，学生在写作过程中占据主体地位，教师应该重视学生语言知识的内化。在进行教学设计时，围绕着阅读文章的行文脉络和经典语句，引导学生理解文章的组织结构，借鉴文章中的词汇表达、语法使用、语句选取，依托阅读材料采用借鉴、仿写等形式进行写作训练，真正做到“以读促写”，提高学生的写作能力和阅读能力。依据美国学者克拉申的输入假说和《课标（2022 年版）》要求，结合真实课堂情况，具体可以从以下三个方面对写作课堂进行改进。

首先，设计趣味性情境，激发学生的阅读兴趣。在教学过程中，教师要引导学生积累阅读材料中的重要词汇、句型和语法，在自主写作时，学会深层次地运用这些知识点，适当地进行仿写。兴趣是最好的老师，阅读材料所提供的各种真实语言情境，能够让学生融入其中。在进行教学设计时，教师尽可能地根据课文内容创设有意义的、有趣味性的情境，激起学生的阅读兴趣，通过自主感知文章的内容—体验文字力量—操练语言知识—吸收内化语言这一行之有效的过程，丰富其语言知识，并提高其语言综合运用能力。

其次，借鉴阅读文本的语篇结构特点，学习如何应用谋篇、拓展、衔接、连贯等技能。

有效的阅读过程能够帮助学习者获取作者所要传递的信息以及要表达的思想，在遇到与所阅读文本内容相似的主题时，大脑中能快速检索到相应的语言信息，并学会使用仿写技巧，提升对于主题内容的表达能力。每篇阅读文本根据体裁、话题的不同，都会有相应的结构模式。因此在阅读和写作教学时，教师要引领学生借鉴和归纳语篇的模式，并在阅读后进行实战演练，将所学知识吸收内化。

最后，深化阅读文本主题，提升综合能力。通过对阅读文本的借鉴，不断丰富学生的内涵知识，提升学生的思维能力，培养跨文化交际意识。思维能力与表达能力是相互依存的，为提高学生的思辨能力，教师可通过对阅读文本的分析，引导学生开展对文章主题内容深入式的、批判性的思考。教师通过在阅读过程中对主题内容的展示，使学生增强对异域文化的了解，扩展国际视野，增强跨文化意识，提升民族自信，形成正确的人生观、世界观和价值观，达到育人目的。教师要充分挖掘阅读文本中的思政要素，引导学生在写作中表达积极向上的人生态度。

2.输出假设理论

美国语言学家克拉申提出的输入假设是以理解语言为基础的理论。按照这一假设，无论母语习得还是第二语言习得，都离不开可理解性语言输入，语言输入是二语习得的必要条件。针对克拉申提出的语言输入假设中的不足，二语习得研究者斯温纳（Merrill Swain）在 1985 年提出了“语言输出假设”（Output Hypothesis），她反对大量可理解性输入对语言习得所起的决定性作用。斯温纳认为，尽管理解输入语对二语学习很重要，但并不能保证学习者在语法准确性方面达到近似本族语者的水平，学习者只有通过使用所学语言才能达到这一点。

在语言习得中，可理解性输入是必要不充分条件，学习者在接受语言信息后可以理解内化，并充分利用，但是仅靠输入就想掌握第二语言是不可能的，学习者还要对所学到的语言信息进行输出才能更好地掌握第二语言。斯温纳（1995）认为，学习者没有足够的机会使用第二语言进行交流沟通是学习者学习第二语言感到困难的关键原因，这会导致学习者的语言水平停留在对语言知识简单理解的层面上。因此要加大语言输出，促进语言习得的过程。斯温纳指出语言输出具有三种功能：注意或触发功能、假设检验功能、元语言反思功能。注意或触发功能是指语言输出能引起学习者对语言形式的注意，发现自身问题，从而开始关注所需要学习的目标语，促进学习者的第二语言习得。假设检验功能是指学习者在语言学习之初对目标语作出一定假设，之后根据假设所获得的信息来逐步改善自己的语言输出内容及方式，培养对语言输出的检测能力。元语言反思功能是指学习者运用语言来分析自己及他人的语言使用，用这样的方式可以提高学习者对语言的理解，所以元语言反思活动有助于激发学生学习兴趣，优化学习策略，逐渐将语言内化。

输入、输出的理论观点体现出词块教学法的优势。基于输入假说和输出假说可以了解到，学习者要想提高英语水平，输入和输出二者缺一不可，只有学习者将可理解性输入消化吸收，再经过准确输出后，才能真正地掌握语言知识，提高写作能力。

3.支架式教学理论

“脚手架”（scaffolding）是建筑行业的常用术语，是指建筑行业中使用的为了保证各项施工顺利进行而搭建的工作平台。支架式教学用"脚手架"概念形象地比喻一个观念框架,意指为帮助学生完成新知识建构而搭建的向上发展的平台。"脚手架"形象地说明一种教学模式:教师引导着教学的进行,使学生掌握、建构和内化所学的知识技能,从而使他们进行更高水平的认知活动,最终完成对所学知识的意义构建。简言之,是通过"支架"(教师的帮助)把管理学习的任务逐渐由教师转移给学生自己,最后撤去"支架"。好的教学支架,能够激发学生兴趣,简化学习任务,保持活动与教学目标一致性,维持学生已经产出的成果与目标成果之间的联系性。

在教学实践中,建立教学支架帮助学生提高写作技能至关重要。写作一般包含三个步骤:产生思想、组织思想、交流思想。

(1)构建写作思路

教师要设计教学支架,帮助学生有话可说,有写作的想法和内容。通过建立背景信息,让学生思考与写作主题相关的内容。第一步的目标是收集资料和信息,可以通过小组活动来完成。常见的小组活动包括:头脑风暴、激活学习者的背景知识、充分利用资源。

技巧一:头脑风暴

头脑风暴是指尽可能快地产生单词、短语和想法之间的联系而不用担心适当性、顺序或准确性。当学生产生自由联想时,可以建立新旧知识之间的联系并启发观点和想法。

让学生在课堂上以小组的形式一起进行头脑风暴,尽可能多地谈论一个话题。教师不必纠正语法或发音,除非发言的学生表达不清楚。教师是学生求助的资源,学生可以询问教师如何用正确的词语表达想法。通过头脑风暴活动,让学生在短时间内尽可能自由地产生相关词汇、发表评论、提出问题和进行联想。

技巧二:激活学习者的背景知识

激活学生的背景知识是在指导学生写作中最有力度的教学支架。由于写作主要是通过将新想法"挂钩"到我们已经知道的东西上来,因此通常只有当学生有机会将新想法与以前的知识和经验联系起来时,写作才会有话可说。

激活背景知识可以让孩子们把新知识与之前学习的知识联系起来,既可以复习之前所学的内容,又可以支撑新的话题。这一环节能帮助教师了解学生已经获取知识的水平。同时,也能让学生产生自信,这种自信源于他的学以致用,源于已经获取的知识和自己的亲身经历被认同。

教师可以通过提问或者明确告知学生联系自己的生活经验,把新学的语言知识情境化,使用视觉媒体、手势、黑板上的图画、真实情景、展示问题等帮助学生回忆以前头脑中的语言模型。

这种策略在建构主义学习理论中非常重要。该理论指出,学习者通过选择、组织和建立新知识网络和旧知识网络之间的联系,帮助新知识找到在原有知识结构中的"附着点",将新知识同化到已有的知识结构之中。

技巧三:充分利用资源

在写作教学中启迪学生思维的火花,让学生有话可说,还可以借助已有的教学资源。

策略一:根据图片写作

图片通常包括图画、照片、海报、幻灯片、图表等。首先,图片可以为课堂上的学习者提供经验,让大家共同分享。其次,学生在观察图片后,需要使用恰当的词汇、习语和句子结构来讨论他们所看到的图片信息。最后,图片可以服务多项教学任务,一张图可以用来设计一系列的练习活动。图片使教学任务生动形象,激发学生的学习兴趣。

策略二:基于问题的写作

阅读课文后,教师可以巧妙地设计一系列关于课文内容的问题让学生回答。例如,外研版教材高中必修一第一单元第二篇文章介绍了高中毕业生 Lisa 的生活访谈。教师可以设计如下问题:What can you learn about Liza's story? Can you give your friends some suggestions about high school life?

策略三:基于阅读的写作训练

阅读材料跟图片一样,可以给学生提供分享的内容。图片教学只提供了可以讨论的话题,而阅读材料给学生提供的主题和语言资料非常丰富。在阅读的过程中,学生可以了解与主题相关的语言和文化背景。瑞姆斯(Raimes,1983)提出,如果学习者在学习外语期间没有机会说外语或者听地道的外语,那么阅读是唯一能让他们获得无限量语言的活动。学习者阅读得越多,越熟悉以该语言为母语的人的语言表达和文化背景。

(2)组织语言和内容

教师和学生应该共同讨论文本的整体结构,共同找到合适的词汇,并纠正语法、拼写和标点符号错误。教师此时应听取学生的想法,引导学生对课文中的语言特色进行讨论,使用制作思维导图、快速分享想法等技巧来启发学生思考。

策略一:制作思维导图

制作思维导图是在写作之前做笔记的一种策略,即将与该主题相关的想法分类。下面是一个关于春节主题的例子。

在课堂上,教师可以要求学生闭上眼睛,想一想春节,记下脑海中与春节有关的事情,并设定一个明确的时间限制(两到三分钟)。如果有些学生不知道英语单词,就让他们用汉语记下来,并分享他们记下的东西。同学之间的建议以及教师的解释和纠正,可以帮助学生学习新的知识。当学生提出建议时,教师可以收集学生们的想法,并在黑板上制作集体思维导图。制作思维导图的过程不是以有序或线性的方式思考,而是通过对问题各个方面的组合来探索一个主题。

策略二:快速分享想法

让学生在全班口头快速分享想法,教师作为抄写员记录他们的想法。这项活动也可以在小组中进行,一个学生充当描述者,其他学生将他的想法记录在单独的纸条或卡片上。教师可以将这些想法粘在一张大纸上,并进行注释。

(3)输出思想

当学生用上述方法搭建起框架之后,就进入单独或成对写作环节。学生写作时,教师应提醒他们写作的过程:写初稿→自我加工→与同学讨论草稿→教师讲评。

在开始写作之前,教师应事先与全班同学一起做好下述两个问题的准备工作。

——学生在写这个段落时会遇到什么困难?(未知单词或短语)

——教师可以做哪些准备来使活动更容易?(尽量激活学生的想象力)

这一阶段旨在建立学生对课程所关注的特定语言的目的、整体结构和语言特征的理解,引入一些元语言来谈论语言——根据需要向学生讲解连接词、组织结构、课文类型、动词和时态等知识,可以让学生更容易地谈论关键特征。

4.基于语块教学理论

(1)建构主义教学观

建构主义认为,学习是学生自己建构知识的过程。学生不是简单被动地接收信息,而是主动地建构知识的意义。学习是学习者根据自己的经验背景,对外部信息进行主动的选择、加工和处理。教师的教学不能无视学习者已有的知识经验而另起炉灶,而是应该把学习者原有的知识经验作为新知识的生长点,引导学习者从原有的知识经验中,主动建构新的知识。

因此,在写作教学中,首先要注意写作主题的选择是否与学生的生活实际相关联。学生如果缺乏写作主题的相关知识,教师应当给予及时的补充。其次,写作过程的指导要注意社会互动性,通过人际交往与沟通促进学生完成写作任务。将思维导图运用到写作教学中,可以帮助学生对写作内容展开意义建构,培养并提高学生写作水平和思维能力。写作完成后,要注意展开评价反思活动,引导学生将写作的方法、工具和思路内化到自己的知识体系中,形成良好的认知。

(2)图式理论

图式理论是认知心理学中用来描述心理过程的理论之一,指人脑把日常生活中的信息进行存储和使用的过程。1781 年,德国哲学家康德(Immanuel Kant)首先提出了认知图式理论。他认为图式是一种先验的认知结构,所谓"先验"是指普遍经验所有形成的条件、所有知识都是通过认知图式,进而把毫无关联的信息进行重新改造的产物。随着图式理论的不断发展,不同的专家学者对其定义不尽相同,但认识基础基本一致。他们普遍认为图式就是指人脑中关于事件、现象、背景的知识,是大脑对过去事件、过去经验的重组和反映。认知心理学家鲁姆哈特(Rumelhart,1980)认为图式就是认知的建筑组块,是一切信息处理都离不开的基础要素。现代图式理论认为,个体知识经验以图式方式在大脑中存储并彼此联系组成一个立体认知结构,个体受到外部信息刺激后,需要联想头脑中已有图式并以已有图式为基础分析、处理和加工外部信息(孙桂英,2003)。

图式理论的发展不断细化,可以把图式具体分为内容图式、形式图式和语言图式三类(张君棠,2010)。内容图式既包括与主题相关的背景文化知识,也包括学生对文章内容和文章主题的熟悉程度;形式图式具体指的是文章体裁与篇章结构等方面的内容;语言图式是指学生大脑中本身存储的有关词汇、语法、语音等方面的知识。

在英语教学过程中,应当重视语言图式,也就是要注重词汇间的逻辑关系。这些词块图式有助于学生把孤立分散、凌乱无序的词块组成一个有整体意义的"知识结构块"。

当学生在进行相关话题写作时，这些词块图式帮助学生快速回忆起头脑中之前构建的词块框架，并将这些词块恰当对应相关话题，从而能够更加灵活自如地应对写作。

5.基于交际理论的过程教学法

随着世界经济、科技、文化发展不断加快，国际交流日益频繁，外语作为信息传递的工具，受到的重视程度也越来越高。为提高外语教学质量，外语界从未停止探索全新外语教学途径的步伐。1972 年萨维农（Savignon）提出交际能力语言教学的思想，1978 年蒙比（Munby）出版《交际大纲设计》（*Communicative Syllabus Design*）、威多森（Widdowson）出版《交际性语言教学》（*Teaching Language as Communication*），标志着交际教学法的正式确立。

交际教学法的特点：

功能与意念相结合。语言学习以培养学生交际能力为目标，以学生日常生活和未来工作需要的情景为依托，指导学生学会表达和理解不同功能所需要的语言，如请求、描写和表达善恶等。

教学的基本单元是语篇。语言不是存在于孤立的词语或句子中，而是存在于连贯的语篇中。语言教学不应该始终进行以句子为基本单位的机械操练，而是应该把重点放在语篇在交际情景中的实际运用。另外，交际教学法中的句型操练本身就是服务于语篇上下文中的表述意义和交际功能，因此，教学过程应该始终围绕整体语篇展开。

教学过程具有交际化的特点。课堂本身就具有交际性，是一种具体的师生间的社会交往环境。外语的课堂教学中，通过交流讨论和角色扮演等方式可以实现外语教学过程的交际化。值得注意的是，在语言交际活动中，语言不是随意的，要注意语言的形式是否正确，外语的使用是否得体，语言的运用场合是否合理，语言的运用与说话人的身份是否相符等。

学习的主体是学生。外语课堂上的主体是学生，教学目标是要培养学生自主学习的能力，更要培养学生学会学习的能力。交际教学法杜绝对学生进行命令式、机械式的强迫训练，而是强调激发学生自发的学习动机，在教学过程中，要鼓励学生积极参加各种语言交际活动，帮助学生克服焦虑情绪。

树立教师角色。教学过程中，教师的作用尤为重要，教师是示范者和指导者，对学生的学习行为起到引领作用；教师是教学过程的组织者和协调者，在课堂上起到统领大局的作用；教师还是教学活动中的顾问和参与者，与学生一起相互配合进行完整的课堂活动；教师更是监督者和评价者，指导学生更好地参与到课堂当中。因此，树立良好的教师角色是交际教学法中的关键一环。

第四节 《义务教育英语课程标准(2022年版)》中关于写作教学的解读

自2001年起,为建设有中国特色、符合时代要求的基础教育课程体系,我国开启了课程改革之路,其中研发制定基础教育各学科的课程标准是改革的核心内容之一。由此,2001年教育部印发并实施了义务教育各学科课程标准(实验稿),经过为期十年的改革实践,义务教育各学科课程标准(实验稿)极大地促进了教育工作者在教育思想观念方面的转变,广泛地引导了教学改革和人才培养方式的转变,得到了教育工作者和中小学教师的普遍认同。2010年,中共中央、国务院印发了《国家中长期教育改革和发展规划纲要(2010—2020年)》,在义务教育阶段明确提出了与时俱进的改革要求,如要求改革考试评价制度和学校考核办法。基于以上教育改革背景,基础教育课程教材专家工作委员会受教育部委托,组织开展了义务教育课程标准的修订审议工作,此次修订审议工作于2021年底完成。

中华人民共和国教育部制定颁布的《义务教育英语课程标准(2022年版)》,在课程方案方面,完善了培养目标,优化了课程设置,细化了实施要求。在课程标准方面,强化了课程的育人导向,优化了课程内容结构,研制了学业质量标准,增强了指导性,加强了学段衔接。《课标(2022年版)》首先对义务教育阶段英语课程的性质、课程理念、课程目标进行了详细阐述。其中提出了六条课程基本理念:发挥核心素养的统领作用,建构基于分级体系的课程结构,以主题为引领选择和组织课程内容,践行学思结合、用创为本的英语学习活动观,注重"教—学—评"一体化设计,推进信息技术与英语教学的深度融合。这些基本理念为实现义务教育英语课程的总目标和任务奠定了理论基础和实践根基。

英语课程的目标设计以培养学生的核心素养为中心,在《课标(2022年版)》中以总目标和学段目标两个层次逐渐呈现。总目标从语言能力、文化意识、思维品质、学习能力等四个方面展示了目标的总体框架结构;学段目标进一步细化总目标,根据核心素养的四个维度分别按主要级别描述各部分的标准。在分级目标的对应关系中,二级为义务教育六年级结束时应达到的基本要求,三级为义务教育九年级结束时应达到的基本要求。各学段目标之间具有连续性、顺序性和进阶性。对于初中英语写作而言,在分级标准中,应着重注意三级的标准。《课标(2022年版)》对初中学生表达与交流能力提出了明确要求:能围绕相关主题,运用所学语言,与他人进行日常交流,语音、语调、用词基本正确,表达比较连贯;在书面表达中,能选用不同句式结构和时态,描述和介绍身边的人、事物或事件,表达情感、态度、观点和意图。

《课标(2022年版)》指出:语言技能分理解性技能和表达性技能,具体包括听、说、读、看、写等方面的技能及其综合运用。听、读、看是理解性技能,说、写是表达性技能。

七年级的表达技能包括：

1.演唱英语歌曲，诵读英语诗歌；

2.完整、连贯地朗读短文，简单复述短文大意；

3.在教师指导下进行简单的角色扮演；

4.围绕相关主题，用简短的表达方式进行口头交流，完成交际任务；

5.在口头表达中使用较为准确的词语和表达法，语音、语调基本正确；

6.自选主题，围绕特定语境，独立写出几个意义连贯、表意清楚的语句；

7.利用所给提示（如图片、图表、海报、实物、文字等），写出简单文段传达信息，编写情节较为完整的小故事，语言基本准确；

8.用简单的书面语篇介绍个人情况和个人经历；

9.写出或者回复简单的问候和邀请；

10.在书面表达中正确使用常用标点符号，用词基本准确，表达基本通顺。

八年级的表达技能包括：

1.正确、流利地朗读短文，有逻辑地讲述短文主要内容；

2.独立或者小组合作完成角色扮演等活动；

3.在特定的情境中引出主题，并用所学语言与他人进行口头交流，有效询问，恰当表达，完成交际任务；

4.在口头表达中结合主题使用正确的词汇、句式和语法，表意准确、得体；

5.以口语或书面的形式简单转述语篇的主要内容和观点；

6.用简单的书面语篇描写他人的经历或熟悉的事物等；

7.结合相关主题进行主题演讲，观点基本明确，逻辑比较清楚；

8.在教师指导下起草和修改作文；

9.在书面表达中正确使用标点符号，用词准确，表达通顺，格式较为规范。

九年级的表达技能包括：

1.沟通信息，参与讨论，恰当运用一般社交场合的礼貌用语；

2.口头概括所读故事或短文的大意，转述他人简单的谈话；

3.围绕相关主题口头表达个人的观点和态度，并说明理由；

4.就口语或书面语篇的内容、观点和态度作出简单的口头评价，并说明理由；

5.借助语调和重音突出需要强调的意义；

6.根据所读语篇内容和所给条件，进行简单的口头或书面改编、创编；

7.根据写作要求，收集、准备素材，独立起草、修改和完成语篇；

8.为所给图表或自己创作的图片写出简单的说明；

9.围绕相关主题，用所学语言，以书面语篇的形式描述和介绍身边的人和事物，表达情感、态度和观点；

10.在口头和书面表达中使用常见的连接词表示顺序和逻辑关系，连接信息，做到意义连贯；

11.在口头和书面表达中进行适当的自我修正，用语得当，沟通与交流得体、有效。

依据《课标(2022年版)》,"以读促写"的写作课堂模式得到了广泛实施,旨在将阅读和写作有机融合起来,增强学生的英语综合素养能力。然而,在实施的过程中,也发现了一些问题,如部分老师让学生在学习完阅读文章后,输出与阅读文章结构、篇幅长短、语言结构相似的英语作文,写作任务设计的要求较高,或者写作任务设计要求输出的语言并不是本节课阅读所输入的语言,这样就造成了阅读输入和写作输出不匹配的问题。造成这种结果的原因是将写作教学和阅读教学割裂。科学的教学方式是老师在英语阅读教学中结合英文阅读材料开展真实合理的英文写作训练,展开英文阅读与写作的互动训练。

第二章 写作教学法

基于第一章介绍的教学理论，本章主要介绍适合初中英语写作的四种教学法，分别是过程教学法、体裁教学法、词块教学法和思维导图教学法。

第一节 过程教学法

过程教学法盛行于20世纪70年代，最初由华莱士·道格拉斯(Wallace Douglas)提出，是以交际理论为理论基础，在认知心理学和社会心理语言学研究成果的基础上而产生的社会认知理论。该教学法重点关注写作主体，即以学生的写作创作过程为中心，着重强调学生的写作认知过程和写作能力，通过写作充分培养学生的思维能力和交际能力，并且重视学生们在写作课堂上的交互性及自主学习能力，是具有深远影响意义的写作教学方法。在过程教学法的指引下，教师通过多样化的教学活动，侧重在语篇水平上指导写作，包括构思、写提纲、写初稿和修改等各个环节，并且在学生的写作过程中帮助他们发现内容、挖掘素材、分析和解决写作中出现的问题。值得注意的是，教师的指导是贯穿于整个写作过程的，直至学生最后成文。

基于过程教学法，目前广泛认同的是把写作过程分为五个阶段：

(一)写前阶段

写前阶段指的是学生正式进入英语写作前的构思阶段，这包括打英文腹稿、阅读各种英文资料、收集数据信息、确定作文主题、列出作文提纲等。在这个阶段，教师的任务分为三个层面：首先，启发学生如何审题，引导学生如何就题目或主题句的要求展开多维思考，如何自主扩展自己感兴趣的题材等；其次，教师根据作文题意帮助学生列出写作提纲，确定每段的主旨内容；最后，教师引导学生开发思维，不断写出和主题相关的、潜伏于意识之中的各种英文信息。

(二)写作阶段

写作阶段指的是学生用文字把自己的构思表达出来的初稿阶段。教师在这个阶段应指导和鼓励学生使用课堂上学过的词语和句型，做到学以致用，这样学生在作文实践过程当中可以不断内化、巩固和扩大词汇量，掌握更多的语言知识。教师在指导学生展开段落写作时，应跟随学生的思路，以交谈或提问的方式帮助学生厘清思路，紧扣题意，突出重点。在这个阶段不要在意语法规则和选词，否则会禁锢学生的写作思维，使得学生发掘题材的能力和表达能力受限。

(三)修改阶段

修改阶段指的是学生在教师的指导下将作文整理和完善的阶段，这个阶段可以分为两个步骤。第一步，学生之间进行互评。学生以 2～3 人一组为宜，根据教师提出的要求，以小组讨论的方式对同学的作文进行书面评价。整个同伴评价过程除了关注写作内容，也需要指出学生出现的语法错误，小组之间进行讨论并商定修改意见。教师需在小组讨论过程中进行巡查，但不能过多干预，只对有疑问的同学进行答疑或指导。学生之间进行互评属于同级反馈，教师应引导学生以积极的心态接受同伴发现的问题，及时纠正英文写作中出现的错误。第二步，在学生的写作过程中，教师确定学生需要帮助时，可向他们展示优秀范文，引导学生分析优秀范文的写作思路、主题表达、句子衔接、段落过渡等写作技巧，学生可从中领悟，内化成为自己的写作技巧。

(四)重写阶段

重写阶段指的是学生重新整理进行写作的阶段。教师需要向学生解释清楚，重写是英文写作过程中的重要过程之一，而不是因为初稿写得不好进行的惩罚。在这一阶段，教师需要指导学生根据同伴的评价和修改意见，同时借鉴优秀范文的写作技巧和模式，及时调整自己的思路，对自己的作文进行修改和重写。在汲取别人优秀写作经验和虚心接受评价的基础之上对作文进行重写，能够进一步扩展学生的写作思路，提高英语写作水平和技能。

(五)评阅阶段

评阅阶段指的是教师对学生重写整理后的作文进行评阅，教师在这一阶段需要注意两个问题：一是转变教师角色。教师应以读者的身份进行评阅，并且不吝啬对学生的正确观点进行正向表扬，例如“写得不错”“我赞同”等积极性的评价语；对于学生英语作文中出现的中式表达或者语句不通顺的地方提出疑问，使学生能够更加认真地对待自己的英文写作。二是减少显著性的批注错误。有时教师毫无遗漏地批注出学生英语作文中出现所有的错误，会使学生们强烈地感觉到他们的弱点，从而会导致一些学生产生气馁和低落的情绪，尤其初中生正处在叛逆期，容易产生逆反情绪。因此，建议教师每次只标出两三类错误，同一类错误不做重复标注。但针对思路不清晰或主题不明确之类的严重错误，需要及时指出并纠正。与此同时，教师应尽可能地发掘学生英语写作中的优点进行表扬和鼓励，这样学生能够清楚地认知到自己的优点和缺点，激发英语写作兴趣。

写作是一个认知过程，实际上是整理和发展思维的过程。通过以上写作过程阶段的阐述,可以明显地看到过程教学法在英语写作课堂中的优点。一是有利于学生全面了解自己的写作过程,充分给予学生发展思维能力的空间,同时培养逻辑思维能力,激励学生进行自主学习和自主写作。学生根据教师和同学的意见进行构思、写作和修改,这样能充分发展思维能力,有助于发现写作中存在的问题。二是在写作全过程的每一个环节中都加强教师的指导,帮助学生及时发现问题、解决问题,保证学生在英语写作时在正确的思路轨道上进行。三是过程教学法突显了学生的主体地位,通过师生互动和生生互动不仅能够促进学生写作技能的提高,也能够促进学生写作潜能的发挥。过程教学法的不足之处是各类文章的写作都采取同一过程,忽略了文章的题材类别。另外,过程教学法无法在短时间内提高学生的英文写作水平,需要教师长期坚持。

第二节　体裁教学法

体裁教学法盛行于 20 世纪 80 年代,在美国、新加坡、澳大利亚等英语国家率先流行,在教学实践中以体裁和体裁分析为理论基础,对语篇体裁进行分析,围绕语篇的图式结构来开展写作教学活动,并且主张在写作教学的过程中要使学习者建立起体裁意识,以此提高学习者对与体裁有密切联系的修辞结构及语言特征的认识,最终帮助学习者理解各种体裁语篇里包含的篇章结构与交际意义。通过这种写作教学法,教师可以帮助学生掌握不同体裁的语篇所具有的不同交际目的和篇章结构;帮助学生认识语篇不只是一种语言建构,也是一种社会的意义建构;指引学生既掌握语篇的图式结构,又了解语篇的建构过程,帮助学生理解并撰写属于某一体裁的语篇(Kay and Dudley,1998)。体裁教学法认为写作会随语境的变化而变化,应尽可能多地让学生接触不同体裁的文章。海兰(Hyland)(2005)认为学习者应该接触更多的不同体裁的文章,这样写作思路就会越来越广泛、灵活,有助于学习者写作水平的提高。罗瑟里(Rotery,1985)总结的体裁教学法的教学流程为:教师向学生介绍典型文本并解释其体裁;要求学生分析一篇与之相似的文章结构,检查学生是否真正理解该类型体裁文章;学生通过模仿文本并独立完成写作活动(王玉琦,2020)。具体作文体裁分析如下。

(一)看图作文

看图作文一般会给出几幅按先后顺序发生的情景图或者一幅图片作为写作的材料,要求学生根据图画描述内容。首段,需要把图中内容按时间顺序及内在逻辑关系运用恰当的英语表述出来。中间段,需要运用适当的关联词语对句子进行组合和上下文的衔接,使句子之间的关系清楚,语义畅通,做到上下文连贯。结尾段,学生能够利用发散思维和批判性思维提炼出图片所传达的道理或感悟。所以总体来看,看图作文考查的是学生观察信息、发现信息的能力以及运用语句概括信息的英语写作能力。

以 2018 年济南市中考英语试题中的作文题目为例：

下面这幅漫画呈现了小明的爷爷昨天接他放学回家的情景。请根据你对漫画的理解，用英语写一篇 100 词左右的短文。内容包括：1.描述漫画内容；2.简要陈述你的看法。

注意：

1.可以进行适当的想象。

2.短文中不得出现真实的人名、校名等相关信息。

（参考词汇：drawing board 画板）

教师在课堂上进行讲解时，可以以优秀范文作为讲解和模仿的示范：

Xiaoming is a primary school student. He has to learn lots of subjects at school. It was Monday yesterday.

Xiaoming had math, art, music and so on. Xiaoming's grandfather met him at the school gate when school was over. He put Xiaoming's schoolbag and drawing board on his back and took the violin in his hand. Xiaoming walked ahead happily and his grandfather walked after him slowly. Because the school things were really heavy, Xiaoming's grandfather was very tired.

In my opinion, Xiaoming shouldn't have his grandfather carry all the things for him. He should learn to care about others.

【总结归纳】

从谋篇布局来看，看图作文的英文写作可分为三段：首段整体描述图片产生的背景，背景可以简要描写，字数不需要太多。中间段对图片进行细节性的描述，细节性的描述只要在合理的想象范围之内即可，但不可有漏掉。细节的描写特别考验学生语法使用的正确性，如介词的使用和词组搭配。结尾段需要对图片揭示的意义进行阐述，意义或者道理的阐述需要积极向上，符合图片内容，不可天马行空。

（二）提纲作文

提纲类作文是依据写作要求中限定的题目、提纲或提示的要点内容，写出切合题意的文章。在这种写作题型中，学生必须紧扣主题，按照提纲要求进行写作。根据提纲所规定的基本框架确定各段句首及写作素材，一般应严格按照提纲进行分段。提纲式作文一般是三段式作文，首段说明主题，中间段解释做法或者原因，末尾得出结论。通常情况下，把提纲展开即是段落主题，有时写作题目会给出一句话继续往下写，学生只需再围绕主题句展开写成一篇文章即可，但是要注意段落和段落间的连贯性。

以 2016 年济南市中考英语试题中的作文题目为例：

校团委准备在教师节举行征文活动，请根据提示，回想自己在学习生活中遇到的最喜欢的一位老师，以“My Favorite Teacher”为题，用英语写一篇 100 词左右的短文。

内容包括：

1.对老师的相貌描写；

2.喜欢老师的原因：讲课很好、与学生做朋友等。

要求：

1.所写内容应包括所提供的信息，可适当发挥；

2.不得出现真实的人名、校名、地名等相关信息。

教师在课堂上进行讲解时，可以以优秀范文作为讲解和模仿的示范：

My Favorite Teacher

Everyone has his or her favorite teacher at school, and so do I.

My favorite teacher, Miss Lu, is a 30-year-old young lady of medium height, with big eyes and long straight hair. She wears glasses and often gets dressed in different styles of clothes. And a big smile can always be found on her round face. Maybe you'll wonder why she is considered my favorite teacher. Well, as our English teacher, she does good job in her classes. I can easily understand everything she tells us and would like to finish each task she leaves us after class. Another example is that she's so kind and friendly that she can make friends with each of her students. We (especially I) like to share everything about our pleasure or problems in our school life. Some even asks her to help with their family problems!

All in all, I love Miss Lu so much. Whenever I think of her, a strong feeling of joy can always fill my heart!

【总结归纳】

提纲类作文只要抓住主题，就能够把提示的内容叙述清楚，但要做到语言规范，叙事清楚，词汇及时态运用正确，语句通顺。尤其是首段要出彩，如范文中出现的"so do I"(so＋谓语动词＋主语，倒装语序)。中间段使用了宾语从句"Maybe you'll wonder why she is considered my favorite teacher."，复合主从句型代替了简单句，如"Another example is that ..."。同时要提醒学生，在宾语从句中出现疑问句，所使用的语序应为陈述句语序。

提纲类作文的文章结构总结如下：开篇引出话题，交代事情的起因；中间段交代事件的经过，进行细节性描写，如范文描写了教师的外貌特点、喜欢老师的原因；末尾段描述作者的感受，或者总结事件的结果以及自己的感悟。

（三）图表作文

图表作文是采用统计数据表(table)、柱形图(bar chart)、饼状图(pie chart)、坐标曲线图(graph)或折线图(diagram)等资料数据来阐述论题的作文。图表作文通常要求学生通过运用图表中的数据来进行说明、解释、对比和对照，目的是阐明某种事实、说明某种道理或者反映某种变化等，重点分析这些数据所反映的事物发展的原因和可能的发展趋势，即找出图表内在的规律性、概括性和趋向性，从而解释图表的含义。以下面这篇图表作文题目为例：

某学校对中学生课余活动进行了调查，结果如下：

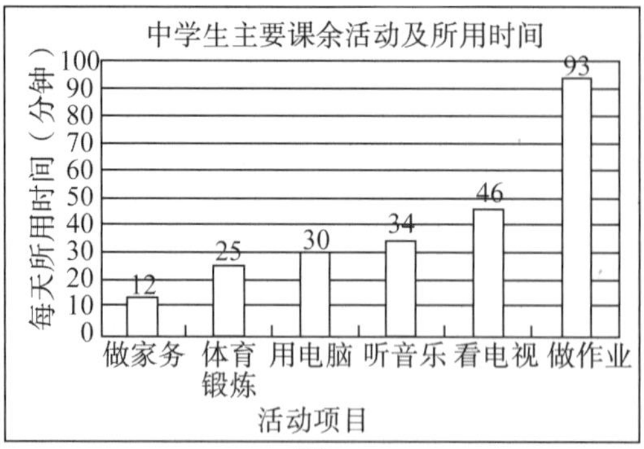

图1

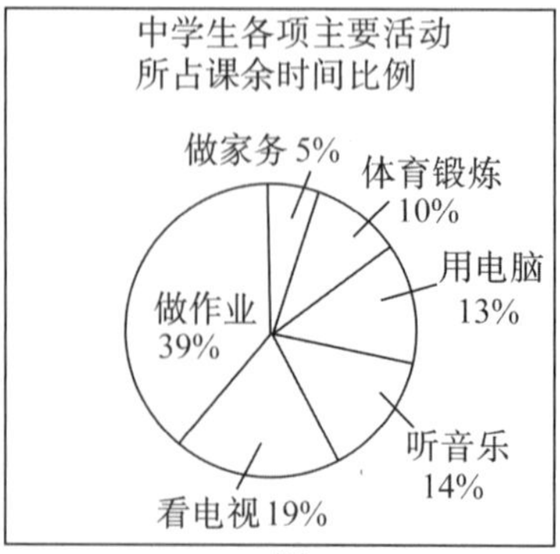

图2

请根据图1提供的信息描述中学生每天的课余活动，并针对图2中每个数据反映的情况写出你的看法。

要求：不少于100词。

教师在课堂上讲解作文时，可以以下面这篇文章作为优秀范文进行讲解：

It goes without saying that it is important for middle school students to have good activities after class. A school did a survey about students alter-class activities last week.

According to the survey, some students spend time doing housework and playing sports. Some students play computer games and listen to music in their spare time. Others enjoy watching TV very much. However, it takes most of their time every day to do their homework. Seeing the result, I have to be honest to say students should spend much more time doing exercise. As we all know, nothing is more important than having a healthy body. And sports can give us more chances to breathe the fresh air. As far as I am concerned, it's good for my health to spend as much time as possible doing exercise.

In my opinion, whatever you think, no matter what you like to do, you need to get your daily life balanced. Only if you do this, can you live a healthy and happy life.

【总结归纳】

教师要引导学生抓住图表特征。不同类型的图表反映的信息重点不一样:柱状图重点在于比较和对比;曲线图重点在于描述曲线的上升与下降趋势,并对明显的高峰和低谷进行细节描写;饼状图应该依次描写,突出重点,如果有几个饼状图,还应作对应的比较;表格信息相对而言不够直观,应在仔细阅读之后发现其特点。

图表作文分为三段式:首段对图表进行总体描述,根据图表的数据变化提炼出图表中所阐述的某种现象或者发展趋势。首段长度适中即可,不需要过于详细,切勿疏漏重要的数据信息和细节提示,有时不必每个数据都涉及,但重要数据必须提到。第二段详细解释产生这种现象的原因。末段的撰写分为两种情况,如果图表中反映的是一件令人担忧的问题,那么末段要写解决这个问题的方法;如果图表中所反映的是一件呈正向趋势发展的问题,那么末段可以写未来的发展趋势或者发展方向,也可以写未来可能出现的负面问题或者潜在问题。

图表作文在语言表达方面规律性很强,教师可以和学生一起总结出图表作文的范文模板,如下所示:

As is shown/indicated/illustrated by the figure/percentage in the table (graph/picture/pie/chart) ... has been on rise/decrease/goes up/increases/drops/decreases, significantly/dramatically/steadily rising/decreasing from... in... to... in... From the sharp/marked decline/rise in the chart, it goes without saying that ...

There are at least two good reasons accounting for... On the one hand, ... On the other hand, ... is due to the fact that... In addition... is responsible for... Maybe there are some other reasons to show... But it is generally believed that the above mentioned reasons are commonly convincing.

As far as I am concerned, I hold the point of view that... I am sure my opinion is both sound and well-grounded.

(四)续写作文

续写作文需要学生紧抓文章关键信息和语言特征,理解既定文章的主要内容,并通过续写的方式表达出来。续写的故事情节要想象合理,能够体现出学生的创造性思维,包括详细和生动的描述情况、态度和感情,但绝不提倡荒诞离奇。续写作文要求学生能够控制文本结构的能力,即掌握上下文、段落的延续与段落之间的逻辑关系,段落在句子内的延续要连贯、有序。与此同时,能够准确、恰当地使用所学的词汇和语言结构,可以根据内容需要使用复杂的词汇和语言结构。以下题为例:

A farmer grew some vegetables in his garden. One day his wife was ill and he had no money. He had to sell some cabbages and carrots in the market. The next morning he took two baskets of vegetables to town. But it was raining hard that afternoon and there were few people in the street. When his vegetables were sold out, it was dark. He bought some medicine and hurried to his village.

On his way home he saw a person lying <u>on the snow</u>. He placed his baskets on the ground and was going to help the person to get up. At that time, he found it was a dead man and there was much blood on his body. He was so <u>afraid</u> that he <u>ran away</u> quickly, without taking the baskets with him.

The next afternoon the farmer was sent to <u>the police station</u>. Having shown the baskets, an officer asked, "Are these yours?" "Yes, sir," the farmer answered timidly(胆怯地). "Have you <u>killed the man?</u>" "No, no, sir," the farmer said in a hurry. "When did you see the dead man?" "About seven last evening." "Did you see who killed the man?" "No, sir." The officer brought out a knife and asked, "Have you seen it yet?" "No, sir." The officer became <u>angry</u> and told the policemen to <u>beat him up</u> and sent him into prison. The officer wanted to trap the farmer into the confession(供认), but the farmer didn't admit he was the murderer.

注意:

1. 所续写的短文词数应为 150 左右;
2. 应使用 5 个以上短文中标有下划线的关键词语;
3. 续写部分分为两段,每段的开头语已为你写好;
4. 续写完成后,请用下划线标出你所使用的关键词语。

The officer was so angry that he asked the policeman to beat him up again.______

____

____

____

____

____

____

The farmer was lucky. A few days later, ______________________________

____

____

____

____

____

____

____

Possible answer:

The officer was so angry that he asked the policeman to beat him up again. The farmer was very afraid, he thought he would be sentenced to death for killing people, but he didn't; he was innocent. He must tell people the truth, but no one can hear his voice. He hoped that someone could come and save him.

The farmer was lucky. A few days later, a young man came to the police station with a lot of journalists, saying that he saw the murderer. It was the police officer who killed the man in the snow! He saw the police officer use a knife to kill the man late in the evening. He was so frightened and ran away. But the young man thought the farmer was innocent. So he took the great courage to expose the real criminal. After the investigation, the young man was right. The police officer was sent to prison and the policeman who beat up the farmer was fired, and the brave young man was regarded as the hero by the villagers.

【总结归纳】

教师在与学生进行续写作文的写作技能探讨时,需要引导学生关注以下几个方面。首先,文章内容融合度要高。续写部分的内容与所给段落首句之间应该有合理的联系,尽量保持写作风格一致。段落之间要衔接自然,保证每个段落的开头语能够合理衔接,确保使用正确的指称关系,在文章后合理地再现所给段落首句的内容。其次,写作内容要丰富,在续写文章中,如有划线词或者指定关键词,那么它们的使用频率肯定很高,所以要确保所写情节的丰富性。最后,文章思想要表达准确,可以使用多种语法结构,也可以使用高级词汇,并在此基础上尽量保证使用的准确性。

(五)书信作文

初中英语书信类的作文主要考查学生书信的格式和文体是否正确,学生所写的书信内容必须严格按照既定要求展开,可以适当发散思维,但是不能过度。书信类作文一般包括邀请信、感谢信、道歉信、求助信、祝贺信、投诉信、建议信、申请信等。下面以写一篇邀请信为例:

假定你是李华。你班同学决定为小明举办生日聚会。请你写信邀请外教 Susan

参加,要点包括:

1. 时间:周五晚8点至9点;

2. 地点:学生俱乐部;

3. 内容:唱生日歌、吃蛋糕、玩游戏等;

4. 要求:备小礼物。

以下是优秀范文:

Dear Susan,

We're throwing a surprise party for Xiaoming's birthday.

As scheduled, all our classmates will gather at the Students' Centre at 8 pm this Friday evening to celebrate Xiaoming's birthday. We would feel much honored if you could come and enjoy it, which is to finish at 9 pm, lasting an hour.

We will light the candles as the party starts and sing "Happy Birthday" to him. Then the birthday cake will be presented and cut for all of us to enjoy, after which we'll sing songs and play small games. What's more, as a surprise, we'll all prepare some secret birthday gifts for him, and it'll be great to see how surprised he will be to see the gifts. As it's a surprise party, he will know nothing about it beforehand, and we do hope that you could manage to attend it.

Looking forward to your coming.

Yours,

Li Hua

【总结归纳】

通过这篇书信范文的讲解,教师可以和学生一起总结书信类文章的格式和文体。收信人姓名、地址写在信纸的左上方,略低于寄信人地址、日期处。称呼是对收信人的尊称语。通常以 Dear 开头,不熟悉的男子称 Dear Sir,对熟悉的男子称 Dear Mr...;对不熟悉的女子称 Dear Madam,对熟悉的女子则称 Dear Miss... Dear Mrs...;对亲友可在 Dear 后面直呼其名,或者称呼 Dear Mummy/My darling 等,同时要注意信件格式,Dear...(称呼后面注意用逗号)。正文要简明扼要。通常包含三部分内容:第一段开篇点题,用简短语言写明写信的目的或表达问候、谢意。第二段按照要求逐条写信件的内容和细节。如果字数允许,加上活动的意义或原因,如范文中提到"As it's a surprise party, he will know nothing about it beforehand, and we do hope that you could manage to attend it."。第三段是向对方再一次表达你的诚意或感谢。结尾需要使用谦称语。

以这篇邀请信为例,教师还可以给学生介绍更多的适用于写邀请信的句型,方便学生进行句型仿写。

【篇首句】

介绍自己,简要说明活动,并邀请对方。

I'm Wang Ming from Yuwen School, the president of the Student Union.

我是来自育文学校的王明，学生会主席。

An English-speaking contest at our school will be held on August 6.

我们学校有一场英语演讲比赛将在8月6日举行。

There will be a party in my garden on Sunday.

周日，在我的花园里会举行一场聚会。

I'd like to invite you to judge it.

我想邀请你做它的裁判。

I'm writing to invite you to...

我写信是邀请你……

I wonder if you can come to...

我想知道你是否能来……

We sincerely hope you can attend it.

我们真诚希望你能够参加。

It's my pleasure/a great honor for me to invite you to...

我很荣幸地邀请你……

It's a pity that you have to go back to America soon. So a farewell party for you will be held in the Sun Club this Saturday evening. Could you come at 6:00 pm?

很遗憾你不久就要回美国了。所以，我们本周六将在阳光俱乐部为你举行欢送会。下午六点你能来吗？

【篇中句】

介绍活动具体内容，并说服受邀人参加。

It will begin at 2:00 pm and last two hours, during which time 15 well-prepared contestants will deliver their speeches.

它将于下午两点开始，四点结束，在此期间将会有15位准备充分的参赛者发表演讲。

We will start at 8:00 am and arrive there at 9:00 am.

我们将会在上午八点出发，九点到达那里。

During the afternoon, we'll... together.

下午，我们会一起……

Remember to take water and lunch with you.

记得带上水和午餐。

By the way, you may take Bus No. 322 in front of your apartment and it will take you directly to the club.

顺便说一下，你可以乘坐你家公寓前的322路公交车，它会直接把你带到俱乐部。

I know you are a native speaker of English and an English teacher, and I, on behalf of our school, sincerely invite you to be part of the contest.

我知道你的母语是英语，还是一位英语老师。我代表我们学校真诚地邀请你来比赛现场。

Since you are so eager to improve your English, it will prove to be a great chance.

既然你如此渴望提高英语，这会是一个很好的机会。

I'm sure that you will enjoy yourself there.

我保证你在那里会过得很愉快。

【篇尾句】

期待对方接受邀请，并期待对方尽快回复。

Will you be available during that time? Please contact me at 1234567 at your earliest convenience.

那期间你有空吗？请方便时尽快给我打电话 1234567。

Would you please let me know as soon as possible if you can accept my invitation?

请尽快告诉我你能否接受我的邀请，好吗？

We will feel much honored if you could come.

如果你能来，我们会非常荣幸。

We are looking forward to your coming.

我们期待着你的到来。

I am longing to see you soon.

我期待着尽早见到你。

（六）情景运用

情景运用是 2021 年济南中考中出现的写作新题型。要求学生根据图画的情景或图表的信息以及所给的提示词，写出一个与图画信息相符的句子或根据图表信息准确回答所提出的 5 个问题。情景运用题型总体上会以两种形式出现。

形式一：

情景运用。根据表格内容完成下列句子。

Name	Carol
Nationality	the USA
Talent	play the guitar, volleyball
Hobby	music that I can dance to

续表

Way to school	ride a bike
Last weekend	camp by the lake with friends
…	…

(1) Where does Carol come from?

____

(2) What is Carol good at?

____

(3) What kind of music does Carol like?

____

(4) How does Carol get to school?

____

(5) What are people supposed to do when they meet someone for the first time in Carol's county?

____

形式二：

情景运用。根据图片提示完成下列句子。

(1) What's this in English?

____

(2) What club do you want to join?

____

(3) ______________________________

She watches TV three times a week.

(4) ______________________________

He has short hair and wears glasses.

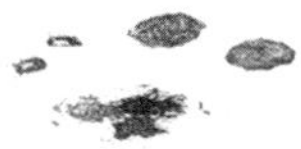

(5) ______________________________

I'd like a medium bowl.

【总结归纳】

情景运用题型不需要写文章，只写句子，相对来说比较简单。教师可以和学生一起探讨做这类写作题的步骤：

第一步，先读图（图表），做到充分理解信息。

第二步，结合图画（图表）信息，充分利用所给提示词，确定人称、时态和相应的句型或句子结构等。

第三步，检查时态、语态、单词和词组的运用是否正确。

在大量练习后，需要对情景运用的考点进行分析。

第一，常考的时态有：一般现在时、现在进行时、一般过去时、一般将来时、现在完成时、过去进行时。语态重点考查被动语态。

第二，读懂图意，弄清句子结构和时态。

第三，当图片未出现固定人称，出现单个人时，主语尽量用 I。

第四，所给的单词都要用上，不能改变词性。

综合来看，体裁教学法用在初中英语写作上，主要有三个明显的优势。首先，学生掌握了某一体裁的写作技巧，可使写作变得有章可循，尤其对优秀范文的分析，能够为学生仿写提供良好的参考，最终达到独立写作的目的。其次，师生通过在课堂上讨论不同体裁的语篇的结构和语言特点，进而引导学生理解语言、分析语言及运用语言，减轻了学生写作的盲目性，能够为学生独立写作提供直接的语言输入。最后，师生在分析不同体裁语篇中的宏观结构、词汇、语法的过程中，学生能够逐渐形成一套评判自己作文优缺点的标准，使得评判作文的标准有据可循。但是，巴杰和怀特（Badger & White，2000）指出体裁教学法的缺点是对写作技巧重视不够，学生在思维扩展方面会显得有些被动。体裁的规约性可能会导致学生在上课时感到这种教学方法呆板而枯燥，因为教师偏重对语篇的描述和复制，忽视了创造性的语言操练活动，最终可能出现“千文一面”的现象。

第三节　词块教学法

“词块”这一术语首先由贝克尔（J. D. Becker）于 1976 年提出，指的是固定或半固定的语言结构，集语法、语义和语境为一体，具有整存整取及整体记忆的特点，因此有效使用词块可以减轻学习者的记忆负担。词块教学法在这一基础上由路易斯（M. Lewis）提出，该教学法是以词块为基本单位，强调在教学过程中，针对在口语和书面语中出现频率较高的词块，教师不停地进行讲授和学习。词块教学法的核心是“不经过分析的学习”，即该教学法主张学习者将整个词块存放到自己的记忆词库中，在口语或者书面交际时直接取出使用即可，不需要进行二次加工分析。路易斯（1993）指出在词块写作教学过程中，任课教师需要遵守三点原则：首先，教师要精心挑选有价值的语言素材提供给学生，使学生可以更好地学习和记忆词块，在写作中提高词块运用能力；其次，写作教学的重心不再是注重语法而是词块，不断增强学生的词块意识以及自主学习词块的意识，要求学生积累大量的、有意义的词块；最后，教师在批阅作文时，需要关注学生的写作内容和语篇结构，主要采纳重构这样的纠错方式。

初中生的词块辨别能力是不可能自动形成的，需要经过教师对学生们进行系统训练才能逐渐获得。教师要首先培养学生的词块意识，使学生在学习过程中可以逐渐地独立辨认词块，最终提高在写作中运用词块的能力。词块教学法应用于初中英语写作课堂中的具体教学流程如下。首先，词块输入。词块输入的主要途径包括课内阅读和课外泛读。教师可以把教材中的阅读材料作为词块主要输入途径，建立词块库，培养学生积累词块的习惯，也可引导学生背诵阅读课文中词块密集的段落和句子，强化词块意识的同时可以丰富学生的词块量，为学生日后的英语写作打好基础。除了课文中的词块可供参考，在日常的习题中也可以积累词块，比如在做单选、完形填空、阅读理解时，教师引导学生标注重点词块，课后学生自行复习巩固。除了课堂，还需要拓展课外相关资料，鼓励学生课下多阅读英文报刊、英文原著等，提高学生自主学习词块的能力。其次，词块操练。词块操练活动主要是通过分析例句，找出有意义的、高频的词块，并根据这些词块设计形式多样的练习题，提高词块的复现率。练习中不仅应包含本模块的新词块，还包含教师在课堂上所拓展的新词块，这样既有利于激活旧知，也能做到拓展新知，使学生真正地理解词块并增加词块量。最后，语篇输出。语言学习的过程中，可理解性的词块输入是必要条件，能够增加学生写作时的可利用信息量，语篇输出也是考验已学到的词块是否更好地提高了学生的写作能力的方式之一。布置好作文题目后，教师要求学生将所积累的和作文主题相关的词块恰当地运用到写作中，例如可以使用头脑风暴、小组讨论交流、案例展示等活动来帮助学生把词块运用到写作中去，使学生在写作的过程中可以充分地运用词块，从而提高英文写作的准确性。

总体来说，词块教学法在写作教学中的优点有以下两点。其一是打破了以往以语法为中心的写作教学方法，在词块教学法的引导下，写作课既重视词块的输入，也加强培养学生的词块运用能力，能够达到高效的写作输出。威多森(1989)认为，词块教学法将语用教学和语法进行了有效结合，避免了在教学中常出现的两个极端的教学方法——结构法和交际法。结构法强调语法规则却容易忽略语用教学，交际法重视语用教学而容易忽视语法规则，所以词块教学法有效地规避了二者各自的缺点。其二是词块教学法融合了语法、语义以及语境的优点，能够有效保证语言结构的准确性，有助于学生打下良好的语言基础，增强学生的语言表达能力。因此，学习者在以词块为单位进行写作输出训练时，只需从脑中的词块库提取所需词块直接使用即可，不需要按照语法规则重新建构。

词块教学法是符合学习者认知规律的综合性教学方法，可以有效提高学生的英语写作能力，但需要注意的是学生在语言方面的基础水平和接受能力存在差异，所以词块教学法对不同层次学生的影响程度肯定有所差异。另外，课上的学习时间是有限的，教师要培养学生的自主学习能力，当学生具备很强的自主学习能力时，词汇的累积就指日可待了。

第四节 思维导图教学法

20 世纪 60 年代，英国教育家布詹(Tony Buzan)以脑科学研究为依据，首次提出思维导图的概念。布詹(1993)提出思维导图有以下四个基本特征：中心图像用来捕捉主要内容，分支结构围绕中心图像向周边发散，分支由印在相关线条上的关键词组成，分支之间可以形成一个连接的节点结构。在学习领域中，思维导图也可称为“心智地图”，图像式的思维辅助工具运用的基本原理是利用发散性思维或放射性思维来绘制可视化、抽象化的思维结构图，通过文字、图形、色彩等多种元素来组织展示与学习中心内容相关的结构体系，并能够展示主题间的不同层次关系。由此可见，思维导图是一种可以高效表达英语学习者思维轨迹的工具。在写作过程中，英语学习者可以利用思维导图对知识结构进行梳理，运用图文并重的技巧来呈现其构思作文的思维过程，进而有效完成写作。

思维导图教学法是指利用思维导图辅助初中英语写作课堂的展开，具体做法是通过圆圈图、树形图、流程图、鱼骨图、气泡图、概念图等图解方式帮助学生梳理写作思路，构思语篇布局，开拓写作视野，利用思维导图的抽象思维和直观性来开发学生的写作创造力，灵活运用写作知识，最终达到培养学生写作兴趣的目的。落实到初中英语写作的教学实践，思维导图的作用主要体现在词汇拓展和遣词造句中。

(一) 思维导图在初中英语写作中拓展词汇的应用

词汇是英语写作的根基，高级且丰富的词汇能够使文章充实、生动。使用思维导图作为英语写作教学的辅助工具，可采用主题词联想来绘制思维导图。具体做法为可以在词汇拓展的实践练习中，以小组合作的方式，通过头脑风暴等活动引导学生进行词汇拓展。如“很多学生”的英语表达方式可以通过思维导图的方式引导学生说出“a lot of students”“many students”“a number of students”“a large number of students”“plenty of students”“quite a few students”等。根据作文主题，教师引导学生说出这篇作文中会出现的主题词，然后以小组为单位，小组成员根据自己的想象力和发散思维，以主题词为根基，以思维导图的形式，合作展现与主题词相关的词汇和词组。如保护环境的主题作文，可以通过思维导图的方式引导学生以小组为单位进行探讨并思考“How to protect environment?”。学生通过思维导图的探讨可能会有以下答案：“plant trees and flowers”“don't waste water”“never spit”“pick up the litter”“put rubbish into dustbins”等。根据学生们的这些观点，可以撰写成下面的文章。

A good environment can make people feel happy and fit. To improve the environment means to improve our life. We should plant more trees and flowers around us. We shouldn't cut them down. We should stop factories from pouring waste water into the river and waste gas into the air. Whenever we see litter on the ground, we should pick it up and throw it into dustbins. Never spit in public. Don't draw on public walls. It's our duty to protect the environment. My suggestion is that we should plant more trees, put rubbish into dustbins and stop factories from pouring waste directly into the air or rivers. In all, we have only one earth, we should do our best to protect it, or we will regret it.

(二)思维导图在初中英语写作中遣词造句的应用

要写好一篇作文,学生不仅需要储备丰富的词汇量,还需要具备良好的语言运用能力,对于已掌握的词汇,在作文中能够做到活学活用,才能够保证写作的顺利进行。思维导图是能够引导学生进行遣词造句的好方法。写作前,教师给出关键词,引导学生根据关键词造句并写下来。学生根据关键词写出的句子越多,说明对作文越胸有成竹。利用思维导图教学法,不仅能够让学生逐渐学会写作,激发学生的写作兴趣,还能够锻炼学生的发散性思维。

(三)思维导图在初中英语文本写作中的应用

1.思维导图在初中英语记叙文写作中的应用

记叙文的写作大多以话题作文为主要写作形式:给出一个既定话题,要求学生围绕此话题进行自由发挥。这种体裁作文的特点是限制条件很少,学生可自由发挥的空间大。但是也有明显的缺点,即写作提示较少,很多学生在写作时感觉无从下笔,不知该写什么,甚至出现东拼西凑的情况。思维导图教学法在记叙文写作中的应用是以既定话题为主线,以参考词汇为几个分支,将作文划分为不同模块,根据各个模块的核心词汇扩充句子,既能确保文章紧扣主题,又能最大限度地锻炼学生独立自主思考的能力。

【写作要求】

请写一篇不少于80词的英语作文描述"My School Life"。

参考词汇:subjects, take part in, activities, get on well with

【思维导图线索】

根据指定词汇,教师可以引导学生从中提取关键词 subjects 和 activities 进行思维导图的勾勒,对这两个单词进行发散性思维:平时上课都有哪些科目?你最喜爱的科目和不太喜欢的科目是什么?原因是什么?你喜欢的学校活动有哪些?这些教学活动给你带来了哪些好处?继而引导学生组词造句进行文章的写作。

【范文展示】

My school life is exciting. I like it very much. I have 5 classes in the morning and 3 classes in the afternoon. I study English, Chinese, math, and some other subjects. I like English best because it's easy and interesting. I don't like math because I always meet difficulties in studying math. I try hard, but it doesn't work at all. After class, I will take part in a lot of activities. For example, I often play basketball with my classmates. I go to the school library for some reading twice a week. I get on well with my classmates, so I like my school life.

2.思维导图在初中英语说明文写作中的应用

说明文是以说明为主要表达方式的作文体裁,重点在于讲清楚某一件事情或者事物。说明文的写作要求学生从事物或事情的特征出发,通过多样化的表达方式清晰且明确地描述事物或事件的特征,从而做到不重不漏。借助思维导图围绕关键词进行思路延伸,可以将复杂的事物层层分开,通过条理性的分析和详细的说明对事物进行阐述。这样学生对事物的表达不仅透彻、层次分明,而且还能够避免顺序混乱的现象。

【写作要求】

近日,你班在"知荣明耻""八荣八耻大家谈"教育活动中,召开了一次关于学生荣辱观的主题班会。存在的问题:1.不尊敬老师、家长等。2.学习散漫、考试作弊等。3.乱扔垃圾、污损环境等。(2022年济南市中考英语真题)

【思维导图线索】

老师首先根据中文的提示带领学生通过思维导图画出存在的三大问题:"Don't respect their teachers or parents. ""Don't take their studies seriously and cheat in exams. ""Throw waste everywhere and pollute the environment."。继而引导学生思考如何解决这三个问题,如何落实到行动中去。

【范文展示】

Recently, we have held a class meeting to discuss what is considered to be honorable behavior and what is shameful. It is really a pity to see all this in our school. For example, some students don't respect their teachers or parents, other students don't take their studies seriously and cheat in exams, and some throw waste everywhere and pollute the environment. It is honorable to obey the law and rules, care much about our class and study hard. It is shameful to break school rules, be selfish, or make little effort to succeed. We should respect others and think more of them than of ourselves. We should work hard and make much more progress to repay society. We should try our best to keep the environment clean.

3.思维导图在初中英语议论文写作中的应用

相比较其他作文体裁,议论文对初中生的英语写作来说难度较大。议论文既要求学生在写作中涵盖题目所囊括的要点内容,又要求学生清晰地表达出自己的观点和立场。但是初中生的思维还不够成熟,在议论文写作方面,表现出论点不够丰富、论据不足等问题。经实践,借助思维导图可以有效解决这些问题。在正式写作前,教师可让学生提炼出题目中所要进行辩证的论点，根据题目要点提示和生活经历，将自己的观点和看法列举出来作为论据，最终通过发散思维进行完整的论证。

【写作要求】

As we all know, health is essential for everybody. But do you really know how to keep healthy? Please write your ideas about how to keep healthy within no less than 80 words.

【思维导图线索】

教师可引导学生通过思维导图的方式思考保持身体健康的途径、具体做法以及好处。

【范文展示】

It's essential for us to keep healthy in our everyday life. Here is some advice for you to follow.

In the first place, you should have a healthy diet. It's necessary to eat enough fish and vegetables. Because they contain all kinds of vitamins you need every day. Do not eat too much fat, such as butter or anything too fatty. Too many sweets can do harm to your teeth. So you had better not eat too many sweets or chocolates and keep off coffee. In the second place, good habits can help you keep fit. Doing regular exercise is certainly a good way to keep healthy. After a day's work, an eight-hour sleep is needed. And avoid working or studying too hard. Remember smoking can damage your health. So never smoke.

I think the above mentioned suggestions can do good for our health.

思维导图作为一项思维辅助工具，在初中英语写作中起到的作用如下。其一，思维导图能够将语言、文字和图像融合在一起，不仅能够帮助学生厘清写作思路，提高学习的记忆力和写作信息的记录能力，还能激发学生的写作兴趣，增强写作自信心。其二，思维导图作为一种图示化的教学辅助工具，是知识可视化理论的应用。把思维导图运用到写作教学实践中，其过程能够锻炼学生的自主学习能力，体现学生是学习的主体，充分调动学生学习积极性，激发学生的想象力和创造力。其三，思维导图融入初中英语写作，是新课标要求下对传统初中英语写作教学的改革与创新，顺应了新课程改革的要求。教师可以引领并帮助学生借助思维导图主动探索、收集英语写作语料，构建英语写作图式，建立写作逻辑，从而撰写整篇文章。

但有两个问题需要关注，一是思维导图写作模式在提高学生语法水平方面的成效不是很显著。学生存在个体差异性，单纯利用思维导图展开英语写作存在一定的弊端，无法全面关注语法问题。因此，教师在写作教研中，应拓宽思维导图在初中英语写作及其他领域的应用研究，融合其他写作教学方法，最大限度地发挥思维导图模式在初中英语写作中的作用。二是思维导图只有在特定创设的教学情景中才能发挥更大的作用。因此，教师课前应做好充分的教学准备，在写作教学过程中，依据写作话题创设相应的写作情境，引导学生在具体写作情境中利用发散思维和创新思维更好地绘制思维导图。教师应辅助学生厘清写作框架，明确写作内容，优化学生的写作图式，完善写作内容，补齐学生的写作短板。

第三章　基于英语学科核心素养的写作课堂教学设计

党的十八大报告明确提出，教育的根本任务是立德树人；十九大报告中再次强调要全面贯彻党的教育方针，落实立德树人的根本任务；二十大报告中继续重申立德树人这一根本任务的重要性。在全球化、信息化时代，需要有效表达的语言来获得共同理解，实现国际合作与交流、跨文化沟通与交际。习近平总书记指出："要把立德树人的成效作为检验学校一切工作的根本标准，真正做到以文化人、以德育人，不断提高学生思想水平、政治觉悟、道德品质、文化素养。"

课程作为人才培养的核心要素，是"立德树人"这一根本标准的操作化、目标化和具体化。新的课程标准基于义务教育培养目标，将党的教育方针具体化，细化为英语课程着力培养的核心素养，它包括语言能力、文化意识、思维品质、学习能力四个方面。语言能力是核心素养的基础要素，文化意识体现核心素养的价值取向，思维品质反映核心素养的心智特征，学习能力是核心素养发展的关键要素。核心素养的四个方面相互渗透，融合互动，协同发展。

在这一大背景下的初中英语写作教学改革，有了明确的方向和清晰的底色。广大一线教学的初中英语教师需要加强学习，深耕课堂，更新观念，务实创新。

第一节　思维层面的课堂教学设计

《课标（2022 年版）》指出英语课程要培养的学生核心素养包括语言能力、文化意识、思维品质和学习能力等方面。语言能力指运用语言和非语言知识以及各种策略，参与特定情境下相关主题的语言活动时表现出来的语言理解和表达能力。英语语言能力的提高有助于学生提升文化意识、思维品质和学习能力，发展跨文化沟通与交流的能力。写作既是一个文字锤炼过程，也是词汇在语法逻辑下深度重组的过程。因此写作教学和写作训练既是学生提高英语语言能力的有效途径，也是语言能力运用的集中体现。学生普遍反映在英语学习的"听、说、读、写"四项能力中，"写"是很难掌握的一项。现代社会对效率的追求导致初中英语教学中出现重形式、轻内涵的现象，人们对英语写作的需求愈来愈“现实化”。一些智能语言软件简单易用、界面友好，对于学习者来说只能提供一种“投喂式”的学习，在学习中滥用这些软件会影响英语学习者的习得能力发展，形成思维惰性。如何引导学生回归语言本质，在生活学习的过程中发展思维能力，用语言表达思维过程并发展与同伴交流合作的能力显得尤为重要。因此在思维层面上，教师应引领学生展开深度学习，真正运用写作工具展现思维过程，完成交际功能，享受英语写作本身，体会语言之美。

王蔷教授指出：“英语学科深度学习是学生在教师的引领下，基于已有的知识和经验，依托语篇，以解决问题为目的，主动学习和运用语言知识、语言技能和学习策略，探究主题意义。学生作为意义探究的主体，借助语言，主动获取、梳理、概括和整合信息，获得基于主题的新知识结构，经过丰富的学习和实践活动，内化为个人的知识与能力，在此基础上，运用所形成的新知识、新观点、新方法，在新的语境中，创造性解决新问题，实现能力到素养的转化。”

英语写作基于写作者的思维模式，了解中文与英文的写作差异尤为重要。正如著名的语言学家罗伯特·拉多(Robert Lado)所说，母语和外语的比较是外语学习的关键。也就是说，了解文化对学习语言至关重要。语言是文化的一部分，了解文化的模式和规则才能学好语言。作为语言技能之一，写作是表达思想的一种方式，也是对某种文化中思维模式的反映。对于中国学生来说，将中文思维模式转换为英语思维模式能够有效地避免英语写作中母语迁移的影响。因此了解和意识到中英思维模式和表达方式的差异对写出更地道流畅的英语文章大有裨益。

(一)中文写作基于人文主义，英语写作基于唯物主义

中国文化以人为本，有深邃的人文精神思考，其本质是人本主义，认为人是观察、分析和研究的主体。西方文化则以自然界和客观事物为中心，特别注重对它们的观察和研究。这两种文化根基的差异反映了中英文体写作差异的一个显著特征。在中文句子中，主题通常是人，重点是人对客观事物的影响与认识；而在英语中则常常可以找到非个人的表达，许多句子中的主语是客观事物，其重点是发生在人身上的事情。中学生通常对现象的观察比对本质的思考更敏锐，需要在课堂教学中适当引导。

(二)英语的直线思维模式和中文的曲线思维模式

英语写作语篇通常由开头、主体和结尾三个部分构成。开头部分提出问题，主体部分分析和阐述问题，结尾部分得出结论。英语写作通常展现出一种直线型的思维模型，使用英语的人更倾向于直截了当地表达观点。文章中最重要的观点常出现在开头最醒目的位置，如：

Soccer is a difficult sport. A player must be able to run steadily without rest. Sometimes a player must hit the ball with his or her head. Players must be willing to bang into and be banged into by others. They must put up with aching feet and sore muscles.

上段中，第一句是主题句，其他四句用来解释。而中国文化受儒释道思想的巨大影响，与西方文化有明显差异。中国哲学提倡觉悟，这就是为什么重意境的汉语侧重于“启蒙”和“内涵”。另外，汉语常以描述环境或背景开始一段或一篇文章，最后才揭示主题。人们习惯于在文章的结尾处点明主题，称之为“画龙点睛”。如果用汉语传达上述段落的相同信息，人们习惯于用因果模式，通常写为：“足球运动员需要不停地奔跑，有时得用头顶球，撞别人或被人撞，还得忍受双脚和肌肉的疼痛。所以说，足球运动是一项难度很大的运动。”

（三）英语的抽象思维与中文的想象思维

英语善于用抽象概念来表达具体的事物，在这个过程中，强调抽象思维的能力。然而，汉语习惯于用形象的方式来表达抽象概念。英汉思维的差异在语言中还体现在，英语中经常把动词或形容词名词化，表达复杂的理性思想，这使英语中的抽象名词比汉语中多。

全面了解语言的差异以及思维模型的差异，以此作为写作教学的基础和引导，同时在课程中全面唤醒学生对语言、文化、思维模型差异的认知，从而建立起学生对语言写作本身的思考和观察，是初中英语写作教学的全新视角。在此过程中，学生成为课堂学习的真正主角。

教育应以“人”为出发点，将学生的需要摆在首位；以“人”为归宿，将培养一个拥有独立思考能力、负责的人作为教育的目的。学生只有在自主分析、思考、落笔成文及反复修改中，才能实现写作能力的提升。教师在设计好一堂利于开发学生深度思考的课时，最重要的是指导学生利用“自主、合作、探究”，迁移创新等学习方式使学习真正发生。

以人教版新目标英语第九册教材 Unit 1 How Can We Become Good Learners? 为例。

Step 1：课堂上，把学生分成不同的小组，以思维导图的模式呈现本单元出现的所有关于英语学习的方法（Working with a group；Asking the teacher for help；Making word cards；Listening to tapes）。

Step 2：将整理出来的英语学习方法依照英语学习遇到的问题归类（Trouble：My listening skills need to be improved. Solutions：By watching English movies or by listening to a tape and repeating out loud）。

Step 3：指导学生以小组为单位，结合自主学习过程中绘制的思维导图，把自己学习英语过程中遇到的困惑以及相应的解决方法在小组内口头交流后，以文字的形式呈现出来。注意引导学生关注中外语篇底层思维的差异。中文写作更倾向于描写细节为先，总结陈述为后；但英文语篇更倾向于在文章段落一开头先抛出最重要的信息，也就是写作上常说的 topic sentence。

Step 4：融入思政元素。“学而不思则罔，思而不学则殆。”中国传统文化中的学习观是格物致知，不断学习，同时在学习的过程中不断反思，理论与实践相结合。提出写作要求：“在你学习英语的过程中，一定遇到过很多的困惑，请结合自身的经历谈谈你学习英语的方法，以及这种方法带给你的成长体验。”随后，学生们展开同伴互阅互评，在做中学（learning by doing）。

设计意图：将整个单元的内容交给学生自主学习、总结、交流，由浅入深设计思维导图并逐渐丰富其内容，迈出由教师主宰课堂到以学生为学习主体的重要一步。在思政素材挖掘上，中国优秀的传统文化是教师取之不竭的宝藏。“书山有路勤为径，学海无涯苦作舟。”中华民族自强不息的精神在勤奋读书方面表现得格外突出。在学习的道路上，学生要不断地激励自己，为建设繁荣富强的中国不畏困难，勤奋、刻苦地学习。由口语交流到落笔成文，学生们在研讨的过程中相互补充，获取灵感，共同提高。经过不断的尝试，学生能够发现生动鲜活的话题，借此让英语从知识学科逐渐回归生活。这种内容贴近生活的语言训练让学生能更容易地掌握真实的英语。在这个过程中以读促写，注重素材积累，以仿写、改写等多种方式开阔学生视野。

第二节　语言层面的课堂教学设计

在实际教学中，传统教学设计通常割裂地看待阅读、写作板块活动，偏向于孤立地设计阅读教学和写作教学。“读归读、写归写”的教学不能体现教材单元读写整合教学的理念，无法实现以读促写，不利于学生学习能力和语言能力的发展。在写作教学前，教师应深入解读教材，理解单元结构和活动内容，分析语篇语境，整合设计教学活动。

与此同时，语言是人类逻辑思维的产物，不是文字符号的简单堆砌。学习任何一种语言都不能忽略对这种语言背后思维方式的研习，而语法学习就是这种研习的直接表现形式。语法是语言逻辑的外化，这种外化加速了语言的传播。如果说语言文字是一种逻辑密码，那么语法无疑是破解密码的密钥。因此，无论语言教学还是语言学习，我们都必须真正重视语法的研究。前文提到不同文化背景下的人们在思维模式上存在显著差异，这些差异无疑给我们学习第二语言带来阻碍。为了减少这种思维差异带来的负面影响，我们利用英语学科深度学习策略，深入挖掘英语语法逻辑中的核心内容。英语的句法无疑就是这核心所在，理解英语语句的内在逻辑关系，就具备了初步驾驭这种语言的能力。

英汉句法构成上有着明显的差异，英语句法教学的要点在于化繁为简、深入浅出。而要切实做到这一点，教师就必须能够把握所教授内容的核心，深度研究英语句法构成的逻辑特点，围绕英语的基本句型结构巧发力，在教学中直切要点。进入初中，课程中涉及的英语句法内容日渐繁杂且系统庞大，很容易让学习者望而生畏，大部分学生学了多年英语依然对英语写作讳莫如深。从语言现象上看，动词的特征决定了英语的句式结构，而句子中谓语动词的变化也决定着英语句子表意功能的实现。动词就是英语句子的灵魂，准确把握住英语句子中的动词尤其是谓语动词就抓住了英语句子的核心。

那么如何在单元结构和具体的语境中展开读与写的教学活动？在实现语言能力目标的同时提升学习能力，塑造思维品质并强化文化意识呢？

以人教版初中英语教材为例，七年级的单元话题较多涉及主题语境中的“人与自我”，写作板块以简单的情景交际功能为主，话题贴近学生生活，写作任务较为简单。八年级和九年级教材中的写作板块难度逐渐提升，侧重于学生对外部世界的观察与认知，以及价值观、人生观的建立。语境也开始过渡到“人与自然”和“人与社会”。在语境主题上，已经形成了循环递进，螺旋上升的主题群。在此基础之上，把握主题语境有助于教师聚焦主题意义和课程思政的建构，更加有效地组织写作教学。

以人教版新目标英语七年级下册 Unit 5 Why do you like pandas?为例。

Step 1：课程导入与写作准备

在课堂上呈现一张动物园的照片，唤醒学生记忆，引导学生复习本单元已学的表示动物的词语、句型，谈论喜好。提炼句型结构：why、what、where 引导的特殊疑问句；because 表示原因；表示性质、品质的形容词的使用。关键语法结构通过问题呈现。

Why do you want to see the pandas?

Why do you like pandas?/Because they're cute/interesting...

What animals do you like?

Where are pandas from? They are very dangerous. They are kind of intelligent.

用幻灯片呈现思维导图引导对话及涉及的句型，教师可以给出任务，比如：Make a dialogue using the sentences you just mentioned。写作准备作为一节课的预热阶段是定基调和开启思维的关键环节。通过图片让学生迅速进入相关情境，自然引出本节课的写作主题——动物。同时通过生生问答让每一个学生参与到课堂之中，唤醒知识储备；小组合作演绎对话进一步激活学生的思维。

Step 2：呈现写作任务

教师：There are so many lovely animals in the zoo. Why not write a composition to introduce the zoo? Today let's write an article about the zoo. The points have been given to you.

以幻灯片的形式将本节课的写作要求呈现出来。“动物园每天都会来很多人，小朋友们最喜欢这个地方。动物园里有许多动物。有可爱的大象、害羞的熊猫、可怕的老虎、有趣的猴子和其他动物。这里一定有你最喜爱的动物。请参考提示内容，以“XX Zoo ”为题介绍一下你去过的动物园，不少于 60 个单词。”

基于学生学情特点，鼓励学生在没有任何限制的情况下敢于下笔，改变先讲授句型再下笔的模式，最大限度为学生创设自由的写作环境。教师：Exchange your articles in groups. Score them according to the evaluation standards. 以幻灯片的形式呈现评价标准。

Step 3：小组讨论

基于前面所布置的写作任务，教师展示引导性的问题：这篇文章可以分为几部分来写？每部分可以写哪些内容？引导学生展开小组讨论。小组讨论培养学生独立思维能力以及合作意识，通过讨论厘清文章的写作思路，在讨论中实现思维碰撞，培养学生辩证思维。教师可以在讨论的过程中继续引导性发问:What's your opinion? 鼓励学生各抒己见,之后对学生答案进行归纳总结,用幻灯片形式呈现。学生分组针对文章不同部分撰写句子,展开组内讨论。

Step 4:润色文章、价值引导与课程思政

对动物园的描写引发学生对动物的关注,对濒危动物的拯救更能引发学生对人与自然的思考,敬畏自然,尊重自然,追求人与自然的和谐相处。在讨论这一问题的时候,可以启发学生从身边的事情着手思考。

引导中学生正确认识人与自然的关系,促进人与自然的和谐共生已经成为初中教学的关键问题。英语课程在内容上设置了三大主题语境:人与自我、人与社会、人与自然。应倡导教师开展主题引领下的语言综合活动。程晓堂指出:"所有的语言学习活动都应该是在一定的主题语境下进行的,即学生围绕某一具体的主题语境,基于不同类型的语篇,通过听、说、读、看、写等语言技能,获得、梳理、整合语言知识和文化知识,深化对语言的理解和赏析,比较和探究文化内涵。"

Step 5:小组互评

教师引导小组进行内部的互评互阅。对照评分标准再次组内互评,看看是不是每个人都有所进步。幻灯片再次呈现评分标准。在对文章进行修饰之后,与最初文章相对比,让学生看到彼此的进步,提升学生的自信心。

Step 6:佳作展示

让学生以组为单位,推选本组佳作,向全班推荐。被推荐的作品由学生在站台上向全班展示,大家对文章进行欣赏点评。通过学生推荐进一步培养学生自主学习能力。

Step 7:写作与反思

教师可以进一步通过问题引导学生进行反思。通过幻灯片呈现动物被伤害的图片,学生自发说出感想。实现本课情感态度目标,树立爱护动物、保护动物的意识。课程设计可以打破传统写作课先呈现知识再写的模式,让学生在不设限的情况下敢于动笔。

在"人与自然"的主题下,授课教师首先坚持以主题为引领,以语篇为依托,通过问题链及思维导图引导学生在阅读的过程中不断探索语篇的主题意义。其次,在设定写作任务时,创设真实的情境,引导学生关注社会时事,确保学生的写作是有意义的,是与现实生活相关联的。最后,教师要做到语言的输入和输出的一致性,具体体现在学生需要利用所学完成写作任务。将动词对句子的驱动、常用句型使用等语法教学融入写作任务当中。此次教学实践也存在一些可改进之处,如增加写作的评价指标,设计针对不同层次的学生的差异化教学活动。

第三节　文化层面的课堂教学设计

英语课是培养初中学生语言能力以及表达能力的基础课程，也是了解外国优秀文化以及语言文化的重要桥梁。但是随着目前全球化态势的发展，世界更需要了解中国悠久的历史文化传统和中华文化的博大精深。英语语言的学习更是文化传递的一种方式，学习者只有掌握好这个工具，才能在将来"用世界语言讲好中国故事"，实现真正的跨文化交际。"文明求同，文化存异。"学生在学习语言的过程中，需要有具备正确的世界观和价值观的老师做引路人，需要丰富充实的学习情境了解母语文化与国际文化，更需要积极向上的文化导向。将"课程思政"融入初中英语教学中，不仅深化了教育，而且还能传播具有时代气息的社会价值观，对于我国青少年的身心健康以及正确价值观、人生观、世界观的树立具有切实指导意义。

《课标（2022 年版）》指出："义务教育英语课程体现工具性和人文性的统一，具有基础性、实践性和综合性特征。学习和运用英语有助于学生了解不同文化，比较文化异同，汲取文化精华，逐步形成跨文化沟通与交流的意识和能力，学会客观、理性看待世界，树立国际视野，涵养家国情怀，坚定文化自信，形成正确的世界观、人生观和价值观，为学生终身学习、适应未来社会发展奠定基础。"基础教育愈发重视青少年文化意识的培养。在教学层面上，文化教学在英语教学中也具有重要作用。其一，文化教学有助于优化学生外语知识结构。学生通过外语学习，可以获取目的语国家人文、地理、社会习俗、民族礼仪、行为规范等一系列的知识。其二，文化教学可以优化学生的能力结构。学生语言技能和语用技能的发展是并行的，而文化教学中语用文化因素的移入，有利于在解决说什么的问题后进一步提升其语言的实际运用能力，达到优化学生能力结构的目的。其三，文化教学可以提升学生的社会文化理解力。文化理解力是外语知识的深层结构，需透过语言的外表进而对其所反映的内容进行综合解析。其四，文化教学可激发学生学习外语的兴趣。外语学习必须要有动机，而一定的动机又来源于兴趣。

文化背景知识在英语写作课中有着巨大的影响，主要表现在学习者需跳出母语的语言背景，从跨文化角度理解英语的写作方式和思维方式，否则在写作过程中极易受到母语文化的负迁移作用。以中英语汇中关于牛、马的表达为例，受汉民族农耕文化的影响，"牛"的意义往往被赋予了任劳任怨、健壮、强壮等文化内涵；而古代英语语言民族多以游牧生活为主，这使得"马"在其生活中扮演的角色和汉民族的"牛"类似，继而有"as strong as a horse"（健壮如牛）、"a willing horse"（老黄牛）的表达。但学习者往往很难有这类文化背景知识，容易写出"My father is as strong as a bull"这类句子。很多中学生"写作难"的一大原因在于脑海中未储存充分的文化知识素材，从汉语文化转换到英语文化中去很困难。在平时的写作训练中，教师可以准备合适的、相关的外国文学作品供学生阅读、背诵。外研版教材八年级上册 Module 5 介绍了莎士比亚、马克·吐温等西方作家，教师可以给学生提供相应的文学作品素材或者影音视频。

以人教版新目标英语八年级上册 Unit 8 How to make a banana milk shake? 的写作板块(Section B 3a-3c)为例。本单元以食物制作为话题,让学生巩固食物制作过程的表达并了解与体验中西方在饮食文化方面的差异,同时引导学生用英语正确表达中国的传统节日和食品名称。在该板块中,活动 3a 是云南米线的填空练习并可作为写作案例,活动 3b 是写前准备,活动 3c 要求学生为最喜爱的家乡特色食物写一份菜谱。通过学习 3a 提供的范文,运用思维导图提炼出说明文的写作过程。

Step 1:写前阶段

Greet the students

Present the learning goals

T: Today we are going to learn "Unit 8 How to make a banana milk shake?". In the writing part, we'll learn how to write a passage about making food.

设计意图:教育心理学表明,课前和学生良好互动并告知学习任务和目标,会使学生更轻松地进入学习状态,学习效果更佳。

Lead-in:

T: Show a picture about Yunnan Rice Noodles and ask students what it is, where it comes from and how to make it.

设计意图:追问式的导入有利于培养学生在真实情景中借助语言表达自己想法和思维的能力,也有利于了解本土美食文化,培养学生的文化品格。

Task 1: How to make Yunnan Rice Noodles?

T: Work in groups to speak out how to make Yunnan Rice Noodles according to the pictures on the PPT and 3a.

T: Choose a group to retell the steps of making Yunnan Rice Noodles in front of the class.

设计意图:学生以小组合作的方式将 3a 的篇章转化成食物制作步骤,降低了写作难度,符合语言知识从句型到篇章的过渡。小组合作中的对子帮扶有利于基础知识的巩固,为实际写作提供句型支持,也训练了学生的英语思维能力。

Task 2: How to write a recipe?

T: We have learned the steps of making Yunnan Rice Noodles. Now let's see how to write a passage about making Yunnan Rice Noodles. Look at 3a. It is a recipe. Finish 3a and the mind-map about how to write a recipe.

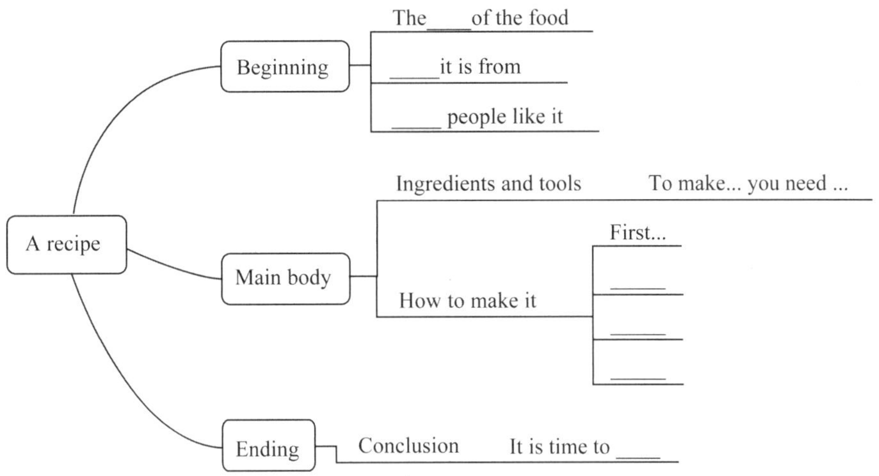

设计意图：从 Task 1 的根据图片让学生说制作米线的步骤到 Task 2 的语篇分析并完成思维导图，从句到篇，一步步搭建支架发展学生的思维能力，培养学生的写作构建能力。

Task 3：Read 3a

T：Read the recipe and sum up some tips on how to write a recipe in groups.

设计意图：小组讨论并总结写菜谱的一些注意事项，帮助学生厘清写作思路，减轻写作焦虑。

Step 2：写中阶段

Task 4：Brainstorming

T：Work in pairs to ask and answer the following questions.

Where are you from?

What's your favorite special food in your hometown?

How do people like it?

What do we need to make it?

How to make it?

What do you think of the food?

设计意图：通过组内对子帮扶互问互答，强化写作内容和句型，为后面的实操性写作做好铺垫和语言储备。在本部分中，可以充分展开中国传统饮食文化的鉴赏与讨论。课堂上启发学生畅所欲言，谈自己家乡的美食。中国地大物博，饮食文化源远流长。中华文化的自信还表现在对外来文化的态度上，我们从来不是孤芳自赏，从不拒绝其他民族优秀的文化成果，总是大胆地予以吸收，不做井底之蛙，正如老子所言："知常容，容乃公，公乃全，全乃天，天乃道，道乃久，没身不殆。"我们的文化自信，就是肯定中国智慧的开放性、平等性和包容性，坚信中国文化在人类现代化历史进程中的独特价值。在文化的交流互鉴中实现对自身文化特殊性的超越，贡献有利于人类未来和平发展的文化智慧。兼收并蓄的开放胸襟能够吸取其他民族的优秀饮食文化，这是我们饮食文化自信的根本原因。正应了"泰山不让土壤，故能成其大；河海不择细流，故能就其深；王者不却众庶，故能明其德。是以地无四方，民无异国，四时充美，鬼神降福"。因地制宜地导入课程思政，就可以实现润物细无声的育人过程。

Task 5: Practical writing

T: Please write a recipe for your favorite special food in your hometown according to the answer collected in Task 4.

设计意图：根据思维导图及同伴讨论结果进行独立写作，培养学生独立思考的能力及语言的综合运用能力。

Step 3：写后阶段

Task 6: Self-evaluation

T: Check the recipe by yourself with the chart on the PPT and give points.

设计意图：通过自评发现不足，培养学生的自我反思能力。

Task 7: Evaluation within groups

T: Share your article in your group and recommend the best articles to show in the class.

设计意图：通过互评引导学生学会欣赏他人文章，积累优美语句。让学生具体了解到作文的评分标准，帮助学生进一步规范并提高写作水平。

Summary

T: We have learned how to write a recipe for your favorite special food in our hometown. Can you sum up how to write a recipe?

设计意图：总结能够帮助学生更好地形成系统的语言知识和语言能力，树立文化自信。中华民族正是有了对民族文化的自信心和自豪感，才能屡经磨难而不倒，成为屹立世界东方的巨龙。习近平总书记2016年在哲学社会科学工作座谈会上的讲话指出，我们不仅要让世界知道“舌尖上的中国”，还要让世界知道“学术中的中国”“理论中的中国”“哲学社会科学中的中国”，让世界知道“发展中的中国”“开放中的中国”“为人类文明作贡献的中国”。

第四节 学习能力层面的课堂教学设计

初中英语写作的提高要求学生多方面能力的发展，包括语言素养、文化素养和学习能力等。在写作教学中，教师要唤起学生的自主学习意识，为提高学科的核心素养打下坚实的基础。注重语言天赋的技法和个人思想的表达，不过分强调语言知识的模式和条条框框。注重理解和应用，延伸课外读、写、听、说等内容，尝试将英语知识应用到日常交际中，优化核心素养结构。

《课标(2022年版)》的课程目标中对提高学习能力方面有明确的描述：“能够树立正确的英语学习目标，保持学习兴趣，主动参与语言实践活动；在学习中注意倾听、乐于交流、大胆尝试；学会自主探究，合作互助；学会反思和评价学习进展，调整学习方式；学会自我管理，提高学习效率，做到乐学善学。”因此，初中英语课堂的设计与教学的实施都要考虑到初中学生的学习方式，初中英语教师要帮助他们形成主动学习的意识，要引导他们学会运用各种学习资源，掌握多种学习途径，找到符合自身特点的学习方法，进而提高他们的自主学习能力。因此，如何培养学生的自主学习能力成为广大中学英语教师研究的课题。庞维国(2003)指出：“目前教育的许多分支学科都有教师在研究自主学习，因为教师们都认识到自主学习不仅有助于提高学生的学习成绩，而且还能够为他们终身的学习和发展奠定坚实的基础。”

以沪教牛津9B Unit 6 Caring for your health中的话题功能写作为例。

Step 1：语篇阅读

本单元中的阅读板块为How to lead a balanced life。在学生阅读完课文之后进行如下对话，引导学生把握文章框架，为学生写作审题打下基础，达到以读促写的目的。

T：What's the main idea of the first paragraph?

S：Many students are under stress because their lives are not balanced.

T：According to the passage, how can we lead a balanced life?

S：We should be positive, learn to relax, take up a hobby and laugh.

通过上面的对话引导学生们归纳出文章的主旨大意：Many students are under stress because their lives are not balanced. Thus, to lead a balanced life, we should be positive, learn to relax, take up a hobby and laugh.

T: How many parts can the passage be divided into?

S: Two.

T: What are they?

S: Paragraph one is the first part and the rest is the second part.

T: Well, according to the two parts can you find out the structure of the passage? Would you use some words to conclude the structure of the passage according to the main idea?

S1: Phenomenon.

S2: Reason.

S3: What we should do...

T: Well done. So the structure can be concluded as: phenomenon-reasons-suggestions.

阅读完成后让学生找出段落的主旨句，归纳出文章的主旨大意，之后再引导学生分析文体，总结文章的框架，这有助于激发学生的写作灵感，让学生学会写作前先审题。这一过程既注重了培养学生的思维品质，也提升了学生的学习能力。

Step 2:小组合作

本活动能使学习者促进思维的碰撞，促进学生与他人合作，解决问题并报告结果，共同完成学习任务。学生能对自己的学习进行评价，总结学习方法，能利用多种教育资源进行学习。小组合作学习的模式为：个人学习理解—小组交流讨论—小组观点生成。小组合作学习以学生为中心，学生是教学的主体，这种宽松的学习氛围能激发学生的积极性，提高学生的课堂参与度。学生在讨论中能快速并有效地找到规律，节约时间。小组合作学习模式可在写作准备和写后讨论的两个阶段中运用。

在本部分中，教师还可以融入课程思政内容，引导学生认识到自由与自律的关系。让学生分组收集名人事迹，使他们真正领悟培养自律能力的重要性。严格自律是一个人自身修养所能达到的较高境界。古今中外，所有为人类进步事业作出贡献的人，无不具有很强的自律能力。教师可分享有代表性的自律故事。

写作准备：阅读完成后，小组成员对文章的内容、结构、经典句型等进行观察和讨论，同时比对写作评分标准。

写后讨论：组员们交换作文，根据写作评分标准，从文章内容要点、语言的准确性、篇章的连贯性等方面对组内成员的作文进行评分，选出本组优秀作品，进行组内分享。

Step 3:写作练习

在完成读后文章主旨大意归纳、框架梳理之后及时地给予写作练习，有助于学生举一反三，提升思维能力。练习素材如下：

我国青少年总体近视率居世界第一且呈低龄化趋势。近视已经成为威胁我国中小学生身心健康的头号敌人。为了降低学生近视率，你校开展了“爱护眼睛，预防近视”系列教育活动。假如你的班级准备根据该主题出一期英文黑板报，请你根据所给提示写一篇英语短文，介绍一些护眼措施。

要点提示：

1.眼与书本的距离应保持30～35厘米；

2.不要花太多时间看电视、玩电脑或手机。

写作要求：

1.给出至少一条护眼措施；

2.语句通顺，意思连贯，可适当发挥；

3.80词左右，开头已给出，不计入总词数。

第四章　基于写作体裁的课堂教学设计

在初中阶段，英语写作从体裁上主要分为记叙文、议论文、说明文和应用文。本章将从体裁划分的角度，探讨英语写作课堂的整体设计。

第一节　记叙文

（一）记叙文的特点

记叙文是叙述看到、听到、经历过、接触过的人物和事件的文体，主要体现为记人或记事的文章。记人物类的记叙文主要是对人物的经历、活动或者性格特征进行叙述；记事件类的记叙文主要是对某一事件的发生、发展过程和结果进行叙述。前者重在描述人物的活动，后者则重在表述事件的发生、发展过程。记叙文主要说明事件的时间、背景、起因、过程及结果。在英语写作中，通常包含 when（时间）、where（地点）、who（人物）、what（事件）、why（原因）和 how（方式）六大要素。

（二）记叙文写作要点点拨

记叙文通常要求学生围绕一个给出的话题展开写作。但正是因为题目只给出了写作方向，学生常常会无从下手。因此，在学生的记叙文习作中经常会出现东拼西凑、流水账或者句子随意堆砌等现象。在课堂教学中，要以写作话题为主线，参考“写作前、写作中、写作后”三个阶段，展开写作教学。在此，我们从构思主题、精准人称、确定时态和主题升华四个角度来观察记叙文的写作。

构思主题。无论写人的记叙文还是记事的记叙文，都要根据题目要求，围绕主题展开构思，不可偏离主题或撰写与主题无关的内容。关于写人的记叙文，要叙述好人物的概况、性格、语言、动作及主要事迹；关于记事的记叙文，要选取典型的、积极向上的事例并详细叙述，这样才能突显主题思想。

精准人称。英语记叙文通常以第一人称或第三人称来展开叙述。第一人称是作者从参与者的角度进行叙述，阐述亲眼所见、亲耳所闻的经历，把文章内容通过“我（们）”来传达给读者，使读者感到亲切、真实可信，产生共鸣。第三人称则是作者以观察者的身份进行叙述，讲述者不受“我（们）”活动范围以内的人和事物的限制，而是通过作者与读者之外的第三者，把文章中的人物情况或事件情节讲述给读者，相对来说客观性强，不带有主观色彩。

确定时态。英语语句离不开动词。记叙文的优美之处就在于动词时态的变化，正是这一点使得所记、所叙的内容有鲜活的动态感、清晰的层次感和鲜明的立体感。英语记叙文通常采用一般过去时态，但如果是表达人物的自然状况、经常性的事情或某些社会现象时，则要用一般现在时态。在引用故事情节中主要人物的对话时，可以根据实际情况使用所需要的时态。需要注意的是，每篇记叙文都应该有一个基本的时态贯穿其始终。只有在需要特别解释或特别强调的时候，时态变化才是必须且有效的。

主题升华。记叙文应该阐述一个完全独立的事实，因此作者在下笔时必须明确该从何处开始叙述，该在何处结束叙述，整个事情或者人物事迹能够引发什么样的深思，得出什么样的人生哲理。这也需要教师在教学的过程中注重语料输入，多阅读鉴赏精彩文本，融入课程思政，实现课程的育人功能和价值引领。

（三）教学设计案例

以外研版英语七年级下册 Unit 10 A Holiday Journey 的写作部分为教学背景，设计写作任务。

Step 1：熟悉写作主题，明确文章时态

首先，教师运用学生所学句型，通过问答环节帮助学生快速熟悉写作主题——My Holiday Journey。问答环节的问题包括：

1. Where did you go on your last holiday?

2. How did you get there?

3. What did you see there?

其次，教师通过学生的回答引导学生确定文章时态。根据 last 一词可知，时态是过去式。在教师的指导下，学生对文章主题有了初步的把握。

设计意图：通过复习导入和问答法，引导学生快速熟悉文章主题和时态，搭建主题框架。

Step 2：获得更多语言感知

首先，教师通过图片向学生展示好朋友 Betty 寄来的寒假旅游照片，让学生进行头脑风暴，并猜测 Betty 的旅游目的地以及文章大意。其次，教师让学生阅读文章，总结和归纳文章大意并讨论相关问题：

When did Betty go to Chengdu?

Who did she go with?

Why was Betty very excited at Chengdu Zoo?

最后，教师要求学生进行表格填空，并通过文本标记进一步引导学生归纳记叙文的

写作框架。

设计意图：通过图片展示、头脑风暴和讨论等活动，创设特定情境，呈现丰富词汇和句子，帮助学生获得更多的语言感知，调动学生的写作热情。

Step 3：加深学习

首先，教师讲解文章框架结构，并让学生根据 My Holiday Journey 展开讨论，同时规定好学生讨论的时间和基本要求。在讨论前，教师要给学生搭建一定的语言支架，包括单词、短语和句型。其次，教师要求每位学生用 who、when、where、why、how 提问，并独立采访两个同学。在学生进行讨论和访谈时，教师要积极参与学生的讨论，坚持以学生为中心的原则，引导和帮助学生完成任务。

设计意图：通过讨论和采访任务来加强学生对目标语言的学习，以迁移创新的方式加深学生对记叙文写作六要素的理解和运用。

Step 4：多元化评价

在课堂互动中，教师主要采取过程性评价，包括教师对学生的评价、学生之间的相互评价和学生的自评。在学生完成写作后，首先，教师邀请某个学生展示其作文，并请其他同学依据给出的提示词给予评价。其次，教师要求学生对照表格进行自我评价。最后，教师对学生进行评价，学生根据这些评价修改作文。

设计意图：多元化的评价方式能够提高学生的批判性思维，帮助学生发现自己在篇章结构、内容描述以及语言表达等方面的问题，并促进学生写作能力的提高。

第二节　议论文

（一）议论文的特点

议论文是对某个议论对象提出见解或主张并说明理由使读者信服的文体。议论文通常通过摆事实、讲道理，分析客观事物的本质与规律，阐明道理与观点，证明见解与主张，以说服读者同意作者的观点为写作目的。它的基本特点是议论的说服性。议论文有论点、论据、论证三大要素。

论点，指作者提出的观点。提出的论点应有针对性，有的放矢，立论要有新意，使读者耳目一新。另外，提出的论点要有严密的科学性。

论据，指作者为自己的观点提出的理由和根据。论点必须由论据来证明。作为论据的材料，大致有两个方面：事实论据和理论论据。事实论据包括有代表性的人证、物证、典型事例、历史资料、历史事实和经验、统计数字等。此外，比喻性材料也可作为事实论据。理论论据包括反映客观事物的本质和规律的定义、科学原理、法则，已被证实的公理、定理以及成语、警句、格言、谚语等。

论证，指通过逻辑推理的方法来阐明论据与论点之间内在的科学联系。常用的论证方法有归纳法、演绎法和类推法等。归纳法是从若干个别事例推论出一般规律（from particulars to generalities）。演绎法是从一般规律推论到个别事物的方法（from general premises to particular conclusions）。类推法是通过对两个事物进行多方面比较，来推论结论。

从类别上讲，议论文大致可以分为两类：立论文和驳论文。前者是作者提出观点并论证自己观点的正确性；后者是通过论证驳斥和否定某一特定观点。在初中阶段，我们还可以从另一种分类角度着眼议论文的教学：一种是正反观点类议论文，另一种是观点论述类议论文。

（二）议论文写作要点点拨

议论文写作要求学生首先概括表达出主题中的所有要点，然后表明自己的立场、观点和看法。在初中英语课堂的议论文写作上，通常会见到学生在表达论点的时候只是单纯翻译句子，内容不够丰富。另外，在表明自己的论点的时候，学生经常是一句话解决问题，缺乏论据和论证。就此现象，可以从议论文的三大要素——论点、论据和论证着眼观察。

论点——开门见山。论点可以是先提出一个总论点，然后分别进行论述，分析各个分论点，最后得出结论；或者先引述一个故事、一段对话，或描写一个场面，再一层一层地从事实中分析出道理，归纳引申出一个新的结论；也可以在文章开头先提出一个人们关心的问题，然后一一作答，逐层深入；还可以把两个不同事物以对立的方式提出来加以比较、对照，然后得出结论。总之要开门见山，引起读者的关注。同时要注意初中英语写作的议题涉及的内容最好和初中生的学习、日常生活有关，不适合探讨政治、宗教等敏感话题。在议题的选择上要注重对学生价值观的正确引导。

论据——丰富有效。在对论点进行论证的过程中，可利用多种论据方式进行论证。教师讲明论据方法后，要根据初中生的心理发展特点和英语水平，对学生的论据进行必要的指导，用正确的英语表达所要引用的论据。

论证——合理有据。作者可以摆出正反两方面观点，进行对比；也可引经据典论证作者自己观点的正确性，从而使读者接受自己的观点；亦可提出一种错误的观点然后论证其错误，最终提出正确的观点。

（三）教学设计案例

以人教版九年级英语 Unit 7 Teenagers should be allowed to choose their own clothes 为例。在 Section B 2b Should I be allowed to make my own decisions? 部分，教师引导学生完成阅读课之后，开展如下教学活动。

Step 1：问题引导

T：If you are Liu Yu's classmate，do you think he should be allowed to make his own decisions? Why or why not? Before you answer the question，please find out which phrases can help you express your opinion.

S1：get in the way，as much as they want...

S2：achieve his dreams，how much he loves running，have nothing against，think about，end up as...

S3：be allowed to do，decide for myself，be serious about running...

S4：practice running，spend more time on his homework，it is difficult to do，become a professional sports star...

S5：care about，make this choice myself，have a chance to do...

T：You are quite good. And you see，with the chunks above，the author expresses himself clearly and fluently. Can you make sentences with the phrases to give your own opinion?

Ss：Of course，yes.

S1：I don't think Liu Yu should be allowed to make his own decisions because sometimes practicing his hobby as much as he wants may get in the way of his schoolwork.

S2：I know how much he loves running and wants to achieve his dreams. Meanwhile，I have nothing against his dream. However，he needs to think about what will happen if he doesn't end up as a professional runner. So I don't think he should make decisions by himself.

S3：It's better for teenagers to decide for ourselves because we should learn to be independent and we will live by ourselves in the future. Since Liu Yu is serious about running，I believe he can end up as a professional runner.

S4：It is difficult for common students to become a professional sports star，so he had better listen to his parents. He should spend more time on his homework and practice running less.

S5：I think he should be allowed to make choices himself. Only in this way can he have a chance to achieve his dream.

T：You have done a good job. You see. The phrases do help you a lot to express your opinions.

设计意图：帮助学生提炼出九年级英语议论文写作的词块，并在此基础上呈现不同类型的议论文范文，进而引导学生总结出议论文中常见的词块及议论文逻辑框架。九年级学生刚接触议论文这一体裁，基于他们英语表达能力弱的写作现状，词块教学法的应用也必然让议论文写作具有一定的模式化特征，因此提炼常见议论文写作词块及模板是必要的。这不仅能够帮助学生养成良好的议论文写作习惯，而且为他们在议论文写作上的创新奠定基础。

在初中阶段，常见的议论文类型有两种，一种是正反观点类议论文，另一种是观点论述类议论文。前者要求学生在写作时，将支持和反对的观点都陈述清楚，再简要表达自己的观点，总体而言，写作时导入部分略写，陈述双方观点和表达自己的观点部分均需详写。后者强调同学们表达自己的想法，因此该部分详写，其他部分略写。

议论文教学是展开马克思主义辩证唯物主义教学的有效契机。九年级的学生处于思维活动的初步成熟期，辩证思维能力正在形成，思维的批判性、独立性逐渐增强。他们的生活学业逐渐开阔，学习的内容更为系统，为思维的发展提供了基础知识，为进行辩证思维训练提供了现实的可能性。要进行辩证思维训练，必须让学生掌握辩证唯物主义的基本观点，紧密结合议论文写作教学，进行辩证唯物主义教育，在写作中开展辩证思维训练。议论文论点的分析、论证都可以归结为判断与概念。我们可以要求学生探求事物产生的多种原因，在各种原因中分清主要原因和次要原因、内因和外因，了解“矛盾”的概念。同时了解认识客观世界的科学方法和态度，避免极端性和片面性。另外，在开展议论文写作的同时，以辩证唯物主义的理论为指导，对论点和论据进行由表及里，去伪存真的分析，进而为形成科学的世界观和价值观打下坚实的基础。

Step 2：范文展示及逻辑框架总结

第一类：正反观点类议论文

昨天我校就“To Be Sent to School or Not”展开了一场辩论赛，我们班同学也就此话题展开了激烈的讨论。请你根据要点提示简要讲述一下辩论情况并表达自己的观点。

写作要点提示：

1. 部分学生认为上学被接送，既可以节省时间又可以保证自身安全；
2. 部分学生认为步行或骑车是最佳的上学方式，既可以保护环境又可以强身健体；
3. 你的看法和建议。

注意事项：

1. 90 词左右；
2. 可适当发挥，以使行文连贯；
3. 文中不得出现真实姓名和学校名称。

【范文欣赏】

To Be Sent to School or Not

Recently we had a hot discussion about whether we should be sent to school or not. Our opinions are divided on this topic.

Some students think that it is a good idea to be sent to school because this can be a good way to save time. What's more, it's much safer to be sent to school instead of going to school by themselves.

However, other students disagree. The reasons are as follows. First of all, our city is becoming more and more crowded and polluted, so going to school on foot or by bike is the best way. In addition, it's good for our health to walk or ride to school.

In my opinion, I prefer to go to school on foot or by bike. The earlier we learn to be independent, the faster we will grow up.

根据所提供的范文,教师要求学生整理出该类议论文的写作逻辑框架。

Para 1:导入话题

Recently we had a hot discussion about whether we should...

Para 2:正方观点

Some students think that... What's more...(阐述 2～3 条赞成的理由)

Para 3:反方观点

However, other students disagree. The reasons are as follows. First of all... In addition...(列举 2～3 个反对的理由)

Para 4:我的观点

In my opinion...

第二类:观点论述类议论文

随着时代的发展,网上购物已经普及。有的人认为网上购物很方便,人们可以随时随地在手机、电脑等设备上购买自己衣食住行所需的物品。也有人认为网上购物不能保证商品的质量,也不能即买即用。你支持网上购物吗? 请根据以下要点提示,表达你的观点,并阐明理由。

写作要点提示:

1.是否支持网上购物(选择一种观点);

2.阐明理由(至少三点);

3.简要总结观点。

注意事项:

1.90 词左右;

2.可适当增加情节,以使行文连贯;

3.文中可使用实例、数据、引文。

【范文欣赏】

Online Shopping

With the development of the society, there are many ways of shopping, and online shopping is one of them. Many people think shopping online has some disadvantages, but I support online shopping. The reasons are as follows.

First of all, it's easy to shop online because you only need a computer or a telephone.

Secondly, you can shop at any time and you don't have to spend a whole afternoon buying things. Besides, you can compare the prices of the same products so that you can save money.

In conclusion, I believe life is changing because of online shopping. It's quite convenient for people to shop online instead of buying things in the supermarkets and shopping malls.

通过对范文的赏析，教师引导同学们提炼出观点论述类议论文写作逻辑框架。

Para. 1: Beginning(导入)

With the development of...（提出现象，导入作文话题）Many people think... has some disadvantages, but I support...（开门见山地阐明自己的观点）The reasons are as follows.（承上启下形成过渡句）

Para. 2: Main body(正文)

First of all... Secondly... Besides...（列举 2～3 个支撑你观点的理由）

Para. 3: Conclusion(结论)

In conclusion, I believe...（与 Paragraph 1 前后呼应，构成“总—分—总”结构）

Step 3：强化对议论文写作所需词块的运用

(1)表明观点

I agree/disagree with sb. 同意/不同意某人

As far as I am concerned.../In my opinion... 我认为……

I support sb./sth. 支持某人或某事

I prefer... to... 与……相比，我更喜欢……

I'd rather... 我宁愿……

It is well-known that.../As we all know... 众所周知……

I (don't) like/agree because... 我(不)喜欢/同意，因为……

I (don't) think/believe that... 我(不)认为/我(不)相信……

(2)阐述论证

For example... /Take... for example 例如……

In fact/Actually 事实上

In general/generally speaking 一般而言

It is true that... 事实是……

As the saying goes... 如谚语……所言

Besides/what's more 再者，另外

On the one hand... on the other (hand)... 一方面……另一方面……

There are lots of reasons account for this. 原因众多。

(3)总结论点

Therefore/as a result 结果是

All in all/in short/in brief/in a word 简而言之

According to these reasons, I think/believe (that)... 由于这些原因，我认为/我相信……

I consider/assume/believe (that)... 我相信……

第三节　说明文

(一)说明文的特点

说明文是一种以说明为主要表达方式的文章体裁，对客观事物作出说明或对抽象事理作出阐释，使人们对事物的形态、构造、性质、种类、成因、功能、关系或对事理的概念、特点、来源、演变、异同等能有科学的认识。说明文的中心鲜明突出，文章具有科学性、条理性、严谨性，语言确切生动。它通过揭示概念来说明事物特征、本质及其规律性。说明文实用性很强，包括广告、说明书、提示、规则、章程、解说词等。说明文有的是以时间为序，有的是以空间为序；有的由现象写到本质，有的由主写到次；有的按工艺流程顺序来说明，有的按事物的性质、功用、原理等顺序来说明。

说明文是英文写作最常见的体裁之一，其最常用的方法就是对事物加以解说，例如说明事物的过程、因果、状态等；对人物来说，则是说明该人物的处境、想法、背景等。

介绍、解说和说明是说明文的主要表达方式，说明文最重要的文体特征就是客观地说明事物的性质特征。在初中英语教材中有大量的说明文体裁语篇。以新世纪系列英语教材为例，六年级的 20 篇语篇中，说明文占 1 篇；七年级的 22 篇语篇中，说明文占 8 篇；八年级的 20 篇语篇中，说明文占 15 篇；九年级上学期的 10 篇阅读语篇中，说明文占 8 篇。从六年级到九年级，说明文在阅读语篇中比重递增也体现了《课标(2022 年版)》在语言技能方面从三级到三级＋的过渡的要求。说明文语篇的阅读与写作正是英语课堂中从学习理解到应用实践进而迁移创新一系列学习活动的具体体现。

(二)说明文要点点拨

说明文的写作要求学生从事物特征出发，以多样的表达方式将复杂的事物解析清楚。如何面面俱到、清楚准确地在规定字数内描述事物特征，是学生写作的一个难点。因

此，学生可以使用围绕关键词制作思维导图的方法将事物进行分层，如 What it is、How it works、Why 等。通过对事物有条理的剖析，使事物说明更加清晰透彻，全面直观。

因此教师在设计说明文教学的时候，应该重视学生在写作前的素材准备和构思过程，引导学生从侧面观察、审视写作对象，充分了解其特征，为写作做好积极准备，要求学生独立成文。虽然写作前准备阶段可以组织学生开展头脑风暴、小组讨论等各种活动，但写作毕竟是个人思想的体现，应独立完成。

另外，教师也应鼓励学生个人自评和学生之间互评，通过对作文的完善改进帮助学生提高写作水平。本书有对评价的设计与作用的讨论，可供课堂教学设计参考。教师指导学生时，需要使用简洁明了、形象生动的语言，客观、准确地描述说明对象。

（三）教学设计案例

以仁爱版八年级英语上册第一单元为例。本单元围绕运动和梦想职业展开，主要话题是自己梦想的职业。通过本单元 Topic One 部分的学习，学生已经对书中用以谈论职业的词汇有所掌握。本次写作课设计希望学生谈论自己对梦想职业的看法并给出规划，指导学生写一篇关于“我理想的职业”的文章。

课堂教学目标：通过本次写作课学生能够掌握关于职业的词汇和短语，表达对理想工作的看法，写一篇关于理想工作的说明文。

Step 1：场景创设

教师在课前发布与本次写作课主题相关的学习资料，播放关于不同职业身份介绍的视频。学生在观看视频过程中思考以下问题：

What kinds of occupations are introduced in the video?

What are you going to be? Why?

How to achieve it?

学生观看完视频进行小组讨论，思考并回答教师提出的问题。

设计意图：教师由浅入深地提出问题，让学生观看视频后回答，从而引导学生进行不同层次的思考，加强学生对职业理想的表达。对未来的想法及规划可以从语言能力、文化意识和学习能力等方面提升学生的核心素养。对未来的憧憬与描述可以是充满想象的，从而激发学生的学习兴趣。

Step 2：引入写作话题

教师可以合理利用数字化教学平台发放问题与任务，查看学生反馈结果后发布本次写作课的写作任务：以“My dream job”为话题展开写作。学生根据写作主题，尝试完成第一次写作任务并提交。

Step 3：即时评价

教师对学生的第一次写作成果进行评价，评价手段可以是多样的。学生依据教师给出的评价，针对自己的不足之处进行改进。

Step 4：细化写作任务

(1)内容促成

精读范文语篇,并完成以下表格。

My dream job	
What are you going to be when you grow up?	
Why are you going to be that?	
How are you going to do that?	
Where are you going to work? Why?	

根据以上表格内容,进行小组两人对话。学生精读语篇完成表格,并根据表格内容与同学进行"My dream job"对话。

(2)语言促成

教师在语言促成中呈现与书面表达相关的词汇及句型。

职业相关的词汇:doctor、dentist、policeman、writer、soldier、actor、reporter 等。

相关的短语:I am going to.../I want to be.../grow up。

(3)结构促成

教师让学生以小组合作的方式,共同讨论并梳理文章内容和结构框架,列出思维导图。由于上课时间有限,让两组学生进行汇报,教师和学生一起讨论并点评。学生以小组合作的方式,共同对文章内容和框架进行总结,形成结构树。

在这一环节的讨论中,教师可以在分组讨论的同时融入课程思政。在词汇学习和讨论中增加榜样教育的案例,向学生阐述把职业理想同国家富强、民族复兴和人民幸福结合起来。

Step 5:指导与检查,评价与反思

教师可以合理利用在线写作工具,让学生登录平台进行写作,提交完毕后,设置系统评价标准和打分公式,并从词汇、句法和篇章结构等方面给出针对性的修改意见。学生根据系统的点评进行修改,并再次提交修改稿。同时还可以进行小组互阅互评,形成同伴互评反馈。

第四节　应用文

（一）应用文的特点

应用文是人们在日常生产、生活和学习等社会实践中常用的文体，是人们传递信息、交流感情、处理事务的工具性文体。一篇实用、有效的应用文应具有以下特点：因事而写、真实交际、格式固定、书写规范、语言得体、文字简约。不同类型的应用文语用功能不同，其格式规范也不同。

在初中英语写作教学中，应用文写作是难度较大的内容。如果教师能够创新教学方式，给学生创设真实语境，营造真实的写作氛围，让学生体会到达成语用交际效果的成就感，就能激发学生的写作兴趣，最终提升学生的写作质量。在这个过程中，教师可以将真实语料引入写作课堂，通过语篇阅读促进写作，学生更能学以致用。

应用文语篇的写作，一直以来在初中英语课程当中都很重要且富有实践意义。《义务教育英语课程标准（2011 年版）》中，三级写作标准要求“能用短语或句子描述系列图片，编写简单的故事”且“能参照范例写出或回复简单的问候和邀请”；四级阅读标准中“能读懂简单的个人信件、说明文等应用文体材料”与写作标准中“能写出简短的文段，如简单的指令、规则”相互照应。在《义务教育英语课程标准（2022 年版）》中，语言知识中的语篇知识内容要求包括：理解常见应用文语篇和其他常见语篇的主要写作目的、结构等特征，基本语言特点和信息组织方式并用以传递信息。

（二）应用文要点点拨

教师在教学中应依据应用文的体裁特点制定写作技能教学目标，同时充分考虑学生的语言基础和认知水平，设计有效的应用文写作活动。

应用文形式丰富多样。初中阶段的应用文一般包括日记、私人信件、宣传海报、宣传册、通知、活动安排与计划、规则、问卷等。教师要引导学生根据不同的应用文体裁，运用特定格式、特定句型、专业术语、习惯用语等准确地进行不同体裁的应用文写作。

应用文实用性强。教师在设计此类文体的写作主题时，要结合课程标准的要求，联系学生的日常活动、兴趣爱好、学校生活、计划与安排等，体现应用文的语用价值。同时，不同的应用文是写给不同的读者对象的，比如“信件”可以写给师长，也可以写给同学、朋友。教师要引导学生分析写作对象，采用不同的称呼、语气、口吻和词句来进行写作。写作时明确交际语境，可以帮助学生提高语言表达的规范性和得体性。

（三）教学设计

以牛津版八年级英语 Module 3 写作板块为例，本课主题为 Travel。本单元的教学目标是在有关旅游话题的语篇中，学会运用定冠词 the 特指某人或某物；运用连接词 and、but、so 连接句子；运用构词法知识和旅游篇章的话题知识猜测单词意思，理解大意，获取介绍旅游景点的关键信息。

根据所给句型和图片，大部分学生能模仿范例写旅游明信片，尝试介绍国内外主要景点，能够搜集整理国内外旅游景点的介绍信息，制定旅游计划。

Step 1：写作准备

Task：Show the students a postcard and talk about the basic features of a postcard.

通过这一活动，引出本课主题，激发学生兴趣，确定明信片的主题以及书写明信片的情境。

设计意图：在写前阶段，通过旅行的主题自然引入明信片的概念，确定本课写作的类型，让学生了解明信片的使用场景、基本要素和作用。明信片在内容方面相对比较自由，可以含有景点介绍和所感所想等。在写前，希望学生对如何撰写明信片产生兴趣。

活动思考：在常规的写作课中，教师会先布置写作任务，然后进行写作教学。而在本课例中，教师先是将明信片作为一个物件去分享，让学生从自身的写作需求出发，思考“我想写什么”而不是“老师要我写什么”，这个过程即是对已知知识的激活，充分发挥学生的思考能力。深度思考的前身是主动思考，形成思考的内驱力。从文本出发，从生活情景出发，对学生进行提问是教学中常见的激活已知知识的手段。

Step 2：写作阶段

Task 1：Learn to delete the unnecessary information to make the postcard short and brief.

借助明信片的体裁，让学生意识到写作中简练的重要性，并通过讨论，学会如何删减信息，留下写作的主要内容。

设计意图：可以借助明信片空间有限这一明显特点让学生找到精简语言的必要性，了解到写作需要有“效益最大化”的思想，也就是说，每一句话都应当实现它的表达作用，尽量做到“不重复，不跑偏”。学生在对范例的讨论时，能感受到“什么话是可以不说的，什么话是可以少说的”。浓缩内容是精炼语言的第一步。

活动思考：深度思考角度下的课堂，教师角色应该是“引路人”，思考者是真正的“行路人”，所以结论的得出者应该是学生。在写作教学的过程中，学生会发现教材的阅读文本中有较大的写作空间，而在实际的生活中，我们所需要撰写的明信片篇幅很有限，缩减篇幅、精简语言是必不可少的一步，学生在这个过程中学会应对新的情况作出相应的调整改变。精炼语言的必要性在学生思考的过程中被内化加深了，要求学生具备一定的“随性应变”能力，逐渐完成新知识的转化过程。从正常篇幅的文章到短小精悍的明信片写作需要作出怎样的改变是学生需要形成的知识转化。

Task 2：Learn to change the sentences in various ways.

Phase 1：Use short phrases.

Phase 2：Use adjectives or verbs.

Phase 3：Use adverbials.

引导学生用词组去替代句子，从而达到语言简练的写作目的。通过形容词、动词的多样替换，打开学生思路，使得明信片的语言更为丰富多样，从而展现每一位学生不同的写作风格。

设计意图：通过使用词组，巧用动词、形容词以及使用伴随状语这三种方法来让学生体会到不同表达的作用。由于词组的使用与伴随状语的使用在中学生英语学科基本教学要求中有明确内容，所以学生们对于这两块内容是较为熟悉的，也是比较容易上手的。句型及表达的多样性是明信片写作以及其他类型写作中必备的基本要素。

Step 3：小组讨论，评价与反思

Task：Revise the paragraph in a group to make it suitable for a postcard.

通过小组活动，让学生将学到的修改句子的方法进行灵活运用，分享交流各成员的不同修改方法，共同学习，共同体验不同修改方法带来的不同效果。

Step 4：作业与反馈

Task：Write a postcard individually.

学生回顾本课所学的明信片写作要素，进一步反思内化。学生基于课中对主课文的回顾以及对文化周的回顾，或是自己真实旅行经历进行写作，尝试将不同的句式融入写作之中。可以通过自我评价列表进行自我提问，实现自我修改，完善写作。

在这一部分可以通过学写明信片的作业，启发学生展开讨论并进行反馈，同时融入课程思政元素。这一课程的语篇内容蕴含着深刻的育人元素，可引发学生对旅行价值和本质内涵的探索。帮助学生体悟“仁者乐山，智者乐水”“读万卷书行万里路”，践行“生态旅游”“善行旅游”的现代和谐价值观。

第五章　基于教材的写作课堂教学设计

教材是学生收获知识的重要途径，不管在教学内容上还是教学形式上都具备一定程度的示范性。写作教学的展开离不开教师对于教材中文本的解读和分析，更需要教师运用教育智慧，挖掘教材中的写作素材，结合学生的学习特点，展开有效的写作教学。

第一节　结合单元主题的写作课堂教学设计

随着教育的不断改革，无论是在教材的编写上，还是在教学的过程中，都更多地倾向于以主题为核心设计单元整合的教学内容。《课标(2022 年版)》指出，应当加强单元教学的整体性，推动实施单元整体教学。教师要强化素养立意，围绕单元主题，充分挖掘育人价值，确立单元育人目标和教学主线；深入解读和分析单元中各语篇及相关教学资源，并结合学生的认知逻辑和生活经验，对单元内容进行必要的整合或重组。引导学生基于单元主题进行深层认知和价值判断，促进其核心素养综合表现的达成。

(一)利用好单元写作材料，开展写作教学

在英语教材中，往往围绕某一话题，组成一个单元或者模块，按照话题单元展开英语教学。每个单元或模块的基本构成为阅读(Reading)、语法(Grammar)、听力(Listening)、写作(Writing)等活动。以外研社初中英语教材为例，单元教学任务一般有听力与词汇(listening and vocabulary)、语音与口语(pronunciation and speaking)、阅读与词汇(reading and vocabulary)、写作(writing)、语言应用(language practice)、单元任务(module task)等。在日常教学中，写作板块通常是被教师忽视的部分。

教材中的写作板块或者活动为教师提供了清晰的写作指导思路和丰富的写作资源。以外研社八年级英语上册第一单元 How to learn English 为例，该写作主题是给朋友 Diana 写一封寻求建议的求助信。活动设计分为三部分：第一部分是讨论，填图表，将自己擅长和不擅长的英语能力勾选出来；第二部分则提供了寻求建议信的格式、主要内容等语言支架；第三部分是写后活动，让学生研读同伴的信件，写出建议。

教材中的第一个活动是帮助学生拓宽思维，为写作活动提供内容、语言的支架。第

二个活动给学生们提供了信件的写作格式和结构支架。第三个活动是让学生就本单元内容做语言输出，丰富、巩固单元话题词汇、句型，学会用英语提建议的功能表达。

在设计教学活动时，应该注意：

确定写作教学目标。《课标（2022 年版）》根据学生不同年龄段和心理认知特点，从写作材料的体裁、写作技能、语言运用表达等方面提出了具体要求。根据这些具体要求，教师可以把握教学方向和范围，结合教材中的写作素材，循序渐进，科学合理地设计写作教学目标，让学生通过观察、学习、体验完成课程标准的写作要求。

针对学生水平，设计教学支架。在英语教学实践中，支架式教学模式建立在引导和帮助学生完成相应的学习任务的基础之上，并以此作为重要的概念框架。为了实现学生英语写作水平的提升，教师需要在阅读材料的过程中下功夫，设置和建立合理的教学支架，促进学生的语言输出。其中，词汇句型和文体结构是支架的重要内容。

例如，在新目标英语七年级下册 Unit 1 Can you play the guitar? 中，教师引导学生猜测小组成员的业余爱好，通过组织多样的活动，锻炼学生利用 Can you...? 句型进行造句。同时教师补充一些关于介绍个人爱好的文章结构和句型，采用“阅读—分解—句子仿写”的模式进行练习，帮助学生搭建语言支架。

“教—学—评”一体化设计与实施课程内容。教师要注重各个教学要素之间的关系分析，明确教什么、为什么教、怎么教、怎么评等方面的内涵和要求。在实施教学和评价的过程中，教师要通过观察、提问和合理、科学的测试，收集学生学习真正发生的证据，包括理解了什么、能表达什么、会做什么，以及是否形成了正确的价值观等。帮助学生达成预设的教学目标，以评促学，以评促教。

总之，在写作教学课中，教师应以认知目标分类为基础，结合课标要求，依据英语学习活动观“学习理解、应用实践、迁移创新”三种类型设计具体的教学活动。首先，在单元主题下结合其他各科的主干知识，联系生活实际，创设真实的任务情境，引起学生对写作任务的感知与注意。其次，学习理解写作范例，引领学生先阅读提取信息，梳理作文范例、结构布局和语言上的特点，通过问答、完成图表等方式让学生思维外显化，概括和整合写作中必要的知识点。再次，教学活动要针对写作的重点部分进行突击训练，分析判断写作重难点的应对策略，以口头训练和控制性训练为主要形式，鼓励学生初步运用课堂所学进行写作片段输出。最后，设计迁移创新活动，让学生综合写作的各项知识，总结出较为有效的写作模式，完成现实生活中的真实写作任务，并能进行简要的评价。

（二）充分整合单元资料，做好单元的写作任务

在教学过程中，要实现学生写作能力的提高，就要坚持循循善诱、因势利导的原则。坚持以单元为整体进行教学，能够使写作在特定的语言环境中进行，也为写作提供了较为丰富的相关语言材料。教学过程中，通过对这些与写作相关素材和资源的充分整合，以及对教学内容的合理科学设计，实现资料与写作内容的接洽，并做到因势利导，提高学生对写作内容相关部分的掌握程度，从而能够高效地完成单元写作目标。

1.主题意义是单元教学的精神线索

分单元教学是现行教材中最基本的教学模式。因为每个单元都是一个比较完整的

学习单位，承载着同一个主题意义，为主题提供相关的语篇及语言知识、文化知识，提供相应的语言技能训练和学习策略实践等，因此主题意义是单元教学的精神统领，应该围绕单元的主题意义，开展听、说、读、写活动。写作板块是学生运用语言的必要实践环节，学生要立足于单元的整体话题，综合运用各课时所学知识，如词汇、语法、语篇等，表达出自己的观点或解决相应问题，从而促进思维全面发展。

2.综合分析教材与学情，有效设定教学目标

单元是保证教学实践顺利完成和确保教学目标顺利实现的核心单位，教师应首先梳理单元主线，立足于学情和主题意义，明确单元教学目标和教学重点。教师在写作课的设计上，不仅要分析教材中本单元的突出主题，还要留心此写作板块设计的内容与单元其他内容的关联性，如背景知识、词汇句型、语篇结构、交际技巧等。另外，教师还应注意分析学生现有的知识储备，提前预测学生在写作过程中可能遇到的困难，从而能够准确地分析出写作教学的重难点。

3.关注不同层次任务，有序设计教学活动

在单元整体教学理念的指导下，教学活动的设计要具备层次性。同时，要始终明确学生是学习的主体，学生认知水平的培养与发展必须遵循从低到高的规律。早在1956年，美国著名教育家布鲁姆（Benjamin Bloom）就提出了认知目标分类六层次：知识、领会、应用、分析、综合、评价。2001年，安德森（Lorin Anderson）等人又重新修订了这一分类，调整为记忆、理解、运用、分析、评价、创造，其中前三个层次属于低阶思维水平，后三个层次属于高阶思维水平。教师要为学生搭建好前进的阶梯，确保学生能够由低到高、由浅入深地理解知识，达到从对知识的浅层理解到深层领悟的效果，最终实现迁移创新。

例如：八年级读写结合教学设计“Healthy Living”（2课时）[节选自《课标（2022年版）》]

本课主题属于“人与自我”范畴，涉及“身心健康”“珍爱生命的意识”。

（1）研读单元主题意义

本单元围绕“健康生活”展开，本课是读写结合课，学生要在完成阅读和听力语篇的学习后，模仿范文写一篇作文。

写作范文是女孩吴文静的一篇反思日记。她在日记中记录了自己的生活习惯，反思了这些习惯是否健康，从饮食、卫生、运动等三个方面介绍了自己的健康生活方式和一些有待改进的不良生活习惯。

（2）综合分析教材与学情，有效设定教学目标

①写作目的

作者以日记的形式，对自己的生活习惯是否健康进行了总结、分析和反思，进而表达了摒弃不良生活习惯的决心和方法，启发和鼓励读者反思并改进自己的不良生活习惯，养成更健康的生活习惯。

②语篇结构

范文共五段，从背景、生活习惯和总结反思等三个方面进行说明和介绍。第一部分为第一段，交代了写日记的背景，即女孩参与学校组织的调查后，反思了自己的生活习

惯。第二部分为第二至四段，分别从 eating habits、keeping clean 和 doing exercise 等三个方面介绍和分析了自己健康和不健康的生活习惯及其原因。第三部分为第五段，作者对自己的生活习惯进行了简单总结，表达改进的决心和方法。

③语言特点

在对生活习惯进行分析和反思时，注意总结作者的语言特色和使用的短语搭配。如在反思 eating habits 时，使用 eat healthy food、eat junk food 等短语分别列举了好的和不好的习惯；在反思 keeping clean 时，使用 wash my hands、take a shower、brush my teeth 等短语介绍了自己的好习惯；在反思 doing exercise 时，使用 play ping-pong、walk to school 等短语描述自己的好习惯。从健康的生活习惯过渡到不健康的生活习惯时，作者使用了 however、although 和 but 等表示转折的连接词进行逻辑衔接。另外，作者还使用了表示频度的副词和短语描述行为习惯，如 often、sometimes、every day、twice a day、once a month 等；在表达需要改进某些不良习惯时，作者使用了短语 need to do 和比较级 eat less junk food、exercise more 等。

基于以上分析，确定本课时的教学目标。在本课学习结束时，学生能够：

a.基于写作目的、文体和要求，分析范文结构，列出描述自身生活习惯的内容要点；

b.确定描述和评价自身生活习惯是否健康的角度、具体内容，形成改进方法；

c.发现范文中作者用于介绍、分析和反思生活习惯的生动表达方式和句型，将其应用于自己的写作中；

d.通过自评和互评，改进初稿的结构、内容和语言。

(3)教学过程

为了实现教学目标 a，设计以下教学活动。

Activity 1 复习单元主题：学生基于教师的提问，回顾与健康生活这一主题相关的已学内容。(感知与注意)

Activity 2 理解、明确写作任务：学生在教师指导下了解写作任务并总结写作要点。(获取与梳理)

某网站面向全国中学生举办一场以“健康生活方式”为主题的英语征文活动。你的生活方式健康吗？请撰文投稿。不少于 60 词。

Activity 3 梳理范文结构：学生阅读并整理出范文的内容结构图。(获取与梳理、概括与整合)

Activity 4 列出写作内容要点：学生思考写作任务的要求并参照范文写出自己文章的内容要点。(内化与运用)

为了实现教学目标 b，设计以下教学活动。

Activity 5 梳理范文写作提纲：学生阅读并整理出范文中介绍每个习惯的具体要点，补充到范文结构图中。(获取与梳理)

Activity 6 确定写作内容要点：学生思考并判定自己生活中健康、不健康的生活方式，讨论怎样改变不健康的生活方式，确定将哪些内容呈现在写作中，并将这些内容补充到自己的提纲中。

为了实现教学目标 c,设计以下教学活动。

Activity 7 学习范文语言:在教师引导性问题的帮助下,学生阅读并挑选出范文中有用的句型和表达,分析、探讨这些语言对清晰、准确、生动表达主题意义的作用。(分析与判断)

Activity 8 完成初稿写作:学生基于提纲和写作要点,借鉴范文中有效的语言表达,独立写出自己文章的初稿。(内化与运用、想象与创造)

为了实现教学目标 d,设计以下教学活动。

Activity 9 自评、修改并形成二稿:学生根据写作自评表对初稿进行自我评价,并根据评价结果修改初稿,完成二稿。(批判与评价、想象与创造)

Activity 10 互评和完善二稿:学生根据写作互评表,两人互相评价、反馈,并根据评价结果修改二稿。(批判与评价、想象与创造)

作业建议:请完成作文的三(终)稿。

在本节课的设计中,教师首先引导学生反思自己的生活习惯。其次,引导学生在明确写作任务的基础上,学习范文的结构,构思自己文章的内容架构,学习每个习惯的描写方式,拓展思维。再次,引导学生思考、描述和评价自身生活是否健康,并列举支撑性的细节说明为笔头输出的细节信息做准备。最后,引导学生反思和评价自己文章的表达效果,反复修改、完善文章。

(三)将写作教学融入阅读课、语法课、听说课

1.与阅读课结合的写作教学

每个教学单元都是一个整体,教师应当在明确教学目标的基础上展开教学活动。认真分析每个单元的阅读内容和写作的相关要求,除了要对整体写作目标进行细化外,还要将其与每个课时的教学结合,确定好课时写作目标和任务。与写作相关的句型、词汇、常用短语、关联词应用、逻辑顺序、句子结构和篇章结构等主要是通过阅读输入,故而需要阅读与写作相互渗透和促进。

下面以外研社八年级上册 Unit 3 的单元教学内容为例,具体分析如何运用教材中的阅读素材,设计写作任务。

本单元的主题是家乡和祖国,有两篇阅读材料。第一篇阅读材料介绍了 Cambrige、London、England 的地理位置、人口、旅游景点等。第二篇文章介绍了华盛顿的主要建筑物、景点等信息。教师可以结合第一篇文章,采用“梳理信息—学习语言—操练语言—迁移写作”的思路将阅读材料与写作教学结合起来。

(1)梳理信息

阅读文本,梳理文章主要信息,了解 Cambridge 与 London 的地理位置、著名景点等知识内容,为读后的写作任务提供内容支撑。

	Cambridge	London
Location		
Population		
Famous places		
River		

(2)模仿输出

通过句子填空、仿写等形式,学习地点介绍的有关表达和语言结构。如:选词填空。

Complete the passage with the words in the box.

countryside east hometown island London mountains south university

England is part of a(n) ________. It is famous for its beautiful green ________ with ________ and lakes in the north. And hills and villages in the south. My ________ is Cambridge, in the ________ of England. It has lots of old buildings and churches and a well-known ________. It is smaller than ________, which is in the ________ of England.

随后进行句子仿写:

I came from ________, a ________ city in the ________.

It has a population of ________.

在课文理解的基础上进行语言微输出,让学生了解如何介绍家乡。

(3)迁移创新,写作输出

教师随后布置任务:介绍自己的家乡。首先,对家乡的地理位置、著名景点、人口数量等方面的信息展开小组讨论活动;随后,利用文章中学会的句型、词汇,介绍自己的家乡。

在读写一体课的教学过程中,要注意紧密结合阅读内容,学习文章写作的整体布局、篇章结构、内容特点、语言特色、重点词汇、句型、短语等,及时应用输出,完成自己的写作任务。

2.写作与语法教学相结合

在日常教学中,教师往往把语法课与写作教学割裂开来,语法主要注重句型操练和语法规则的讲解,语法课的教学目标仅仅是让学生掌握和运用语法规则。实际上,将语法教学与写作教学结合起来,更容易给学生时间和空间来感受和经历语言的魅力,在实际运用中巩固语法知识。同时,语法知识的习得也反哺写作过程,使学生的语言输出更加准确和流畅。

下面结合教学案例,讲解如何帮助学生利用新学习的语法知识进行写作练习。

本课主题围绕"介绍我们的学校"展开,练习的目标语法结构是由 when/why/where/how 引导的定语从句。课堂中的模仿造句活动,往往围绕课程主题展开,着重练习新学习的语言结构。

Activity 1

Compare the following two passages to understand the use of the relative adverbs when, where and why.

Located on Jiangsu Road is a famous high school. Many famous people used to study in it, including the Song sisters. The Song sisters entered the school in 1900. At that time, only a few girls could afford the fees. The school has an excellent staff and talented students, so it has a good reputation.

Located on Jiangsu Road is a famous high school, where many famous people used to study, including the Song sisters. The Song sisters entered the school in 1900, when only a few girls could afford the fees. The school has an excellent staff and talented students — that is the reason why it has a good reputation.

学生通过比较两个写作版本,理解关系副词在定语从句中的使用,并感悟定语从句对于提高写作质量的作用。

Activity 2

Sentence Imitation

Make sentences by using the relative adverbs (when/where/why) according to the information given. Add commas if necessary.

在感悟关系副词 when、where、why 在写作中的使用后,引导学生模仿例句造句,达到操练和巩固关系副词用法的目的。同时为下一步制作宣传单册(为学校做宣传)活动做铺垫。

a.Zhang Ailing studied in the school in the 1930s and she produced a lot of essays during her school years.

Zhang Ailing studied in the school in the 1930s ________________.

b.In front of the main teaching building is a beautiful lawn. Students enjoy reading and chatting on the lawn.

In front of the main teaching building is a beautiful lawn ________________.

c.Inside the main teaching building is a school hall. Students give performances and have gatherings in the school hall.

Inside the main teaching building is a school hall ________________.

Activity 3

Make a leaflet introducing the school by using the relative adverbs. The information of the leaflet should include famous graduates, school buildings and the important dates of school.

通过前两个活动学习,练习和内化了语法结构:由 when、where、why 引导的定语从句。最后一个活动是写作创作活动,达到让学生在写作活动中运用目标语言结构的目的,遵循了学以致用的原则,培养了学生热爱学校的情感态度。

3.听说课中的写作教学

在英语教学中,听和读是语言输入的主要方式,说和写是语言输出的常见方式。在教学实践中,"说"往往是为写作做好铺垫,先口头输出再笔头输出。在中学英语听说课上,听说材料的功能性强,语言难度低于阅读材料。学生较容易理解和掌握材料。在实际的听说课中,教师可以对教材内容加以调整和利用,将听、说技能与写作教学相结合,更好地达成单元教学目标,内化和迁移语言。

下面以外研社教材八年级上册第三单元听力部分为例,说明如何将听力教学与写作任务相结合。本单元的主题话题为运动,谈论自己喜欢的运动项目,了解运动对身体的好处。

Pre-listening

听前部分,教师让学生观看学生运动的视频,让大家讨论自己喜欢的体育运动,为学生的语言输出,做好情感准备、话题准备和语言准备。

While-listening

教师明确听的任务,同时对于如何获取信息做微技能指导——听的时候抓住关键词。然后引导学生听大意、听细节,随后进行模仿朗读,练习朗读(注重语音、语调训练)。

Post-listening

听后是语言输出阶段,为了达成让同学们学会谈论自己喜爱的运动项目这一目标,教师先组织学生学习听力材料中的语言结构,随后进行句子仿写,提供足够的语言输出支架。

Complete the passage about yourself.

My favourite sport is ________. And I enjoy watching ________.I am quite good at ________. I do not like playing ________.And I am not very good at ________.

接着,在模仿例句的基础上,展开语言输出,让学生给美国的好朋友写一封信,介绍自己的运动爱好。最终实现用目标语言做事情,灵活的拓展使用语言。

第二节　结合阅读材料的写作教学设计

语言学家威多森在其著作《交际性语言教学》中提到,写作与阅读两者相辅相成,缺一不可。阅读是写作的基础和前提,是作文素材和表达方式的源泉;同时,写作也是阅读的一种深化,是综合语言运用的过程。

(一)设计好读前活动,为写作铺路搭桥

在以读促写为教学目的的阅读课中,读前活动也是导入活动,教师要充分利用阅读话题,结合学生的生活实际,为学生学习做好情感铺垫、话题铺垫和语言铺垫。以外研社八年级上册英语教材第五单元 Lao She Teahouse 的阅读课为例。在读前,教师为学生提供有关京剧和老舍的背景知识介绍,为学生做好学习话题和内容的铺垫。同时,让学生谈一谈对于传统京剧的看法,了解老舍的主要作品,引发学生对于传统艺术的热爱以及

民族自豪感，为阅读课的展开做好情感铺垫。常用的读前活动包括：

头脑风暴法。在学生接触阅读材料前，教师可以设计一些活动激活学生的思维。例如，在相关阅读知识信息储备不多或者相关知识较熟悉的前提下，利用头脑风暴法可以激活学生对阅读材料的兴趣。

看图说话。看图说话是指以直观图片为媒介，要求学生把画面中的内容完整准确地表达出来的教学方法。教师在展开阅读前，引导学生初步观察、了解图的内容，根据所给提示词或者提示的句型，让学生尝试造句等语言输出活动，为阅读课的教学做好语言和话题方面的准备。

预测。预测作为一项技能，在阅读课中起重要的作用。教师可以引导学生通过标题、课文的图片、课本提供的词块等进行预测，为学生学习阅读的文章做好内容铺垫。

观看视频。观看与阅读材料相关的视频，可以激发学生的情感以及相关的背景知识，为阅读活动做好情感和内容的铺垫。

（二）深入研读文本，设计好读中活动，为写作任务搭建支撑

读中活动是阅读课中最重要的活动，包括寻找主题句、关键词，分析文本写作风格、修辞方法、内容思想、篇章结构等。这些活动能帮助学生深入理解文本内容和作者的写作意图，并结合自身的经验和经历，内化吸收文章中作者的思想与态度，产生思维碰撞，提升情感认知，提升自己的阅历与经验水平。从写作的角度来看，学生通过学习文章的语言风格、篇章结构、行文特点及仿写造句、创新迁移等活动，可以学会归纳组织语言材料、整理思路以及对于整体文章结构的谋篇布局。

初中英语教材中的阅读文章体裁多样，题材新颖广泛，语言真实生动，文化内涵丰富，符合中学生的心理特征和认知发展水平。教师设计的读中活动，首先要分析文本信息，弄清楚文章主要写了什么(what)，作者的写作意图是什么(why)，作者是如何组织文章的(how)。在厘清这些基本问题之后，还要考虑学生现有的知识水平，结合学生的已知，设计合理的阅读活动，批判反思文章中的问题，将学生的思维一步一步引向探索新知识、获得新经验、提高新境界的过程中来。在学习语言特色的过程中，要使学生能够观察语言的特性，从中获得语言信息，掌握文章中的精彩句型和短语，同时进行模仿造句、话题讨论等语言输出活动。

以外研版八年级上册第五单元 Lao She Teahouse 为例。教师引导学生梳理文本信息，以时间为线索，梳理老舍先生的生平故事。之后，让学生归纳段落大意，为每一段起一个副标题。随后，学习语言特色和篇章结构，可提炼问题：Where does the story take place? When does the story take place? What is Teahouse? Why is Teahouse a good play? 引导学生学习介绍戏剧或者电影需要涉及的内容和介绍角度。为了让学生更好地输出语言，学会介绍自己喜欢的戏剧或者电影，教师还要引导学生学习文章中的句子结构，仿写句子。如：

a.________ is one of ________'s most famous plays. The play tells ________.

b.The play has ________ acts and shows ________.

c.If you like ________, you can enjoy ________.

联系学生生活实际，设计读后活动，完成写作任务。

(三)模仿文章，创新迁移

在充分挖掘文章语言素材，理解课文篇章、语言特色之后，可以设计联系学生实际的写作任务。在情境中输出语言，不但提高了学生运用英语进行思考和表达的能力，还锻炼了学生的判断、分析、归纳、应用语言的能力，让学生逐步认知和获得相关的写作方法，创造性地运用语言，用英语做事情，这是阅读教学的有效延伸。同时，写是读的检验，通过在真实的情境中运用语言，促进学生深入理解文本信息，达到以写促读的目的。所以，立足文本，吸收运用，并进行适当的相同话题延伸和拓展来开展写作活动，可以达到以读促写的目的。教师应灵活运用与合理开发阅读课的教材资源，将培养学生的写作能力始终贯穿于英语阅读课教学中。

再以 Lao She Teahouse 这篇阅读文章为例。在分析完文本结构、理解文章内容、了解写作风格之后，可以设置如下情境：Write a passage about your favourite play or film。为学生提供写作的结构支架：

Part 1 Where and When does the film take place?

Part 2 What is the film about?

Part 3 Why is the film good?

通过提供作文框架，让学生仿照课文的篇章结构，利用本课的词汇结构、句型语法，在真实的语言情境中运用语言，内化和输出语言。

再以外研版八年级上册第六单元 Animals in danger 为例。首先，阅读关于熊猫的文章，梳理关于熊猫生活的基本信息，如熊猫数量非常稀有的原因，熊猫生活的环境、吃的食物，如何帮助熊猫等。

其次，通过完成句子的活动让学生学习课文中的语言结构，如：

Scientists do a lot of research ________.

The government is setting up nature parks ________.

The panda has become a ________.

帮助学生学习文章中的句型结构，为读后的输出活动提供语言支架。

在读后阶段，为了让学生写一篇濒临灭绝的动物的文章，教师引导学生展开讨论：What is the animal? Where does it live? What does it feed on? Why is it in danger?

从对于熊猫的生活习性的介绍，迁移到对于其他动物的介绍，展开对于其他的濒危物种的思考。拓宽学生的写作思路，为学生的写作输出活动提供内容支撑。在掌握好介绍动物的句型、确定描写动物的内容之后，教师引导学生输出语言，描写一篇介绍濒危动物的文章，并给出参考范文。

（四）积极开展读后续写、缩写或者改写文章的活动

1.读后续写

读后续写要求学生根据原有的故事情节来推测后面即将发生什么。写好续写要有比较强的逻辑思维能力、语言表达能力。对于叙事性文章的读后续写，我们可以从以下几个方面入手：

（1）反复阅读原文本，理解文本大意

记叙文有六要素，即时间、地点、人物，以及事件的起因、经过和结果。学生可以对这些问题进行探讨，总结出故事大意，为后面展开合理的想象作好铺垫。根据读后续写试题的设计特点，一般说来，前四个要素已经呈现，因此续写部分还需要发展到"高潮"，即学生要根据信息，创作出一个合理的结局。

（2）深度剖析原文本

读后续写实质上是学习者模仿再创造的行为。要想写出与原有文本语言风格一致的篇章，必须抓住原有文本的语言特点、写作基调。另外，也要关注文中体现人物情感的语句。一般来说，人物情感可以从多个层面体现，比如语言、动作、心理、环境描写等。

（3）合理推敲故事发展情节

学生在读的过程中要注意焦点词汇（如名词），这些内容可能会直接牵动着故事情节的发展。另外，学生要仔细分析文章情节，展开合理想象，建立合理的写作框架，创作出合理的故事情节。

（4）写出完整故事，注重过渡衔接

续写文章，除了在语言、写作风格、故事情节等方面保持一致之外，还要注意段落之间的衔接和过渡，落笔自然，重于原作，努力写出内容充实、语言准确、逻辑合理、衔接自然的文章。

2. 文章的缩写或改写

（1）缩写文章

缩写是把一篇长文浓缩成短文。缩写必须忠实原文，全面、准确地反映原文的中心思想和要点，并做到首尾连贯，构造完整。

如何引导学生写好一篇缩写的作文呢？首先，要吃透原文，对全文的主旨大意、篇章结构、语言风格做到心中有数，整体考虑。其次，要提炼思想，抓主放小，适当地删减和概括。缩写出的作品要与原文保持主题思想和语言风格方面的一致，详略得当。最后，要注意缩写要求，包括数字方面的要求。在实际写作训练中，教师可以根据所学内容，缩写课本的文章，也可以寻找其他阅读材料，注意激发学生的阅读兴趣。帮助学生把握好缩写的主题和重点，重新加工、组合文章结构，取舍得当，思路清晰，同时还可以要求学生选用适当的特殊句型（如省略句、主从复合句、非谓语动词、介词短语等）来概括一些句群，达到缩写的目的。缩写练习能够有效提高学生的语言概括能力、归纳总结和逻辑思维能力，深化学生对于原文的深层次的理解，提高学生写作的条理性和用词的敏捷性。

(2)改写文章

改写是一种根据原文思想内容而改变其表现形式的作文训练方法。这种训练包括：

内容的改写。如将写人改为写事或将写事改为写人。

构造的改写。如将顺叙改为倒叙、插叙或重新组织材料。

人称的改写。如将第一人称改为第三人称。

文体的改写。如将小说改编为戏剧。

以外研版英语八年级上册第六单元 Animals in danger 为例。教师先带领学生阅读文章，在读完关于熊猫目前的生活状态之后，可以让学生以第一人称的方式，介绍熊猫的生活环境和濒临灭绝的原因。这样的改写训练，有利于学生丰富和内化文章中的语言，进一步熟悉和加深对于课文主题意义的理解，达成改写的教学目标。

总之，改写既要表达原作又要丰富原作，既要借助联想又不凭空乱想。通过对文本材料进行改写，学生不仅提高了语言运用能力，还培养了灵活多变的思维方式，提高了语言表达的综合能力。

第六章　基于写作类型的课堂教学设计

本章将根据不同的写作题型，分别对图表类、提示类以及命题类写作课堂进行分析和教学设计。

第一节　图表类作文

（一）图表类作文介绍

图表作文通过题目提供的一组或几组数据来反映某个趋势或某一问题、现象，这要求学生对图表中的相关数据进行描述、分析和评论，并得出合乎逻辑的结论，因此图表作文也是将数据、形象信息转换为文字信息的过程，即利用文字表格、数字或图像作为写作信息提示的一种写作形式。

图表作文的体裁多为议论文、应用文和说明文。常见的图表类型有：表格类，表示多种事物的相互关系；曲线类，常表示事物的变化趋势；柱状类，用来表示几种事物的变化情况及相互关系；饼状类，表示各事物在总体中所占的比例及相互关系。但图表作文要求的不仅仅是对图表的简单叙述，而是根据图表数据的分析，找出反映的主要问题和现象，然后进行文章内容的撰写。在课堂针对此类作文练习和讲解时，要注意以下三点。首先，引导学生认真解读图表，切勿疏漏重要的数据信息和细节提示，有时不必每个数据都涉及，但重要的数据必须在写作中提到。其次，对图表的内容分析、数据说明一定要简明扼要，尽量使用简单句，因为复杂的句式往往起不到清晰表达的效果，这有悖于图表作文的考查目的。而在分析原因和解决方案时，多使用复杂句型。最后，结论性的表达一定要从图表信息分析或数据归纳而来，这样才能让文章有说服力，得出的结论才有信服力，切忌主观判断，更不能主观臆造，避免“I think/I believe...”等类似句式的使用。同时还应该注意以下几点：文章应包括图表所示的内容，但不是全部写到；叙述调查结果时要避免重复使用百分比；最重要的是要有表明自己观点的句子。书写要规范，包括大小写、标点符号等。写作之后还要注意认真检查，改正错误。

图表作文的写作步骤：首先，引导学生分析图表及说明性文字；其次，带领学生分析数字所反映的主旨，得出中心论点；再次，引导学生根据自己的理解列出写作提纲，可以借助思维导图等方式；最后，根据提纲进行写作。

图表作文的结构通常是三段式。

第一段分析图表的数据变化反映出来的问题或趋势，简要概括图表揭示的信息；或总体描述图表，指明时间段，指出突出变化或不同。常用句型或短语如下：

As is clearly shown in the chart/table/graph...

According to the figures...

Given in the table/chart/graph...

It can be seen from the table/chart/graph...

The figures in the table/chart reflect that... especially...

第二段分析原因。常用句型或短语如下：

There are several factors leading to this change/difference...

There are several reasons for...

To begin with...

In addition...

For example...

Last but not the least...

To sum up...

第三段提出解决问题的办法或建议。常用句型或短语如下：

As for me...

On the one hand...

On the other...

In brief...

（二）图表类作文写作常识

1.图形种类及概述

泛指一份数据图表：a data graph/chart/diagram/table

饼图：pie chart

柱形图或直方图：bar chart/histogram

趋势曲线图：line chart/curve diagram

表格图：table

流程图或过程图：flow chart/sequence diagram

程序图：processing/procedures diagram

2.常用的描述用法

The table/chart/diagram/graph shows (that)...

According to the table/chart/diagram/graph...

As is shown in the table/chart/diagram/graph...

As can be seen from the table/chart/diagram/graph/figures/statistics...

It can be seen from the figures/statistics...

We can see from the figures/statistics...

It is clear from the figures/statistics...

It is apparent from the figures/statistics/table/chart/diagram/graph that...

Table/chart/diagram/graph shows/describes/illustrates how...

3.图表中的数据具体表达法

数据在某一个时间段固定不变:fixed in time

在一系列的时间段中转变:change over time

增加:increase/raise/rise/go up

减少:decrease/grow down/drop/fall

波动:fluctuate/rebound/undulate/wave

稳定:remain stable/stabilize/level off

4.写作套句精选

The table shows the changes in the number of... over the period from... to...该表格描述了在……年与……年间……数量的变化。

The bar chart illustrates that...该柱状图展示了……

The graph provides some interesting data regarding...该图为我们提供了有关……有趣数据。

The diagram shows that... 该图向我们展示了……

The pie graph depicts that... 该圆形图揭示了……

This is a cure graph that describes the trend of... 这个曲线图描述了……的趋势。

The figures/statistics show (that)... 数据(字)表明……

The tree diagram reveals how... 该树型图向我们揭示了如何……

The data/statistics show (that)... 该数据(字)可以这样理解……

The data/statistics/figures lead us to the conclusion that... 这些数据资料令我们得出结论……

As is shown/demonstrated/exhibited in the diagram/graph/chart/table 如图所示……

According to the chart/figures... 根据这些表(数字)……

As is shown in the table... 如表格所示……

As can be seen from the diagram,great changes have taken place in...从图中可以看出,……发生了巨大变化。

From the table/chart/diagram/figure, we can see clearly that... or it is clear/apparent from the chart that...从图表我们可以很清楚(明显)看到……

This is a graph that illustrates... 这个图表向我们展示了……

This table shows the changing proportion of... from... to...该表格描述了……年到……年间……的比例关系。

The graph presented in a pie chart shows the general trend in...该图以圆形图形式描述了……总的趋势。

This is a column chart showing... 这是个柱形图，描述了……

be similar to 与……相似

be the same as 与……相同

There are a lot similarities/differences between... and...与……之间有许多相似(不同)之处。

A has something in common with B. A 与 B 有共同之处。

The difference between A and B lies in... A 与 B 之间的差别在于……

(三)图表类作文课堂设计

以人教版九年级 Unit 7 Teenagers should be allowed to choose their own clothes 为例设计写作课程。

Step 1:确定学习目标

初中生的年龄特点决定了学生缺乏成熟的逻辑思维方式，逻辑条理不够清晰，对知识的系统性缺乏深刻的认识。因此，教师应深入了解学情，并在教学过程中关注学生的情绪与状态，创设符合学生实际的情境，引导学生学会分析图表。依据单元整体设计原则和学情设定学习目标。

知识目标：在 Rules 的话题下，能够撰写关于零花钱使用规则的写作话题，写作过程中能正确使用所学语法，运用图表作文的正确句型和有关零花钱使用的词汇描述。

能力目标：能够通过小组合作一起探讨写作思路，提高自主学习能力和创新能力；能够依据教师的提示构建语句撰写文章，提高发现问题和解决问题的能力。

情感目标：通过图表分析能够关注该如何合理使用零花钱，培养正确的金钱观。

Step 2:描述写作任务

现在的中学生每月都有一定数量的零花钱。最近，某校对九年级(1)班的 45 名学生进行了零花钱用途的调查。结果如下：有的同学用零花钱来购买零食，有的同学把钱花在买书上面，也有的同学把零花钱存了起来，下面是相关统计结果。

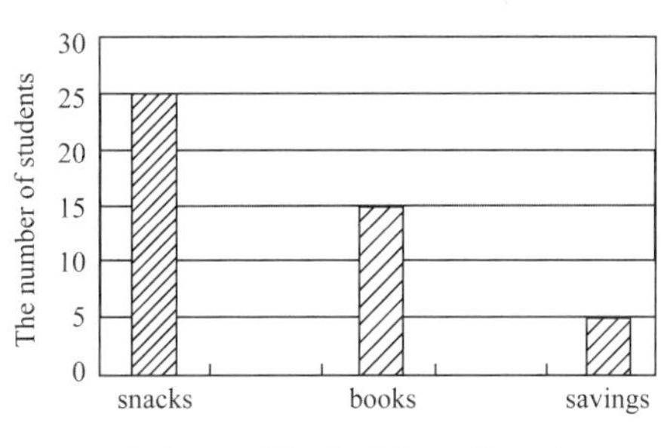

A Survey of Pocket Money Spending

请你写一篇文章，简要说明调查结果，谈谈你是如何支配零花钱的，并说明理由。

要求：1.词数不少于 80 词。开头已给出，不计入总词数；

2.文中不得出现真实的人名、校名。

Nowadays, most middle school students have pocket money every month, and we did a survey in Class 1, Grade 9.____

____

____

Step 3：梳理写作思路

通过小组讨论确定以下问题：

中心人称：第一人称。

主体时态：一般现在时，一般过去时。

要点梳理：分析调查结果，零食、书和储蓄所占比例；从零食、书和储蓄三个角度阐释自己平时如何支配零花钱，并说明这么分配的原因，理由积极向上。

Step 4：介绍写作模板

教师向学生介绍以下句型：

(1)介绍图表

The table shows...

Here are the results of...

According to the graph, we can find...

The chart reflects several trends.

In the first picture, we can see...

(2)发表感想

I hope...

We should...

In one's opinion...

Step 5：遣词造句

学生依据老师介绍的句型，构建以下语句：

图表内容→As the result shows, forty-five students take part in the survey.

25 students buy snacks; 15 students spend their pocket money on books, and only 5 students save some of it.

I spend most of the money buying good and educational books.

提出建议或希望→We must make good use of pocket money.

Step 6：展示优秀范文

As the result shows, among the forty-five students taking part in the survey, most of them often buy snacks; fifteen students spend their pocket money on books, and a few save some of it.

However, things on me are quite different. I usually spend most of the money buying good and educational books which I think make me more knowledgeable. Only a small part is spent on snacks as most of the snacks are in fact unhealthy for us. And I save the rest against a rainy day.

In my opinion, it is true that we have more and more pocket money now and we must make good use of it because it is influencing the way we are growing up.

Step 7:自评、互评、师评

【自评】

写作完成后,学生需进行自我检查。教师需要提醒学生检查写作中有可能出现的单词拼写、标点符号、大小写等细节问题,更要引导学生就写作目标达成度进行自我评价。教师可提供或引导学生共同设计自评表并进行自我评价。(注:5 个 Yes:Good work;4 个 Yes:Can do better; 0～3 个 Yes: Try harder)

Self-check List	
Did I use the correct grammar?	Yes/No
Did I use the correct punctuation mark?	Yes/No
Did I use the proper vocabulary?	Yes/No
Did I describe the content of the chart correctly?	Yes/No
Did I express my ideas or opinions positively?	Yes/No
Did I write beautiful handwriting?	Yes/No
Am I happy with my writing?	Yes/No

【同伴互评】

同伴互评要在自评的基础上展开,尤其需要向学生讲明,学生需从英语读者的角度进行评价,这样才能发现并指正同伴出现的问题,教师也可提供或引导学生共同设计同伴互评表。(注:5 个 Yes:Good work;4 个 Yes:Can do better; 0～3 个 Yes: Try harder)

Peer-evaluating List	
I can understand what he/she writes.	Yes/No
I think the grammar mistakes are fewer.	Yes/No
I think the content is complete and correct.	Yes/No
I think the content is positive.	Yes/No
I think his/her handwriting is good.	Yes/No
I am happy with his/her writing.	Yes/No

【师评】

该习作清晰地分析了图表中的数据及表象，向读者介绍了自己如何支配零花钱并解释了原因，作文思想内容积极向上，语法正确，用词准确。

第二节　提示类作文

（一）提示类作文介绍

提示类作文是一种主观性试题，它要求考生根据所给的情景或具体的写作内容，用正确恰当的语言，写一篇 80 词左右的文章。提示作文情景是指目的、对象、时间、地点、内容；提供情景的形式包括图画、图表、提纲、短文、词汇等，并根据提示写一篇应用文或记叙文。由于这类作文已经规定了文章的中心思想和主要内容，因此学生可以不再列出提纲，只要把注意力集中在如何正确、完整地用英文词句表达出中心思想和内容就可以了。因此，这类作文的缺点是限制了学生的思考和想象力，优点是学生可在所限定的范围内自由发挥。要写好这类作文必须具备以下能力：扎实的各项基础知识的记忆和灵活使用能力，大到句法、词法，小到大小写、标点符号的使用，遣词造句、连句成文等；观察理解试题要求的提示内容，组织信息材料，安排短语结构，决定先后顺序，确定表达方法；会使用英语中的连词，如 and、but、so 等，使短文衔接自如；熟练使用各种应用文的体例、常用语、格式等。

写提示类作文时，首先，教师要提醒学生仔细审题，明确要求。对所给信息反复阅读，弄清这个题目要表达什么，然后对所给信息进行整理，按照自己的写作思路使之条理化。其次，确保语言精炼。在写作过程中，学生应按照已给出的信息点去写，但不能逐句翻译，使用自己熟悉的短语、句型去体现要点。掌握好文章的长度，字数不要过多或过少。

写提示类作文时，需要注意以下几点。第一，一定要切题，抓住要点。题目要求的内容应写进去，以保证内容的完整。对于与要求无关的内容切忌任意发挥。第二，注意格式。比如英汉信件、日记、通知在格式上就有较大的不同，平常应多读、多记、多练。第三，注意语法正确、用词得当、语言地道。在写不同题材和体裁时，所用的句式、时态、语言特征及用词均不同。第四，切忌用汉译英的方式进行，使用地道的英语表达方式，如多使用被动语态等。

（二）提示类作文写作常识

虽然提示类作文会给一些中文或者英文提示词，但是词语还需放在好的句型中使用，才能使文章内容充实。

1.表示原因

There are three reasons for this.

The reasons for this are as follows.

The reason for this is obvious.

The reason for this is not far to seek.

The reason for this is that...

We have good reason to believe that...

2.表示好处

It has the following advantages.

It does us a lot of good.

It benefits us quite a lot.

It is beneficial to us.

It is of great benefit to us.

3.表示坏处

It has more disadvantages than advantages.

It does us much harm.

It is harmful to us.

4.表示重要、必要、困难、方便、可能

It is important for sb. to do sth.

We think it necessary to do sth.

It plays an important role in our life.

5.表示措施

We should take some effective measures.

We should try our best to overcome/conquer the difficulties.

We should do our utmost in doing sth.

We should solve the problems that we are confronted/faced with.

6.表示变化

Some changes have taken place in the past five years.

A great change will certainly be produced in the world's communications.

The computer has brought about many changes in education.

7.表示事实、现状

We cannot ignore the fact that...

No one can deny the fact that...

There is no denying the fact that...

This is a phenomenon that many people are interested in.

However, that's not the case.

8.表示比较

Compared with A, B...

I prefer to read rather than watch TV.

There is a striking contrast between them.

9.表示数量

It has increased/decreased from... to...

The population in this city has now increased/decreased to 800,000.

The output of July in this factory increased by 15% compared with that of January.

10.表示看法

People have different attitudes towards sth.

People have different opinions on this problem.

People take different views of/on the question.

Some people believe that... Others argue that...

11.表示结论

In short, it can be said that...

It may be briefly summed up as follows.

From what has been mentioned above, we can come to the conclusion that...

12.图表类写作套语

It's well-known to us that...

As is known to us ...

This is a topic that is being widely talked about.

From the graph/table/chart listed above, it can be seen that...

As a proverb says, "Where there is a will, there is a way".

(三)提示类作文写作课堂设计

以人教版八年级上册 Unit 2 How often do you exercise? 为例设计写作课程。

Step 1:确定学习目标

写提示类作文时,要把一些孤立的素材进行整理,使其素材有条理性、逻辑性。依据单元整体设计原则和学情设定学习目标。

知识目标:在 Free time activities 的话题下,能够撰写参与社团的写作话题,写作过程中能正确使用一般现在时,运用图表作文的正确句型和有关社团活动的词汇进行描述。

能力目标:能够通过小组合作一起探讨写作思路,提高自主学习能力和创新能力;能够依据教师的提示构建语句撰写文章,提高发现问题、解决问题的能力。

情感目标:除了锻炼身体,学生能够乐于参加积极向上的、有益于身心发展的社团活动来丰富自己的课余时间。

Step 2:描述写作任务

新学期开始,你就读的国际学校的学生社团又开始招募新成员。假设你是社团负责人，请根据以下内容和提示要求写一篇英语短文，为新同学介绍下列社团的情况（包括名称、活动内容及其目的）。

要求：1.词数 80 左右（文章开头已给出，但不计入总词数）；

2.不得透露学校、姓名等任何个人信息。

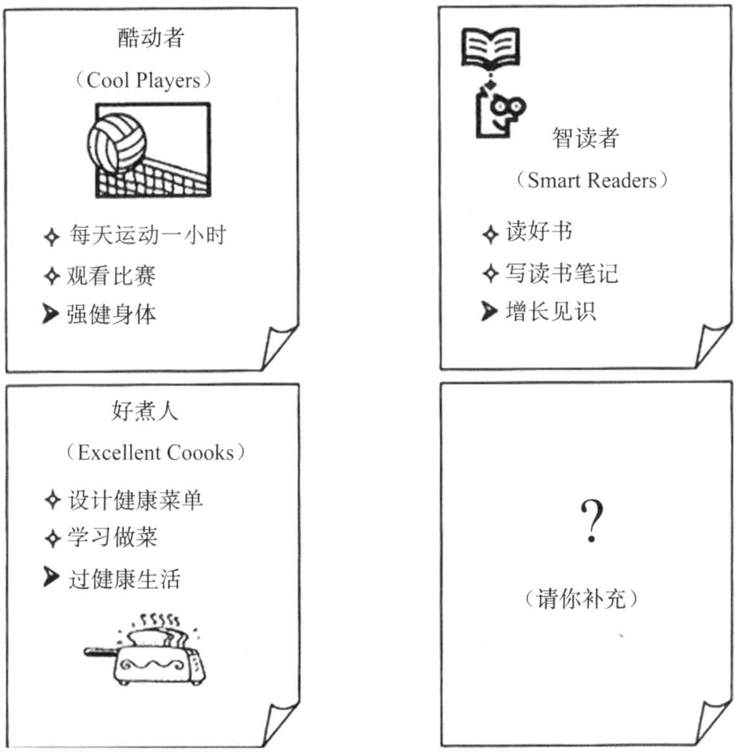

Step 3：梳理写作思路

通过小组讨论确定以下写作问题：

中心人称：第二人称。

主体时态：一般现在时，一般将来时。

要点梳理：图画内容（酷动者：每天运动一小时，观看比赛，强身健体。智读者：读好书，写读书笔记，增长知识。好煮人：设计健康菜单，学习做菜，过健康生活。）、补充内容（时尚设计者：向专业老师学习）。

Step 4：介绍写作模板

教师向学生介绍以下句型：

（1）介绍图表

The pictures show...

Here are the results of...

According to the graph, we can find...

The chart reflects several trends.

In the first picture, we can see...

(2)发表感想

I hope...

We should...

Step 5:遣词造句

学生依据老师介绍的句型,构建以下语句:

图片内容→Cool Players is a good choice for sports lovers.

Smart Readers is a good choice.

Among those excellent cooks, you will learn how to design healthy menus and cook dishes.

If you want to design your own clothes, come to fashion designers.

提出建议或希望→I hope you can join us.

Step 6:展示优秀范文

Clubs are calling

The new term is coming. For all our new students, I would like to introduce our clubs to you. Cool Players is a good choice for sports lovers. Here you can do sports for one hour a day to strengthen your body and watch sports matches. If you are interested in books, Smart Readers is a good choice. Reading good books and writing reading notes are useful to improve your writing and widen your horizons. Do you want to be a good cook? Among those excellent cooks, you will learn how to design healthy menus and cook dishes,which can lead to a healthy life. If you want to design your own clothes, come to fashion designers. You can learn a lot from professional teachers. These are the most popular clubs in our school, and I hope you can join us.

Step 7:自评、互评、师评

【自评】

通过自我评价,学生可以检视自己的作文是否体现了提示类作文的基本特征,相关的具体要求是否都已达成;同时,也可检查句子结构、词汇拼写、标点符号等细节问题。教师需要帮助和指导学生使用事先设计的 Self-check List 来做好自评工作。(注:5 个 Yes:Good work;4 个 Yes:Can do better; 0～3 个 Yes: Try harder)

Self-check List	
Did I use the correct simple present tense?	Yes/No
Did I use the correct punctuation mark?	Yes/No
Did I use the proper vocabulary?	Yes/No
Did I miss anything to express?	Yes/No
Did I express the advantages of these clubs?	Yes/No
Did I write beautiful handwriting?	Yes/No
Am I happy with my writing?	Yes/No

【同伴互评】

通过同伴互评，可以从读者的角度来审视作文，从而更好地帮助写作者发现作文中的问题，进行改进。为了更好地进行同伴互评，教师和学生应事先设计好 Peer-evaluating List，依据同伴互评量表进行评价。（注：5 个 Yes：Good work；4 个 Yes：Can do better；0～3 个 Yes：Try harder）

Peer-evaluating List	
I can understand what he/she writes.	Yes/No
I think the grammar mistakes are fewer.	Yes/No
I think the content is complete and correct.	Yes/No
I think the content is positive.	Yes/No
I think his/her handwriting is good.	Yes/No
I am happy with his/her writing.	Yes/No

【师评】

范文紧紧围绕图表中提示的内容，向读者介绍了学校各个社团的名称、开展的活动及活动的目的，要点齐全，语言简洁、准确。

第三节　看图类作文

（一）看图类作文写作介绍

看图作文是让学生借助于图片和内容提示，通过细致的观察和联想进行写作。在写作时，要根据图画呈现的内容与所给的中英文提示描述图画内容，使短文达意、正确、连贯。

写作步骤分为四步：读图，即分析图画所提供的信息，发挥自己的想象力，正确理解图中内容的含义；试写，即根据图中情景及汉语提示来表达文章内容；扩写，即适当增加情节和过渡性词语，把上述句子连贯起来，文章内容必须围绕图片中内容进行扩充，使内容更丰富、人物活动更形象、事情过程更具体；定稿，用词得当，句子结构及语法运用正确，条理清楚。

教师在写作课堂上，需引导学生做到以下几点：

引导学生认真读图，把握中心，理解图意。一般说来，所给的几幅图都是围绕一个中心展开的，讲述的通常是一个小故事或小事件。

激发学生初步构思，考虑用词、短语、句型和时态。在把握文章的中心后，应构思一个基本的框架，并考虑使用恰当的词语、短语和句型。

倡导学生连词成句，再连句成文。运用适当的单词或短语正确表达各图的意思，将各图的单个句子串联起来。串联时，要注意使用适当的连接词或过渡性语句，使上下文更为紧凑、自然。

引导学生审核作文，修改错误。文章写好后，应进行检查，看短文中是否有错，如拼写、用词、时态、语态及表达方面的错误。

告知学生详略得当。对于一些细节方面的内容，如果是文章必不可少的，在写作过程中不可将其忽略。如果是可有可无的细节，则可视具体情况进行增删。据此，学生在读图时一定要注意阅读各图中的一些细节内容，看其是否影响文章的内容。

引导学生注意所给的汉语提示。一般说来，看图写话中的汉语提示往往给定了有关的时间、地点、人物等相关的信息，有的还规定了文章所采用的体裁，如使用书信、留言、日记等。因此，在审题时学生一定要注意所给的汉语提示。

（二）看图类作文写作常识

看图类作文写作时分三段。第一段：简单描述漫画，揭示漫画实质；第二段：分析造成该现象的原因或影响（主体部分）；第三段：从个人角度提出建议。具体写作句型如下：

1.描述漫画

As is vividly depicted in the cartoon given above, we can observe that...

As is vividly shown in the picture, we can see that...

As we can see from the picture...

2.描述内涵

Apparently, the picture reflects/reveals that ...

The cartoon informs us of the phenomenon that...

3.描述出现问题的原因

We believe that three reasons can account for this phenomenon.

Reasons for... are in abundance.

The reasons for this phenomenon are as follows.

There are at least two good reasons accounting for ________.

4.描述事件影响

What contributed to these changes?

So far as I'm concerned, I believe that such a thing will give rise to a series of results.

One more point that can't be ignored is that...

5.个人观点（提出措施或建议）

Therefore, immediate measures should be taken to...

It is high time that strict measures were taken to stop...

It is necessary that steps should be taken to...

To solve the above-mentioned problem, we must...

From what has been discussed above, we can draw the conclusion that...

In conclusion, it is imperative that...

In summary, if we continue to ignore the above-mentioned issue, more problems will crop up.

With the efforts of all parts concerned, the problem will be solved thoroughly.

We might do more than identify the cause; it is important to take actions to ...

Taking all these into account, we...

Whether it is good or not/positive or negative, one thing is certain/clear...

Given all the above factors, it is safe to reach the conclusion that...

Taking into account all the above factors, it is reasonable to reach the conclusion that...

（三）看图类写作课堂设计

以人教版八年级上册 Unit 1 What's the matter? 为例设计写作课程。

Step 1：确定学习目标

写看图类作文时，根据图片提供的素材进行整体思考。依据单元整体设计原则和学情设定学习目标。

知识目标：在 Helping others and brave 的话题下，能够根据看图顺序，列举动词、句子结构和关联词语；同时能够根据约定动词、句子的主体时态组词成句，连句成篇。

能力目标：通过小组合作观察图片内容，探讨看图作文的写作思路，分析图片所要表达的主题思想，判断图片内容所要传递的思想价值观。

情感目标：通过看图写作认识到老人的机智勇敢，从老人身上学习优秀品质，共建和谐社会。

Step 2：描述写作任务

下面四幅图片描述的是星期天上午在中山公园里发生的一件事。请根据图片所提供的信息用英语为你校的“英语园地”写一篇短文。

注意：1.内容要连贯、完整，包括图片中的所有内容；

2.词数 100 左右；

3.参考词汇：货摊 stand (*n.*)；抢夺 snatch (*v.*)；逮捕 arrest (*v.*)。

Step 3:梳理写作思路

(1)图片解读

事件背景:星期天上午,中山公园,冰淇淋货摊旁。

事件起因:年轻妇女的包被抢。

事件过程:人们追赶抢包者;长排椅上坐着一位老人;抢包者从老人身旁跑过,老人用伞将他绊倒。

事件结果:两名警察逮捕抢劫者。

呼应主题:妇女感谢老人,人们称赞老人的机智。

(2)小组讨论确定基本要素

体裁:记叙文。

时态:一般过去时。

人称:第三人称。

主题:描述过去个人经历——见证老人智擒歹徒。

Step 4:介绍写作模板

(1)相关单词和词组总结

几天前:the other day; several days ago

使人感到意外:to one's surprise

就在这时:at that moment; at that time

相关副词:suddenly, unfortunately, luckily, immediately, as a result...

(2)相关句型总结

It was...

While sb. was doing / sb. was about to do... when...

sb. did... and...

see /hear sb. doing

with the help of sb.

so/such... that...

Step 5:遣词造句

根据提示词和图片内容,教师引导学生对图片内容进行遣词造句:

星期天上午,中山公园,冰淇淋货摊

one Sunday morning; in Zhongshan Park; at an ice-cream stand

年轻妇女的包被抢

snatch her handbag away

人们追赶抢包者

run after the snatcher

在附近长排椅上坐着一位老人

an old man sitting on the bench nearby

从老人身旁跑过

run past the old man

拿起伞;将伞放在他两腿之间

pick up his umbrella; put it between the two legs of the snatcher

摔一大跟斗

fall down on the ground heavily

两名警察来到并逮捕抢劫者

came in a police car; arrest sb.

感谢老人的帮助

thank sb. for his help

称赞老人的机智

praise the old man for his cleverness

Step 6:优秀范文展示

One Sunday morning, many people went to Zhongshan Park. As it was very hot, some people got thirsty and were trying to buy some ice cream. Suddenly a woman at the stand shouted because a young man behind her snatched her handbag away.

Seeing this, immediately a few people began to run after him. However, the snatcher ran so fast that it was not easy to catch him. Luckily, there was an old man sitting on a bench nearby. As the snatcher was running past him, the old man quickly picked up his umbrella and put it between the snatcher's legs. The young man cried and fell down to the ground hard.

A few minutes later two policemen came in a police car and arrested him. The woman thanked the old man, and the people around praised the old man for his cleverness.

Step 7：自评、互评、师评

【自评】

通过自我评价量表，学生可以检查自己的作文是否能完整的表达图片内容，反思主旨思想是否积极向上；同时，也需再次检查句子结构、词汇拼写、标点符号等细节。(注：5个 Yes:Good work;4 个 Yes:Can do better; 0～3 个 Yes; Try harder)

Self-check List	
Did I use the correct past tense?	Yes/No
Did I use the correct punctuation mark?	Yes/No
Did I use the proper vocabulary?	Yes/No
Did I miss anything to express?	Yes/No
Did I express the content of these pictures?	Yes/No
Did I write beautiful handwriting?	Yes/No
Am I happy with my writing?	Yes/No

【同伴互评】

通过同伴互评，可以从读者角度提出建议和问题，使写作者避免单向思维和固定思维的困扰，以便修改、润色作文。(注：5 个 Yes:Good work;4 个 Yes:Can do better; 0～3 个 Yes; Try harder)

Peer-evaluating List	
I can understand what he/she writes.	Yes/No
I think the grammar mistakes are fewer.	Yes/No
I think the content is complete and correct.	Yes/No
I think the content is positive.	Yes/No
I think his/her handwriting is good.	Yes/No
I am happy with his/her writing.	Yes/No

【师评同伴互评】

范文紧紧围绕图画中的内容，向读者展示了图片所要表达的中心思想和内涵，文章内容积极向上，行文连贯，上下文过渡自然，语法正确，语言简洁、准确。

第七章　写作教学评价

英语写作评价不仅是评价和体现英语写作教学目标实现程度的重要途径，也是提高英语写作教学效果的有力手段。科学的评价不仅可以把握学习者的情况，以确立切合实际的教学目标和内容，更能激励学习者更好地学习写作、培养语言交际能力。“评”，指评定、判断，“价”，即价值。评价即根据一定的标准对对象价值作出判断。

写作是一项具有创造性的语言技能，它能反映学习者的语言综合运用水平，需要学习者经过一定的语言习得过程后才能产出。它不但要求写作者具备一定的语言能力，还要求写作者融合自己的经验和思考。《课标（2022 年版）》指出：教学评价应贯穿英语课程教与学的全过程，包括课堂评价、作业评价、单元评价和期末评价等。教师要充分理解评价的作用，明确评价应遵循的原则，基于评价目标选择评价内容和评价方式，将评价结果应用到进一步改进教学和提高学生学习成效上，落实“教—学—评”一体化。

强调英语学科核心素养必然要求优化评价方式，虽然现在只在高中阶段明确提出英语学科核心素养，但强调学生未来发展的理念是教育发展的趋势，义务教育阶段的教师也应把握课程改革的方向，更新评价体系。就初中英语写作而言，本章将从终结性评价、过程性评价、表现性评价和多元化评价四个方面探讨课程评价的实施。

第一节　终结性评价

终结性评价是指在教学结束时进行的教学评价，其目的是对整个教学过程或某个教学阶段取得的较大成果进行更为全面的评价。它是一种评定分数和划分等级的评价，主要用于评定学生对一学期、一学年或某个学习课题的教学目标的达成度，衡量教学方法是否有效，并全面评价学生的学习效果，以期对下一阶段的教学形成有效反馈。因此终结性评价也可以成为形成性评价的一部分，通过阶段性终结性测验的成绩，帮助学习者了解自己的学习情况，从而改进学习。有效反馈不仅可以把学生的注意力集中到学习任务的某些重要部分上，还可以激励学生的参与度和学习兴趣。

（一）终结性评价的作用

终结性评价是在阶段性学习后为测评学习与教学结果而进行的评价。终结性评价可以诊断阶段性学习中的问题和错误，不断地修改和调整教学内容与教学过程，以期达成教学目标。

教学评价对调节教学过程、提高教学水平起着重要作用。终结性测验有助于学生了解自己的学习情况，从而改进学习。教师也可以通过学生学习成绩的反馈了解学生学习状况，从而对教学内容、教学方法、教学策略进行改进和提高。然而，终结性评价主要采取考试的形式，这无疑在某种程度上强化了分数的作用。它侧重于学生学习的最终结果，忽略了学习的过程，而且这种评价的过程是单向的，学生不参与评价，只是被动地接受评价，因而不能全面评价学生的学习能力，使用不当甚至可能挫伤学生的学习积极性。

（二）终结性评价的特点

终结性评价在“给学生评定成绩或为学生作证明”方面起着无可替代的作用，它所传递的信息虽被普遍接受，但却偏离事实。这种评价方式重知识，轻能力；重结果，轻过程；重教师的教，忽视学生思维水平的发展。终结性评价方式是以考试成绩作为最终评判标准，社会、家长和学生主动或被动地接受这种学习成绩的评判。相当一部分学生学习英语，就是为了考试或升学。这种工具型的学习动机，不易激发学生学习英语的积极性和保持学习的持久性，也不利于英语学习能力和实际运用能力的培养，并在很大程度上引导学生只重视支离破碎的语言知识的记忆与背诵，而忽视了对语言本身的运用和交际能力的提高。这种评价体制也极大地挫伤和遏制了外语教师对外语教学内容与方式进行改革与探索的积极性和能动性。实际上，学生英语学习的能力表现是多种形式的，并非只能用分数来表现。终结性评价是在一门学科课程结束时进行的，主要针对总的教学效果，关心的是最终的目标达成与否。

（三）终结性评价的形式

终结性评级通常是阶段性的评测，集中在学生的表现、课程实用性、学生对授课方法的态度和教师的教学风格和有效性上。终结性评价体系需要正式的、结构化的和有监考的，所以需要更有效的、更严密的计划和安排

《课标（2022 年版）》明确指出：评价的内容和标准应根据课程标准规定的课程目标与要求。因此，初中英语写作评价方案须以现行的义务教育课程标准为依据。

首先，《课标（2022 年版）》秉持着评价要从学生综合语言运用能力的发展水平出发，通过评价激发学生的积极性，促进学生综合语言运用能力发展的基本理念。这奠定了初中英语写作评价方案的理念基调。评价的最终目的是为了学生的发展，评价的内容应覆盖学生写作能力发展的要素，评价应与教学相适应，评价不仅是对学生学习质量和学习能力的检测，也是及时监控教学过程，反馈教学、服务教学的重要手段。其次，《课标（2022 年版）》明确了初中学段写作领域的学习内容。这使得初中英语写作评价方案对初

中学生应在哪些方面达到某种水平有了可靠的依据。表 7-1 是《课标(2022 年版)》中对三级(7 年级)语言表达性技能的要求:

表 7-1 《课标(2022 年版)》中三级(7 年级)语言表达性技能要求

学段	语言表达性技能要求
三级(7 年级)	自选主题,围绕特定语境,独立写出几个意义连贯、表意清晰的语句; 利用所给提示(如图片、图表、海报、实物、文字等),写出简单文段传达信息,编写情节较为完整的小故事,语言基本准确; 用简单的书面语篇介绍个人情况和个人经历; 写出或者回复简单的问候和邀请; 在书面表达中正确使用常用标点符号,用词基本准确,表达基本通顺。

从表 7-1 中可以看出,要求初一学段学生在写作中应能:使用常用的标点符号;运用图表和海报表达信息;使用短语或句子描述图片内容,编写故事。可见这一阶段的学生主要是学习基础的写作内容,借助图表、海报等形式,依靠模仿范例等写作策略解决相对简单的写作任务,发展较为基础的写作水平。

以下是《课标(2022 年版)》中对三级(8 年级)语言表达性技能的要求:

表 7-2 《课标(2022 年版)》中三级(8 年级)语言表达性技能要求

学段	语言表达性技能要求
三级(8 年级)	以口语或书面的形式简单转述语篇的主要内容和观点; 用简单的书面语篇描写他人的经历或熟悉的事物等; 结合相关主题进行主题演讲,观点基本明确,逻辑比较清楚; 在教师指导下起草和修改作文; 在书面表达中正确使用标点符号,用词准确,表达通顺,格式较为规范。

相比初一学段,《课标(2022 年版)》对初二学段学生的写作内容和应达到的水平提出了进一步要求:尝试进行个人创作且用文字描述作品;注重元认知发展;关注学生写作策略能力的发展;重视写作的形成性和过程性,要求学生借助教师和同伴力量起草和修改作文。

表 7-3 是《课标(2022 年版)》中对三级(9 年级)语言表达性技能的要求。

表 7-3 《课标(2022 年版)》中三级(9 年级)语言表达性技能要求

学段	语言表达性技能要求
三级(9 年级)	根据所读语篇内容和所给条件,进行简单的口头或书面改编、创编; 根据写作要求,收集、准备素材,独立起草、修改和完成语篇; 为所给图表或自己创作的图片写出简单的说明; 围绕相关主题,用所学语言,以书面语篇的形式描述和介绍身边的人和事物,表达情感、态度和观点; 在口头和书面表达中使用常见的连接词表示顺序和逻辑关系,连接信息,做到意义连贯; 在口头和书面表达中进行适当的自我修正,用语得当,沟通与交流得体、有效。
三级+	使用文字和非文字手段播述个人经历、事件和事物特征。

初三学段的学生经历了初一、初二时期的写作学习,积累了一定的写作基础,写作能力发展到一定的水平,初三也是收尾初中教育阶段和承接高中教育阶段的关键时期。因而,对初三学段学生提出的写作目标也更进了一步:明确写作要求进行规范写作,进一步学习常用文体记叙文和说明文写作,重视篇章结构和行文逻辑,发展写作策略,重视语篇与语用方面的认知能力发展。

《课标(2022 年版)》同样对三级语篇类型和知识内容有明确的要求,涉及的语篇类型给写作教学评价提供参考价值(见表 7-4、表 7-5)。

表 7-4 《课标(2022 年版)》中三级(7～9 年级)语篇知识内容要求

学段	语篇知识内容要求
三级	理解记叙文语篇的主要写作目的、结构特征、基本语言特点和信息组织方式,并用以描述自己和他人的经历; 理解说明文语篇的主要写作目的、结构特征、基本语言特点和信息组织方式,并用以说明事物和阐释事理; 理解常见应用文语篇和其他常见语篇类型的主要写作目的、结构特征、基本语言特点和信息组织方式,并用以传递信息; 在语篇中辨识并尝试运用衔接和连贯手段,以提升理解的准确性和表达的逻辑性。
三级+	理解说理类语篇的主要写作目的、结构特征、论证方法、基本语言特点和信息组织方式。

表 7-5　《课标(2022 年版)》中三级(7～9 年级)语篇类型内容要求

学段	语篇类型内容要求
三级	日常对话、独白； 记叙文，如故事、简版小说、人物传记、童话等； 说明文，如介绍类短文、程序或现象说明、事理阐释、书面指令、操作指南、使用手册等； 应用文，如日记、私人信件、宣传海报、宣传册、通知、活动安排与计划、规则、问卷等； 新闻报道，如简讯、专题报道等； 工具书，如词典、语法书等； 新媒体语篇，如常见网络媒体语篇、电子邮件、社交媒体信息等； 其他语篇类型，如歌曲、诗歌、剧本、广告、图片、表格(图表)与图示、天气预报，以及广播、电视、网络节目等。
三级＋	简单的说理类文章。

在制定评价标准和分级考量的过程中，可以对标三级学业质量标准。表 7-6 是《课标(2022 年版)》中对三级(7～9 年级)学业质量标准中涉及写作能力的内容标准描述。

表 7-6　《课标(2022 年版)》中三级写作能力学业质量标准描述

学段	写作能力学业质量描述
3-11	能用所学英语，通过口语或书面语篇简单介绍中外主要文化现象(如风景名胜、历史故事、文化传统等)，语义基本连贯。
3-12	能讲述具有代表性的中外杰出人物的故事，如科学家等为社会和世界作出贡献的人物，表达基本清楚。
3-13	进行书面表达时，能正确使用所学语言，格式较为规范。
3-14	能参照范例，仿写简短的文段(如回复信函等)，语言准确，表意得体。
3-15	能结合图片、文字等提示信息，对语篇进行补充、续编或改编，语言基本准确。
3-16	善于通过多种渠道获取资料，尝试归纳学习素材中的语言和文化现象，从不同角度分析问题。

此外，《课标(2022 年版)》列举写作评价标准范例为初中英语写作评价方案设计提供了参考。表 7-7 是一份“五级写作评分标准”样例(以满分 20 分为例)。

表 7-7　《课标(2022 年版)》之五级写作评分标准

档次(分数)	评分标准
第五档 (18～20 分)	很好地完成了规定的写作任务。包含所有内容要点，结构完整，语句流畅，意思清楚、连贯。使用较为丰富的语法结构和词汇，语法结构和词汇错误极少，格式正确，书写规范。

续表

档次(分数)	评分标准
第四档（14～17分）	较好地完成了规定的写作任务。基本上包含所有内容要点，结构较为完整，语句完整，意思清楚。语法结构和词汇错误较少，格式基本正确，书写较为规范。
第三档（10～13分）	基本上完成了规定的写作任务。包含主要内容要点，结构欠完整，少数语句不通顺，意思基本清楚。语法结构和词汇错误较多，格式基本正确，书写基本规范。
第二档（6～9分）	未能按要求完成规定的写作任务。只包含少数内容要点，结构不完整，多数语句欠完整，意思不够清楚。语法结构和词汇错误较多，影响理解，格式不够正确，书写欠规范。
第一档（0～6分）	未按要求完成规定的写作任务。只写出个别要点，结构不完整，多数语句不完整或意思不明，语法结构和词汇错误很多，书写不规范。

“五级写作评分标准”对应分数区间，划分五级，满足教师写作评价需求，并留有一定的选择空间。评价指标设置立足语言学习和写作特点，采用描述性文字表述，等级间体现差异。表7-7为初中英语写作评价方案中评价指标的设置、层级分布和对应的分数，以及具体的表现描述提出指向性建议。

教师评价之前适宜展开学生自我评价和同伴评价，形成自我评价、同伴评价和教师评价的三级评价模式。文本评价具有诊断性，属于终结性评价，建议在中学英语写作评价指标体系中占30%左右的权重。

第二节　过程性评价

形成性评价是在教学过程中实施的教学评价，是在学习的过程中进行的，是为了检查预期教育目标是否达到，还存在着什么问题，以便及时反馈——矫正、改进与补救。其目的在于了解教学效果，了解学生学习的情况及存在的问题或缺陷。布鲁姆认为，在进行形成性评价之前，教师要首先确定学习步骤，把一门学科的教学结构分解为一系列单元的教学系列，然后再进一步分析每个学习单元的教学目标。形成性评价的最后一步是矫正，就是根据形成性测验提供的反馈信息，改正、补救和组织学生二次学习。由此可见，形成性评价是一种直接作用于教学过程而又能改善教学过程的评价。

新修订的《课标(2022年版)》提出，发展中学生的英语学科核心素养，包括语言能力、文化意识、思维品质和学习能力四个维度。其中文化意识指学生了解英语民族的情感态度和价值观，形成自己的文化立场与态度。思维品质指通过学习和使用英语把英语概念性词语与周围世界联系起来，根据所给信息提炼事物共同特征，学会从不同角度思考和解决问题，促进思维能力的发展。文化意识和思维品质的培养主要体现在写作学习参与评价和文本评价之中。语言能力主要指在社会情境中借助语言进行理解和表达的能力，包括听、说、读、写等语言技能，也包括对语言知识的理解和运用能力，以及语言意识和交际身份意识等。学习能力指掌握英语学习的要领，养成良好的学习习惯，形成有效的英语学习策略。语言能力和学习能力的培育主要体现在写作能力发展评价之中。

（一）写作学习参与评价

写作学习参与评价观测学生写作过程中的参与程度及过程中的态度和情感。评价的主体是学生自身和教师。好的教学效果意味着学生在学习过程中的参与意识强并且参与程度强，在学习过程中实现了智力发展及价值观的形成等。其中，参与程度可以通过学习者的课堂听讲、讨论、练习等环节加以评价；学生在听讲和讨论过程中表现出来的兴趣、意愿的浓烈程度可以判断他们的态度和情感，同时对写作表达的观点的有效性程度进行评价（见表 7-8）。

表 7-8　写作学习参与评价指标

评价参数	听讲	讨论	思考	写作	兴趣浓烈	意愿浓烈	观点有效性
高（5）							
较高（4）							
中等（3）							
较低（2）							
低（1）							

对学习者写作学习参与的评价设定由低到高的 5 个等级，以 1～5 分的分值表示。低表示学习者在听讲、意愿及观点的有效性等 7 个参数方面表现出持续性的落后，较低表示偶尔有积极的变化，中等表示表现尚可，以此类推。

（二）写作能力发展评价

写作能力发展评价考查学习者在写作学习过程中进步的状况，从四个方面来进行评价：写作知识的掌握能力、写作策略的运用能力、写作目的的实现能力、写作的反思能力。该评价子体系是动态评价理论、过程写作理论和多元智能理论糅合运用的结果，也体现了中学英语写作学习的特征和要求，把英语学科核心素养的内涵——思维品质、语言能力和学习能力的达成目标分解到了具体的评价标准当中。动态评价强调要评价学习者随着学习进程的推进对写作知识与策略的掌握、运用情况，写作能力发展评价最终的目标是引导学习者实现写作的目的、反思写作。写作能力发展评价具体指标见表 7-9。

表 7-9　写作能力发展评价指标

评价参数	写作知识的掌握能力	写作策略的运用能力	写作目的的实现能力	写作的反思能力
高(5)				
较高(4)				
中等(3)				
较低(2)				
低(1)				

对学习者写作能力发展的评价设定由低到高的 5 个等级，以 1～5 分的分值表示。低表示学习者在知识的掌握、策略的运用、反思等 4 个参数方面表现糟糕，较低表示偶尔有一些好的表现，以此类推。评价主体主要是教师，但学生在写作反思方面亦应该发挥积极作用。

第三节　表现性评价

表现性评价是从英语“Performance Assessment”翻译而来，也有学者将其翻译为“表现性评定”。表现性评价作为一种评价形式，建立在对传统测试批判的基础之上。表现性评价是指以现实世界为背景，以真实生活为素材，在真实的或模拟真实的情境中，运用评分规则对学生完成表现性任务的过程和结果作出判断，以促进学生新的能力再生长的评价。其中表现性评价的情境是真实的或模拟真实的；评分规则可以让学生参与制定，学生参与制定评分规则的过程也是学习的过程，这体现了第四代评价的核心思想之一：平等协商。学生通过建构反应完成表现性任务，对于学生完成的表现性任务，通过评分规则给予判断，并作出及时反馈，最终达到促进学生的学习和学生的发展的目的。表现性任务是表现性评价的载体。表现性任务是为了检测学生对特定目标的达成情况而设计的任务，目的在于收集学生表现的证据，作为评价学生学习情况的依据。规范的表现性评价需要清晰地表达任务的认知需求，以及需要判断表现的标准。表现性任务的情境是真实的或模拟真实的。表现性任务有不同的类型，斯蒂金斯(Stiggins，2005)认为：“表现性任务的类型包括建构反应题、书面报告、作文、演说、操作、实验、资料收集、作品展示等。”设计表现性评价任务时，需要进行表现性评价任务分析、设置问题情境、撰写任务指导语和修改完善。设计高质量的表现性评价任务需要根据评价目标以及可利用的时间等进行综合考虑。

就初中英语写作而言，表现性评价任务的类型主要有建构反应题、造句、小作文、作品展示、应用文写作、项目等。发展学生核心素养是深化课程改革的重要环节。英语学科核心素养分别为语言能力、文化品格、思维品质和学习能力。英语学科四大核心素养相互渗透，融合互动，协调发展，共同服务于培养具有中国情怀、国际视野和跨文化沟通能力的社会主义建设者和接班人的总目标。表现性评价因为其自身的特点，可以检测传统纸笔测试检测不了的教育效果，努力促进学生的学习和成长。通过设计表现性任务，让学生在真实的或模拟真实的情境中运用以前的知识去解决新的问题，以促进能力的再生长。表现性评价关注的不仅是学生应该知道什么，更重要的是学生能做什么。通过完成表现性任务，学生可以展示自己的语言能力、文化意识、思维品质和学习能力。表现性评价更加关注非认知因素，例如与人合作的能力、跨文化交际的能力。表现性评价突出了情感、态度和价值观因素在学生发展中的重要性。因此，表现性评价与英语课程的总目标具有一致性。

表现形式评价应以具体的教学单元主题呈现。主题是指语篇中或者社会活动等所要表现的中心思想，泛指主要内容；同义词有"核心""焦点""主旨"等。为了吸引学生，主题的焦点需要结合一个重要的问题来探索。设置主题的意义在于让学生参与到这个主题中来，以便在表现性评价任务中有较好的表现。在很多西方国家的课程单元设计中，经常出现"旅行"之类的主题，这样可以关注更真实的目标并可以引导学生进行真实而有趣的探索。当然，我们需要观察学生语言发展的特定阶段，看看哪些基本的问题是如何与越来越复杂的语言相匹配的（见表 7-10）。

表 7-10　与语言水平相匹配的基本问题"探索"

熟练程度	基本问题	所需语言
初学者	我想去哪里旅行	直接的、描述性的语言；列表
中级	为什么我要选择一个特定的目的地	更多扩展的描述
预备高级	旅行如何帮助我的职业选择	提出一个观点；细化
高级	旅行如何改变人们看待世界的方式	提出一个论点；组织的支持；探索替代的结果

可以以日常生活中必不可少的"食物""社区"等元素，来设置学期课堂表现性评价任务的主题（见表 7-11）。

表 7-11　单元主题示例

元素	语言水平	关键要素	关键问题（单元重新调整）
食物	初级	健康食物、食谱、不同文化的饮食	在不同的国家，吃什么才能保持健康？如何选择吃什么？
食物	中级	健康的食物； 文化习俗与食物； 文化对饮食的态度	我们如何使用食物而不仅仅是为了获取营养。
食物	预备高级	饮食和地理；食物作为社会连接器；对食物的态度	我们的饮食受到文化的影响；我们生活的地方；我们的经济地位。

通过设计“关键问题”来理解学生的学习和指导老师的教学。教师开发一个教学单元的关键问题，为课堂活动创造一个焦点。这一主题的重点是对该主题的深入探索，以及对该探索所需要的技能的扩展实践。单元主题问题开发的重点也可以融入课堂思政元素。

第四节　多元化评价

多元化评价通常指由学习者自我评价、同伴互评和教师评价三级联动的有机评价模式。在自我评价中，学习者通过与自己文本的互动进行写作知识的建构。同伴评价也是一种互惠机制，学习者之间通过互动进一步建构关于写作的认知、发展水平，有助于培养学生的人际交往能力。在教师评价中，对文本提供“修改建议”和“写作建议”是重点，能帮助学习者更有效地运用写作知识、策略，促进其形成“自我调适”。“建议”之外，教师的激励性介入对维持学习者的写作热情和动力极其重要，给予鼓励性和建设性兼具的激励会使学生以同样甚至高于写作初稿的热情去修改初稿，充分发挥过程性写作的优势。评价的核心是价值引导，评价的终极目标不是证明其是什么，而是引导其成为什么。利用多元评价模式相结合进行英语写作的自我评价，其实就是不断强化学生的自主发展意识，使其关注和逐步具备这些学科核心素养和学习心理品质。由于增值性评价的实施，教师从重视学生成绩转向重视学生素养培养，从重视教育结果转向注重教育过程，从过分强调“优秀生”的数量转向更加注重所有学生的发展，有效地促进了学生自主发展。从学生学习行为表现中我们看到，学生“我要学”“我能学”“我会学”的意愿与自信得到增强，他们不仅关注老师适时的“授予”，更关注自我发展目标、阶段学习规划和任务、课堂学习方式、自主学习经验集成，掌握基本的学习方法，形成基本的学习能力；他们开始从老师的指点、引导中获取学习的方式、技巧、能力，做到自我管理、自我调控、自我矫正、自我评价相结合，促进自身个性化、可持续发展，学生的主体地位及“主角”特色明显增强。

第八章　写作教案设计

第一节　六年级写作教案呈现

示范教案一

写作话题	School activities
教材链接	鲁教版六年级下册 Unit 1 When is your birthday?
话题分析	本节课话题为“学校活动”。选择此话题的原因有两个：第一，该话题贴近学生生活，容易激发学生兴趣；第二，此话题有助于引导学生关注写作中的常见问题，即学生仅仅简单回答话题所给问题，忽视问题的相关性。 本节课旨在引导学生关注所给问题的内在关系，引导学生在写作过程中关注内容的相关性。
学情分析	本节课话题十分贴近学生生活，易于激发学生的学习兴趣。同时，由于学生对该话题比较熟悉，因此写作过程中有话可说。而且学生已是六年级下学期，接受过一定的写作指导，具备一定的写作能力。
教学目标	本节课学完后，学生能够： 自主发表有关学校活动的想法； 学到组织语言的方法； 恰当使用连词，使语句通顺。
教学重点	引导学生通过头脑风暴的方式小组内收集该话题相关内容； 帮助学生清晰梳理写作步骤。
教学难点	通过学生熟悉的话题，有效引导学生学习写作技巧和步骤。

续表

教学方法	Task-based teaching
教学辅助	computer, blackboard, handouts
教学过程	**Step 1:** Teacher: shows some photos of the school activities students have joined in the past three years. Students: speak out the activities they have taken part in based on the photos. Purpose: to activate students' interest and lead in the topic. Time: 2 minutes **Step 2:** Teacher: guides students to discuss three school activities in groups. Students: discuss the school activity with their partners and write down their ideas about the topic. Purpose: to provide students some supporting materials. Time: 5 minutes **Step 3:** Teacher: guides students to share their ideas about the school activity they talk about and write down students' ideas on the blackboard. Students: each group shares their ideas. Purpose: to guide students to realize the meaning of each school activity. Time: 5 minutes **Step 4:** Teacher: guides students to write a short composition to talk about their most unforgettable school activities. Students: choose a topic and write a short composition to talk about their most unforgettable school activities. Purpose: to give students a chance to write. Time: 15 minutes **Step 5:** Teacher: guides students to do self and peer evaluation. Students: do self and peer evaluation. Purpose: to give students a chance to learn from their classmates. Time: 5 minutes

续表

<table>
<tr><td></td><td>Step 6:
Teacher: asks some students to share their compositions in the front, and guides the other students to give comments.
Students: listen carefully and give comments.
Purpose: to give students a chance to learn from each other.
Time: 5 minutes

Step 7:
Teacher: summarizes what students should pay attention to when writing a composition.
Purpose: to help students clearly understand what they should pay attention to when writing a composition.
Time: 5 minutes</td></tr>
<tr><td>板书设计</td><td><table><tr><td>School activities</td><td>What did you do?</td><td>What did you learn from the activities?</td></tr><tr><td></td><td></td><td></td></tr><tr><td></td><td></td><td></td></tr><tr><td></td><td></td><td></td></tr></table></td></tr>
<tr><td>教学反思</td><td>略。</td></tr>
</table>

示范教案二

写作话题	Rules
教材链接	鲁教版六年级下册 Unit 6 Don't eat in class
话题分析	本单元的话题是“规章制度”,要求学生介绍某个处所的规章制度,比如学校、家、教室、图书馆等。写信时,首先要点明是哪个处所的规章制度,其次介绍该处所的规章制度,最后总结发表自己对于这些规章制度的看法(是否喜欢这些规章制度)。
学情分析	六年级是学生从小学刚进入初中的阶段,虽然学生在小学对英语有初步的认知,但应用能力十分薄弱。学生在情感态度、学习策略和文化意识方面还存在诸多需要进一步解决的问题,比如个别学生对英语缺乏自信,尤其是不敢用英语进行口语或书面表达。针对这种情况,在教学时循序渐进,培养学生兴趣,促进学生交流尤为重要。学生要能用英语表达和制定一些简单的规则,无论是在学校还是在家中都应当遵守规则,从学生时期就要树立按规则办事的意识。本单元所学的祈使句和情态动词可以应用到写作当中。

续表

教学方法	Task-based approach
教学目标	学生可以掌握情态动词 can 表示许可的用法； 学生正确使用祈使句以及情态动词 have to 和 must 来表达一些规则； 本节课后学生需要掌握如何表达自己对规则的看法。
教学重点	根据所学知识来表达自己对规则的看法； 能用所学的语言知识写出自己在家中或在学校中的一些规则。
教学难点	写一封信来描述自己应遵守的一些规则，并表达自己对这些规章制度的看法。
设计思路	先通过图片引入主题，因为规章制度与学生生活息息相关，可以激发学生的兴趣。再通过小组讨论合作分享素材，拓宽思维，使学生能够了解并使用更多相关词句。通过“积累—讨论—操练—自改—分享—点评”这一系列活动，让学生能够循序渐进完成自己的写作任务。
教学过程	**Step 1**： Teacher：shows some photos of the things that students can or can't do at school. Students：speak out what the person is doing in the pictures. Purpose：to attract the students' attention and lead in the topic. Time：2 minutes **Step 2**： Teacher：guides students to think what things they have to do and what things they can't do. Students：discuss their rules in groups and write down the things about the topic. Purpose：to provide students some basic material and help them get as many ideas as possible. Time：5 minutes **Step 3**： Teacher：guides students to share their ideas about the rules they talk about and list a table about kinds of rules on the blackboard. Students：share their ideas with classmates then fill in the blanks. Purpose：to identify the material and learn various rules to broaden students' horizons. Time：5 minutes

续表

	Step 4： Teacher：guides students to write a letter to Dr Know and tells her about the rules and how you feel about them according to 2b's format. Students：choose some rules to write and write down how you feel about them according to 2b's format. Purpose：to give students a chance to practice and help them to be familiar with the format of the letter. Time：15 minutes **Step 5**： Teacher：guides students to read their compositions aloud. Students：read their letters aloud and do self-evaluation. Purpose：to give students a chance to review their grammar，words and punctuation and correct their mistakes they have. Time：5 minutes **Step 6**： Teacher：asks students to exchange their compositions with their partners and discuss the mistakes they found. Students：actively help their classmates to find the mistakes and discuss them，then modify their own compositions based on the suggestions from the discussion. Purpose：to give students a chance to learn from others and help students avoid making the same mistake in the future. Time：5 minutes **Step 7**： Teacher：summarizes the areas where students are likely to make mistakes and remind students to pay attention to the format of the letter. Purpose：to help students improve writing and learn to share information with partners. Time：5 minutes

续表

<table>
<tr><td>板书设计</td><td><table><tr><th>Things I have to do</th><th>Things I can't do</th></tr><tr><td></td><td></td></tr><tr><td></td><td></td></tr><tr><td></td><td></td></tr></table></td></tr>
<tr><td>教学反思</td><td>在写作前通过展示图片吸引学生的兴趣，给学生引入关于学校规章制度的主题。引出主题后，让学生根据本单元所学内容进行思考讨论，增加学生的素材积累。通过在黑板上列表格让学生再次落实怎么表达学校的规章制度，也为接下来的写作提供素材。在学生写作时，先教授学生注意写书信的格式，并且引导学生表达自己的感受，从而丰富他们的写作。在写作完成后，让几个学生大声朗读自己的作文，并让其他小组成员进行点评，充分调动学生的积极性。本节课要求学生使用本单元所学知识点——祈使句和情态动词，也是对所学的语法知识点的练习。
当然，这节课也有值得反思改进的地方。比如说：由于基础不同，有些学生在小组合作中不积极思考。这就需要老师进行适当的调整，力求做到每个小组中的学生基础水平相当。
总之，写作能力不是一朝一夕能够提高的，这是一个不断训练、不断进步的过程，需要我们在教学中不断去探索一些有效的方法，让自己的课堂更加有趣、高效。</td></tr>
</table>

示范教案三

写作话题	Food
教材链接	鲁教版六年级上册 Unit 9 Do you like bananas?
话题分析	本单元的话题是“食物”，与此相关的写作任务从一日三餐的饮食习惯出发(如主食、肉类、蔬菜、水果、饮品等)。如果描写的人物是她或他，则正确使用动词的第三人称单数形式成为写作的关键，如 like—likes、eat—eats、have—has、don't like—doesn't like、want—wants 等。与食物相关的词汇，如 food、milk、rice、salad、ice-cream 等属于不可数名词；hamburger、apple 等是可数名词。

续表

学情分析	六年级是学习英语的基础阶段，这一阶段的任务在于激发学生学习英语的兴趣。本单元的设置从健康角度出发，描述一些生活中正确的饮食习惯，具体到每个学生的一日三餐的饮食情况，与本单元学习的可数名词和不可数名词相对应。六年级上册的语法——动词的第三人称单数形式——也在此篇写作任务中有所涉及。如果描写的是第三人称单数，动词的变化也是学生很容易混淆的一点。
教学方法	Task-based approach
教学目标	学生在本节课后，能够应用“总—分—总”的模式进行写作； 学生能够应用并掌握本单元与食物有关的词汇和语法重点； 学生的写作能力能够通过训练、自查、互查得以提升； 学生的口语可以通过小组讨论有一定程度的提升。
教学重点	可数名词与不可数名词的区分和使用； 动词的第三人称单数的变换。
教学难点	“总—分—总”结构的使用，首尾呼应升华文章； 人称的变化，尤其是使用第三人称时，动词的变化问题。
设计思路	首先，通过头脑风暴总结出写作素材，激发学生的写作兴趣。其次，通过小组讨论分享素材，拓宽思维，让学生使用更多相关词句。再次，给学生留一定时间完成写作，并通过小组内互查解决出现的问题，避免在今后的写作中出现类似的错误。最后，教师总结写作注意事项。
教学过程	**Step 1**： Teacher：arranges a brainstorm to review some words，phrases and sentences about food and eating habits and writes them down. Students：speak out what they like or dislike to eat in daily life. Purpose：to create a relaxed study atmosphere，activate students' interest and lead in the topic. Time：2 minutes **Step 2**： Teacher：guides students to work in groups and exchange their ideas about this topic. Students：discuss their eating habits with their partners and write down their ideas about the topic. Purpose：to provide students some supporting material and help them get as many ideas as possible. Time：5 minutes

续表

	Step 3: Teacher: guides students to work on their own to choose valuable information. Students: write down information including words and phrases that can be used to write their compositions. Purpose: after knowing the useful message, students will be confident enough to write a passage and get prepared for the next step. Time: 5 minutes **Step 4:** Teacher: guides students to write a short composition to talk about the food they like or dislike for their meals. Students: choose a topic and write a short composition to talk about their eating habits including meat, vegetables, fruit and drinks. Purpose: to give students a chance to write. Time: 15 minutes **Step 5:** Teacher: guides students to do self-evaluation. Students: do self-evaluation. Purpose: to give students a chance to check their grammar, words and punctuation. Time: 5 minutes **Step 6:** Teacher: asks students to work in groups and discuss the writings of their group members, including the advantages and disadvantages of each writing. Students: actively participate in the discussion and modify their own composition based on the suggestion from the discussion. Purpose: to give students a chance to master a knowledge in a relaxed and active environment which they can learn from each other. Time: 5 minutes **Step 7:** Teacher: sums up the methods and matters that should be pay attention to when writing a composition. Purpose: to help students have a good master of writing and learn to share information with classmates. Time: 5 minutes

续表

<table>
<tr><td>板书设计</td><td>
<table>
<tr><td></td><td>like to eat</td><td>dislike to eat</td></tr>
<tr><td>breakfast</td><td>e.g. eggs</td><td>bread</td></tr>
<tr><td>lunch</td><td>hamburgers</td><td>chicken</td></tr>
<tr><td>dinner</td><td>rice, apples, bananas</td><td>meat</td></tr>
</table>
</td></tr>
<tr><td>教学反思</td><td>本节课的写作主题是:食物、饮食习惯、一日三餐的饮食情况。按照“词—句—篇”的写作顺序,引导学生介绍自己的或者根据素材介绍他人的饮食习惯。写作前,先让学生发散思维,根据之前词汇课包括阅读课所学的本单元相关的词汇写下自己早、中、晚三餐喜欢或者不喜欢吃的食物,如 egg、milk、hamburger 等,为下面的写作准备充足的词汇量,学生以 brainstorming 的形式来进行。下一步,通过小组讨论让学生分享自己的观点,学生可以积累并拓展词汇。这一环节的设置,培养了孩子的小组合作能力,并且在交流的过程中练习口语。独立写作的环节是学生对于所准备语言素材包括词、句的应用过程。学生通过上述几个步骤的总结可以写出此篇作文,这个过程也是一个由简到难的过程,让学生不会面对此话题不知所措。学生的自检以及互检环节也是对知识的一次巩固,发现问题并及时改正。
在这节写作课中,无论是学生的参与性、课堂实践的积极性,还是从学生完成教师布置的任务后的成果来看,都有很大的进步和收获,但也存在一些问题:在头脑风暴以及素材积累的过程中,教师可以提升高度,给予学生一定的相关词汇以及句型的拓展;在互评、自评的过程中,教师参与度不够,应及时了解学生的掌握情况。
总而言之,写作是一个由浅入深、由易到难、由繁到简的训练过程,在任何一个环节出问题都会影响学生写作能力的培养。因此,我们在进行写作训练时,应从学生的角度,通过合理有效的教学方法,让学生拓宽语言素材的同时,真正学会写作,并对本单元的语法知识点和词汇句式进行学以致用。</td></tr>
</table>

第二节　七年级写作教案呈现

示范教案一

写作话题	Family，friends and people around
教材链接	鲁教版七年级上册 Unit 1 What does he look like?
话题分析	本节课教学主题是 Describe people's looks。本单元的教学内容涉及描述外貌的形容词、短语以及用 like/enjoy doing 的句式描述兴趣爱好，为写作教学的开展奠定基础。教学中还可以帮助学生运用已学的其他词汇、短语和句型，从语言、内容和结构三个方面进行正确表达，写出关于他们朋友或家人的作文。
学情分析	七年级的学生具备一定的写作能力，能积极参与课堂教学，也愿意表达个人观点，对英语写作的热情高，但是写作能力有限，尤其是这种贴近生活的话题，他们在将口头表达转变为书面表达时，往往会出现表达不够准确、规范和流畅的问题。 本节课的教学内容及教学重点在于潜移默化地激发学生的写作欲望，循序渐进地为学生搭建短文写作框架，提高他们写作的积极性。
教学目标	By the end of the lesson，students will be able to： 1.describe people's looks easily； 2.get some effective ways to develop sentences.
教学重点	Teach students how to describe people's looks easily
教学难点	How to develop the students' writing skills
教学方法	Task-based teaching
教学辅助	computer，blackboard，handouts

续表

教学过程

Step 1:

Before class, review items of clothing with students. Follow the procedure:

1. Review the model conversation and adjectives on the board.

Size	Pattern	Color	Items
long, short	plain, striped	red, green, yellow, white, blue, pink, purple	T-shirt, shirt, hat, trousers, tie, sneakers

2. Have students work in pairs to describe and identify people in the picture on screen.

Step 2:

Help students draw a mind-map for describing a person with target language.

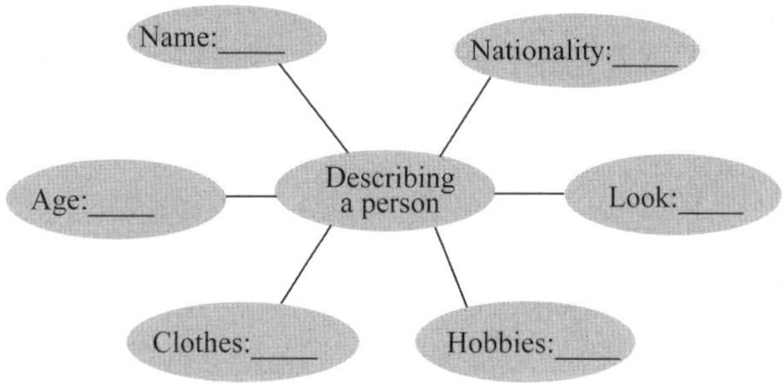

Step 3:

Let students recall what they learned and add more sentences for describing a person with target language.

Age: He/She is 13. He/She is 13 years old...

Look:

Hobbies:

Clothes:

Step 4:

Have students write a passage in a given time. Write a passage about your best friend. Pay attention to the following points:

1. What is your friend's name?
2. Where is he/she from?
3. What does he/she look like?

续表

	4. What does he/she like to wear? 5. What does he/she like doing? 6. Why do you like him/her? **Step 5**: Complete the composition in a given time. Then share in class.
板书设计	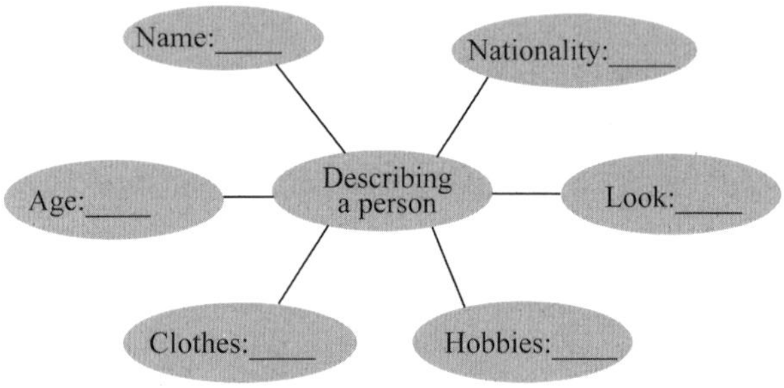
教学反思	略。

示范教案二

写作话题	Entertainment
教材链接	鲁教版七年级下册 Unit 1 Do you want to watch a game show?
话题分析	本课教学主题是 Talk about preferences。本单元的教学内容涉及谈论对不同类型的电视节目或电影的看法与偏好。教学中还可以帮助学生运用已学的其他词汇、短语和句型,从语言、内容和结构三个方面进行正确表达。
学情分析	七年级的学生能积极参与课堂教学,也愿意表达个人观点,对英语写作的热情高,但部分学生写作能力有限。受母语影响,他们在将口头表达转变为书面表达时容易出现汉式英语或者语句表达不够准确、规范和流畅的问题。
教学目标	By the end of the lesson, students will be able to: 1.talk about preferences about different kinds of movies; 2.master how to develop useful sentences.
教学重点	Teach students how to show their preferences about movies
教学难点	How to develop the students' writing skills

续表

教学方法	Task-based teaching
教学辅助	computer，blackboard，handouts
教学过程	**Step 1**： Before writing，discuss in groups about what the elements in a movie review are. Teacher can ask such questions to remind the students of them： What's the name of the movie? What kind of movie is it? What is the movie about? What does the writer think of the movie? Do you want to watch it? After they answer these questions，lead them to fill in the mind-map below. **Step 2**： Help students draw a mind-map for writing a movie review. 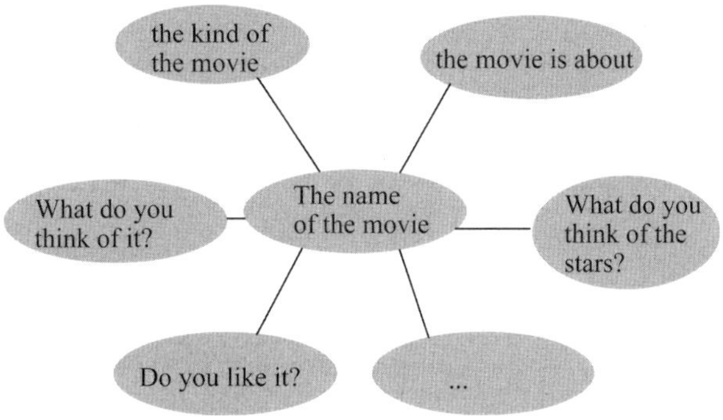 **Step 3**： Let students use the target language in writing the movie review. Discuss the following questions in groups： A：Do you want to watch the news? B：No，thanks. A：Why not? Do you think it's boring? B：No，not at all. I really think the news is interesting. A：... **Step 4**： Complete the composition in a given time. Then share in class. **Step 5**： Revise your composition in groups.

教学方法	Task-based teaching
板书设计	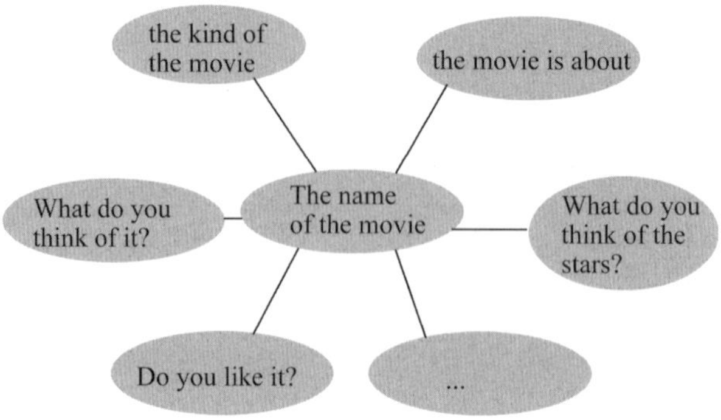
教学反思	略。

示范教案三

写作话题	Talk about problems and give advice
教材链接	鲁教版七年级下册 Unit 6 If you go to the party，you'll have a great time!
话题分析	本课教学主题是 Decision making。本单元的教学内容涉及简单谈论事情的结果。教学中可以帮助学生运用已学的 if 引导条件状语从句，来提出恰当建议或谈论事情的结果。
学情分析	七年级的学生对英语写作有热情，想法也比较多，但是写作能力有限，需要教师在课堂上通过讲解和引导，潜移默化地激发学生的写作兴趣，循序渐进地为学生搭建短文写作框架，提高他们写作的积极性。
教学目标	By the end of the lesson，students will be able to: 1.talk about consequences; 2.use different kinds of sentences to express their own decisions.
教学重点	Teach students how to talk about their problems and give advice
教学难点	How to develop the students' writing skills
教学方法	Task-based teaching
教学辅助	computer，blackboard，handouts

续表

教学过程

Step 1:

Before class, let students talk about the details of the problems before offering solutions. Teacher can ask such questions to remind the students of them:

e.g.:

A: What are your three biggest worries?

B: I worry about my grades.

A: In all of your classes?

B: Yes, but especially English.

A: Do you study with anyone else now?

B: ...

Step 2:

Brainstorm ideas.

Talk to someone you know. Find out his/her three biggest worries. Try to think of some solutions to the problems and write them down.

Problems	Possible solutions

Step 3:

Let students use the target language to talk about the problem.

e.g.:

A: What's the matter with...?

B: I have a... What should I do?

A: You could...

B: ...

Write down your answers.

Step 4:

Write about your friend's first problem and the possible solutions. Use the structures below to help you plan your writing.

My friend ______________ has a problem.
He/she ______________________________. I think he / she should ______________. If he/she ______________, he /she will ______________.

续表

<table>
<tr><td></td><td>Step 5:
Then write your advice for your friend's second and third problems. Use the structures to help you.

My friend ______ has a problem.
He/she ______________. I think he/she should ______. If he/she ______, he/she will______.
My friend also has two other problems.______
______________________</td></tr>
<tr><td>板书设计</td><td><table><tr><th>Problems</th><th>Possible solutions</th></tr><tr><td></td><td></td></tr><tr><td></td><td></td></tr><tr><td></td><td></td></tr></table></td></tr>
<tr><td>教学反思</td><td>略。</td></tr>
</table>

第三节　八年级写作教案呈现

示范教案一

教材课题	外研版八年级上册 Module 1 How to learn English
内容简介	本节写作课的写作任务是给自己的朋友写一封建议信，就如何学习英语提出建议。
学情分析	八年级的学生已经有了一定的英语语言表达能力，并且有了自己学习英语的方法。对这一年级的学生来说，写出一篇英语作文并不难，但是要写好一篇语言连贯、内容丰富、行文流畅的作文对他们来说可能并非易事。本节写作课不仅能够提高学生的写作水平，也能更好地帮助学生学习英语。

续表

教学方法	Task-based approach
教学目标	在写作过程中运用不同的提建议的方式来表达自己的观点； 能够通过小组的合作交流总结出作文修改的策略和方法。
教学重点	理解阅读文本的内容并能积累相关提建议的词汇或者句子的表达； 能够运用一般现在时来进行建议类作文的写作。
教学难点	按照"发现问题—研究问题—解决问题"的思路来对话题进行思考； 运用较为丰富的语言和关联词来提升文章的整体水平。
设计思路	从学生的实际学情出发，运用任务型教学法，引导学生围绕"如何学习英语"这一主题，运用恰当的语法写出正确的句子，对作文的初稿进行检查、修改及润色。 通过"提出问题—研究问题—解决问题"三个步骤，让学生对自己的文章进行点评修改，总结出修改作文的策略，对自己的文章进行修改和润色。
教学过程	**Step 1:** Lead in and understand the topic—how to learn English. Purpose: let students have a general idea of what questions we will deal with in this lesson. **Step 2:** Ask students to read the passage of M1U2 as quickly as possible and try to make notes about the advice Diana gives to the three students and the expressions about giving advice. Purpose: let students have a general idea about the ways and some useful expressions about giving advice. **Step 3:** Ask students to work in groups and then try to have a discussion about how to learn English in different aspects. Purpose: try to get to know more ways of different people in learning English. **Step 4:** After students' discussion, try to invite some groups to share their opinions of learning English by finishing the chart bellow:

续表

<table>
<tr>
<td></td>
<td>
<table>
<tr><td>Aspects</td><td>How to learn</td></tr>
<tr><td>Listening</td><td></td></tr>
<tr><td>Speaking</td><td></td></tr>
<tr><td>Reading</td><td></td></tr>
<tr><td>Writing</td><td></td></tr>
</table>
Purpose: let the students have a clear demonstration in solving the problem.

Step 5:
Ask students to try to write down a short composition about how to learn English based on the previous discussion.
Purpose: try to use what they had discovered and discussed into practical writing.

Step 6:
Make changes to the writing. Ask students to do a self check and peer check, and try to sum up the rewriting method. Then invite some students to conclude the ways of rewriting a composition.
Purpose: help students form the general ways of rewriting a composition.

Step 7:
Assignment: try to further polish your writing based on the ways of rewriting a composition we have discussed and invite some students to share their writings in the next class.
Purpose: consolidate what you have learned in today's lesson.
</td>
</tr>
<tr>
<td>教学反思</td>
<td>本模块作为本册书的第一单元，旨在从学习初就让学生为学好英语打下基础。在学生动笔之前，先让学生明确问题，并通过思考和小组间的讨论得出解决问题的方法。然后尝试着让学生根据此思路初步写出一篇习作，通过自查、互查、润色等几个步骤来修改自己的文章，同时帮助学生养成“写完必修改”的良好习惯。</td>
</tr>
</table>

示范教案二

教材课题	外研版八年级上册 Module 8 Accidents
内容简介	本节写作课的要求是以 Unit 2 课文所描述的一则事故为例，运用相关的时间短语来描述你经历过的一次事故。
学情分析	八年级的学生已经积累了一定的英语语言表达能力以及相应的英语语言知识，能够运用所学词汇来表达自己的观点。在学习过本单元之后，学生能对事故进行简单的描述。然而在语言表达和遣词造句上，学生可能仍旧停留在使用一些简单的词汇水平当中，因此还需要教师在语言上给予充分的帮助与指导；同时在逻辑性上可能也有所欠缺。
教学方法	Task-based approach
教学目标	能够理解阅读文本的内容并积累相关的语言表达； 能够运用一般过去时来描述自己所遇到的一次事故； 能够掌握此类说明文写作的一般思路。
教学重点	理解阅读文本的内容并积累相关的语言表达； 运用一般过去时来描述自己所遇到的一次事故。
教学难点	能够借助、选取阅读文本中的适当的词汇、句型和表达方式作为语言支撑，完成写作。
设计思路	首先，由学生阅读文本感知写作技巧，了解相关体裁文章的一般写作思路；其次，在教师的带领下学生进行写作实践，在实践过程中进行小组讨论，必要时可以向教师寻求帮助；最后，学生进行独立写作与修改。
教学过程	**Step 1：** Ask students to read the passage on page 66 quickly and try to answer the following questions： Who was in the accident? When and where did it happen? What was the trouble? How does this people deal with this trouble? Purpose：let students know how to narrate an accident by analyzing the important elements in this passage.

续表

<table>
<tr><td>教学过程</td><td>Step 2:
Ask students to read this passage again carefully and try to find the time-line of this accident.
Purpose: grasp the time-line of the accident can better narrate the development of an accident.
Step 3:
Ask students to try to recite this accident in their own words according to the time-line.
Purpose: make students further narrate an accident according to the time-line of it.
Step 4:
Ask students to work in groups and try to narrate one of the accidents they have experienced. When they narrate this accident, they should describe it according to its time-line.
Purpose: let students make a preparation of the material that they will write down later.
Step 5:
Ask students to write down the accident they have discussed into a short composition, and when they narrate the accident, try to describe it according to the time-line of its development by using the words or phrases like "one day""a few days earlier""as soon as" etc.
Purpose: try to use what they had discovered and discussed into practical writing.
Step 6:
Do self-check and peer-check.
Purpose: check the spelling and grammar mistakes. They should also see whether this accident is narrated according to the time-line. They should also try to learn the advantages of their partner's writing.
Step 7:
Assignment: try to further polish their writing and summarize the ways of writing an accident. Invite some students to share their writings in the next class.
Purpose: consolidate what they have learned in today's lesson.</td></tr>
<tr><td>教学反思</td><td>本节课的定位是“以读促写”，即本节课的写作任务依据本模块 Unit 2 的课文展开。本篇作文是一篇说明文体裁的写作，在进行写作之前，教师明确学生要以时间为线索来分析文本，为学生搭建“脚手架”；在写作之后，要重视学生之间的评价，学生通过互评能够“取之所长，弃其所短”，为自己写出一篇满意的作文做铺垫。</td></tr>
</table>

示范教案三

教材课题	外研版八年级下册 Module 6 Hobbies
内容简介	本节写作课的要求是请学生根据 Unit 2 的课文及其中的一些重点单词，如 as well as、such as、as a result 等来描写自己同学的爱好。
学情分析	八年级的学生已经积累了相应的英语语言表达能力以及相应的英语语言知识，而且爱好这一话题又是与学生的实际生活密切相关的，因此对于这一话题的写作，学生写起来并不困难。然而在语言表达和遣词造句上，学生可能仍旧停留在使用一些简单的词汇水平当中，因此还需要教师在语言上给予充分的帮助与指导。
教学方法	Task-based approach
教学目标	能够理解文本的内容并积累相关的语言表达； 能够借助文本了解说明文的写作结构和写作方法； 能够运用相关的时态与语法正确地描述自己同学的爱好。
教学重点	理解说明文的写作方法和写作步骤； 能够积累有关爱好类文章的表达方式。
教学难点	能够运用正确的单词、短语及句型写出符合语法结构且表达正确的句子。
设计思路	本节课的主要目标是让学生通过对本模块 Unit 2 文章的阅读，引导学生了解对“爱好”这一话题的写作手法，并引导学生运用文本中好的语言表达，来描写自己和同学的爱好。在此基础之上，通过一系列的问题为学生的写作提供框架，最后借助阅读文本中的语言素材，尝试运用说明文的写作手法，运用相应的时态和表达方式来描写自己和同学的爱好。
教学过程	**Step 1**: Teacher: gives students some pictures about hobbies, asks students to talk about these pictures and then invites some of them to talk about their hobbies. Purpose: to activate students' interest and lead in the topic. **Step 2**: Ask students to skim the passage and then try to get the general idea of this passage. Purpose: let the students get the main idea of the passage.

续表

教学过程	**Step 3:** Ask students to read each paragraph carefully. Try to underline some useful expressions in these paragraphs and find out the functions of each paragraph. Then invite some of them to share their opinions and summarize the basic structure of the expository writing. Purpose: to accumulate the important expressions and know the basic structure of an expository writing. **Step 4:** Ask students to look at these following sentences: As well as the usual activities... ...such as sailing and climbing... ...as a result, David has become a successful young writer. Then, ask students to rewrite the following three sentences using *as well as*, *such as* or *as a result*. Some hobbies, for example, reading and painting, are very relaxing. David likes writing. He also likes playing basketball. Many young people love his book, so his hobby has brought him success. Purpose: let students know how to use some important expressions. **Step 5:** Ask students to work in pairs. Discuss with your partner and find out about your partner's hobby and make some notes. Purpose: try to get the information about your partner's hobbies. **Step 6:** Try to ask students to write a short passage about his/her classmate's hobby. Using *as well as*, *such as* and *as a result* in the writing. Purpose: try to use what they have learned about the expository writing and useful expressions on writing hobbies into their practical writing. **Step 7:** Do self-check and peer-check. Purpose: to check the spelling and grammar mistakes and try to learn the advantages of your partner's writing. **Step 8:** Assignment: try to further polish your writing and summarize the ways of writing an exposition. Invite some students to share their writings in the next class. Purpose: consolidate what you have learned in today's lesson.

续表

教学反思	本节课中教师以课文中的重点短语为支撑，让学生进行说明文体裁的写作。教材出现的文本为学生的写作提供了很好的范例。本节课立足文本，引导学生积极思考和发现，并通过合作交流的形式达到写作的目的。实践证明，生生之间的交流和互评可以不断提高学生的写作水平。

第四节　九年级写作教案呈现

示范教案一

写作话题	My rules for a healthy life
教材链接	外研版九年级下册 Module 5 Look after yourself
话题分析	本模块主题围绕“健康生活方式”展开。学生在完成阅读任务后需要结合自身生活经历、运用所学语言知识写出自己的健康生活原则，并给出具体例子。 **1.主题和内容** 本单元文本内容涉及健康生活五个原则，即健康的生活习惯、饮食健康、充足睡眠、乐观心态和远离香烟。 **2.写作目的** 让学生意识到良好的生活习惯的重要性，并能从自身做起，培养良好生活习惯，注重生活质量。 **3.语言特点** 本文作者在列举健康生活五原则时，使用了大量的祈使句。
学情分析	九年级学生已经掌握了一些有关健康话题的词汇和表述规则的祈使句和情态动词等基本的语言结构，能够就简单话题参与讨论，表达观点和意见。学生也已经掌握基本的写作策略，并能用小组合作策略解决问题。 本节课有关健康生活的写作话题贴近学生生活实际，学生很容易结合日常生活总结出自己的规则。
教学方法	Task-based teaching method

续表

写作话题	My rules for a healthy life
教学目标	本课结束时，学生能够： 结合自身经历，说出不同的生活习惯，并进行进一步判断； 梳理文章结构以及作者用于介绍、分析和反思不同的健康生活原则的句型和表达方式，并用于自己的写作当中； 通过自评和同伴之间的互评，对初稿的文章结构、内容要点和语言使用等方面进行反思和修改； 通过写作实践和讨论活动，反思自己的生活习惯，树立注重健康生活的意识。
教学重点	运用所学的语言知识给出健康生活的原则和建议； 通过写作练习，提高仿写的写作技巧。
教学难点	如何使用正确的词汇句型，运用写作技巧。
教学过程	**Step 1：Lead in** Show a picture of a boy watching TV and eating junk food in the sofa. Ask the students questions： Do you think the life habits in the picture healthy or not? Think about your life habits. Are they healthy? Brainstorm more healthy life rules and give examples in groups. Write down the students' new rules on the blackboard. **设计意图：**引发学生反思自己的生活习惯，并引导学生分析和梳理与该主题有关的语言表达和素材，为写作输出做准备。 **Step 2：Writing task** Show students the writing requirement. They will write a composition to talk about their rules for a healthy life，including the rules and examples they will write in step 2. Guide students to summarize the writing points. **设计意图：**明确写作任务。 **Step 3：Organizing the writing** Students read the passage and analyze its structure. Draw a mind-map，and add the key points to each habit they will write. **设计意图：**学习和梳理课文结构，并仿照范文构思自己的文章结构，通过思维导图形式梳理信息，为笔头输出做准备。 **Step 4：Writing** Students write the passage according to the writing requirement and mind-map.

续表

	设计意图：引导学生结合本课所学，根据写作要求以及写作思维导图，独立写出自己文章的初稿。 **Step 5：Self-evaluation** Give the students the self-writing Grading Criteria and guide students to do self-evaluation. Then revise the first draft. **设计意图：**引导学生通过自我反思和自评，发现写作出现的问题，再对文章进行修改、完善，完成二稿，以评促学。 **Step 6：Peer-evaluation** Students do peer-evaluation according to the Peer Revision Criteria. Then revise the second draft. **设计意图：**引导学生对同伴文章进行评价和反思，并结合同伴修改意见对自己的文章进行修改和完善，以提升写作质量，实现以评促学。
教学反思	略。

附：

1. 写作自评表

请使用下面的自评表格完成自评和修改。

问题	是	否	如果为“否”，如何改进？
你的短文是否整体篇章结构合理？			
你的短文是否连接词运用准确，表达连贯？			
你的短文是否分段描写了健康生活的原则？			
你的短文是否为不同生活原则提供了例子？			
你的短文是否使用了恰当的句型和丰富的词语？			
你的短文在拼写、语法和标点方面是否正确？			

2. 写作互评表

请同伴阅读你写的短文并完成下面的互评表格，并根据表格中同伴的反馈评价进一步修改和完善你的短文。

评价指标	得分	评分标准
短文是否有清晰的开头和结尾?		Excellent=5 分 Good=4 分 Acceptable=3 分 Needs Improvement=1～2 分
短文是否分段描述了健康生活的原则?		
短文是否为不同生活原则提供了例子和细节?		
短文是否使用了恰当的句型和丰富的词语?		
短文的拼写、语法和标点是否正确?		

示范教案二

写作话题	Heroes
教材链接	外研版九年级上册 Module 3 Heroes
话题分析	**1.主题和内容** 本模块以"英雄"为话题,介绍了体育、科技、历史、医疗等领域的英雄人物。通过学习,学生可以了解到这些英雄人物的生平事迹以及他们勤奋刻苦、意志坚定和不屈不挠等品质。 **2.写作目的** 本模块写作任务是让学生描写一位自己心目中的英雄。要写好作文,学生需要了解世界各地英雄人物及其事迹,因此可以培养学生刻苦努力、积极向上的人生态度,激发他们争做国家栋梁的热情。 **3.语言特点** 介绍英雄人物时,往往会描述其外貌、生平事迹和对社会的影响几个方面,因此常用一般现在时或一般过去时等时态。
学情分析	九年级学生已经掌握一些描述人物外貌特征和性格、品质方面的词汇和句型,并能熟练运用一般过去时描述过去发生的事情。学生因受母语的影响,对于模块重点语法 because、so、so that 的使用可能会出现一些困难。 英雄这一话题贴近生活实际,每个人都有自己心目中的英雄,但是每个人定义英雄的标准是不同的。
教学方法	Task-based teaching method

续表

写作话题	Heroes
教学目标	本课结束时，学生能够： 说出自己心目中的英雄，介绍他们的生平事迹、宝贵品质以及对社会的影响； 梳理课文语篇的文章结构以及作者用于描述人物的句型和表达方式，并用于自己的写作当中； 通过自评和同伴之间的互评，对初稿的文章结构、内容要点和语言使用等方面进行反思和修改； 通过写作实践和讨论活动，学生了解英雄人物的优秀品质和宝贵精神，进而激发自己的学习热情，培养刻苦努力、积极向上的人生态度。
教学重点	运用所学的语言知识，按照时间顺序描述人物的生平事迹； 通过写作练习，提高仿写的写作技巧。
教学难点	如何使用正确的词汇句型、运用写作技巧写出自己心目中的英雄。
教学过程	**Step 1：Lead in** Teacher：asks students to brainstorm the types of people who can be heroes. Students：write down their answers in the exercise book. **设计意图：**引发学生思考英雄的概念和定义，导入写作主题。 **Step 2：Pair work** Teacher：guides students to discuss the definition of a hero in pairs. Compare the ideas as a class and choose a class definition. Students：discuss and come up with the definition of a hero in pairs. **设计意图：**引发学生讨论，总结对英雄的定义。 **Step 3：Group work** Teacher：guides students to think about the heroes and discuss why they are heroes in groups. Students：choose the heroes and talk about them in groups. **设计意图：**引导学生思考并讨论自己心目中的英雄及原因，分析和梳理与该主题有关的语言表达和素材，为写作输出做准备。 **Step 4：Writing task** Teacher：shows students the writing requirement. They will write a composition to talk about a hero in their mind. Guide students to summarize the writing points. **设计意图：**明确写作任务。

续表

教学过程	**Step 5: Organizing the structure of passage** Teacher: guides students to read the passage and analyze its structure. Students: draw a mind-map about how to introduce a hero. **设计意图：**学习和梳理课文结构，并仿照范文构思自己的文章结构。通过思维导图形式梳理信息，为笔头输出做准备。 **Step 6: Writing** Students: write the passage according to the writing requirement and mind-map. **设计意图：**引导学生结合本课所学，根据写作要求以及写作思维导图，独立写出自己文章的初稿。 **Step 7: Self-evaluation** Teacher: gives students the self-writing Grading Criteria and guides students to do self-evaluation. Students: do self-evaluation and then revise the first draft. **设计意图：**引导学生通过自我反思和自评，发现写作出现的问题，并对文章进行修改、完善，完成二稿，以评促学。 **Step 8: Peer-evaluation** Students: do peer-evaluation according to the Peer evaluation Criteria and then revise the second draft. **设计意图：**引导学生对同伴文章进行评价和反思，并结合同伴修改意见对自己的文章进行修改和完善，以提升写作质量，实现以评促学。 **Step 9: Conclusion** Teacher: summarizes what students should pay attention to when writing a composition. **设计意图：**总结问题，提升写作质量。
板书设计	**My hero** 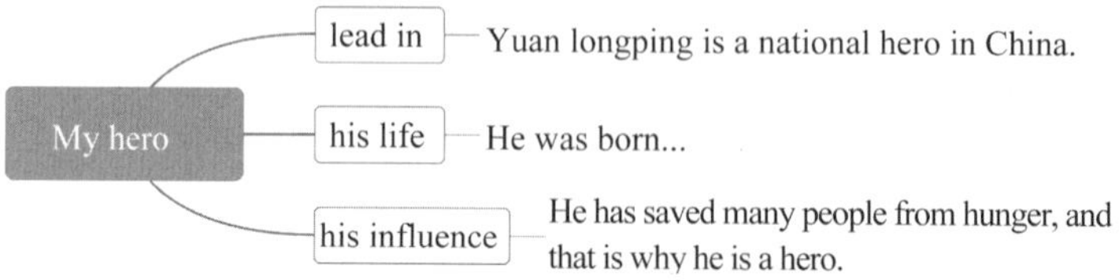
教学反思	略。

附：

1. 写作自评表

请使用下面的自评表格完成自评和修改。

问题	是	否	如果为“否”，如何改进？
你的短文是否整体篇章结构合理？			
你的短文是否连接词运用准确，表达连贯？			
你的短文是否用正确的时态(以一般过去时为主)介绍了英雄人物的生平事迹？			
你的短文是否进一步说明该英雄人物对社会的影响或者他(她)为何是你心目中的英雄？			
你的短文是否使用了恰当的句型和丰富的词语？			
你的短文在拼写、语法和标点方面是否正确？			

2. 写作互评表

请同伴阅读你写的短文并完成下面的互评表格，并根据表格中同伴的反馈评价进一步修改和完善你的短文。

评价指标	得分	评分标准
短文是否有清晰的开头和结尾？		Excellent＝5 分 Good＝4 分 Acceptable＝3 分 Needs Improvement＝1～2 分
短文是否用正确的时态(以一般过去时为主)介绍了英雄人物的生平事迹？		
短文是否进一步说明该英雄人物对社会的影响或者他(她)为何是你心目中的英雄？		
短文是否使用了恰当的句型和丰富的词语？		
短文的拼写、语法和标点是否正确？		

示范教案三

写作话题	Save our world
教材链接	外研版九年级上册 Module 12 Save our world
话题分析	**1.主题和内容** 本模块以“绿色环保”为话题，文本内容以学生的视角，讨论了如何从我们身边的小事做起，节约资源，节省能源，保护环境。 **2.写作目的** 本模块写作任务是介绍如何创建绿色学校，通过这一任务的思考和写作实践，增强学生的环保意识，提高自觉性，并从自身做起，开展环保行动。

续表

话题分析	3.语言特点 本文内容主要是针对如何环保给出建议，文章开头使用了6个一般疑问句来吸引读者对这一话题的关注。接下来文中还使用了reduce、reuse、recycle三个相同前缀的词作为小标题，使得结构非常清晰，同时也呈现了本模块的重点语言知识——构词法。
学情分析	学生已经掌握了基本的提建议的句型以及日常生活中有关环保的词汇和表达。环保话题贴近学生生活实际，日常生活中环境污染现象常见，学生亲身经历较多，因此对于绿色学校的建议容易激发学生的兴趣。
教学方法	Task-based teaching method
教学目标	本课结束时，学生能够： 说出对于日常生活中的环保生活方式以及创建绿色校园的建议和具体做法； 梳理课文语篇的文章结构与用于环保建议的句型和表达方式； 通过自评和同伴互评，对初稿的文章结构、内容要点和语言使用等方面进行反思和修改； 通过写作实践和讨论活动，增强环保意识，提高环保自觉性，从自身做起开展环保行动。
教学重点	运用所学的语言知识，介绍生活中如何环保以及如何创建绿色学校的具体做法； 通过写作练习，提高仿写的写作技巧。
教学难点	如何使用正确的词汇句型、运用写作技巧写出如何在日常生活中环保。
教学过程	**Step 1：Lead in** Teacher：asks students to look at the pictures and discuss which ones are good for the environment. Students：talk about the pictures and give the reason. **设计意图：**引发学生思考并反思生活中不环保的生活方式，导入写作主题。 **Step 2：Pair work** Teacher：guides students to discuss the ways to solve the environmental problems in step 1. Students：discuss the ways to protect the environment. **设计意图：**引发学生讨论针对环保问题的措施和建议。 **Step 3：Group work** Teacher：guides students to discuss what they can do to protect the environment when they are at school.

续表

教学过程	Students: discuss in groups and take notes. **设计意图：**引导学生思考并讨论作为学生在校如何环保，分析和梳理与该主题有关的语言表达和素材，为写作输出做准备。 **Step 4: Writing task** Teacher: shows students the writing requirement. They will write a composition to talk about how to help make a green school. Guide students to summarize the writing points. **设计意图：**明确写作任务。 **Step 5: Organizing the structure of the passage** Teacher: guides students to read the passage and analyze its structure. Students: draw a mind-map about how to help make a green school. **设计意图：**学习和梳理课文结构，并仿照范文构思自己的文章结构。通过思维导图形式梳理信息，为笔头输出做准备。 **Step 6: Writing** Students: according to the writing requirement and mind-map, write the passage from the student's point of view. **设计意图：**引导学生根据写作要求以及思维导图，独立写出自己文章的初稿。 **Step 7: Self-evaluation** Teacher: gives students the self-writing Grading Criteria and guides students to do self-evaluation and then revise the first draft. Students: do self-evaluation and revise the first draft. **设计意图：**引导学生通过自我反思和自评，发现写作出现的问题，并对文章进行修改、完善，完成二稿，以评促学。 **Step 8: Peer-evaluation** Students: do peer-evaluation according to the Peer-evaluation Criteria and then revise the second draft. **设计意图：**引导学生对同伴文章进行评价和反思，并结合同伴修改意见对自己的文章进行修改和完善，以提升写作质量，实现以评促学。

续表

教学过程	**Step 9：Conclusion** Teacher：summarizes what students should pay attention to when writing a composition. **设计意图：**总结问题，提升写作质量。
板书设计	**Help make a green school!** 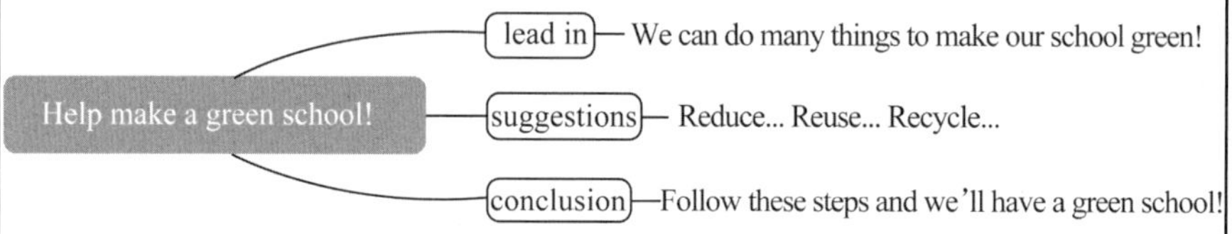
教学反思	略。

附：

1.【写作自评表】

请使用下面的自评表格完成自评和修改。

问题	是	否	如果为“否”，如何改进？
你的短文是否整体篇章结构合理？			
你的短文是否连接词运用准确，表达连贯？			
你的短文是否列举了创建绿色学校的方式？			
你在文中是否针对创建绿色学校的不同做法给出详细具体的例子？			
你的短文是否使用了恰当的句型和丰富的词语？			
你的短文在拼写、语法和标点方面是否正确？			

2.【写作互评表】

请同伴阅读你写的短文并完成下面的互评表格，并根据表格中同伴的反馈评价进一步修改和完善你的短文。

评价指标	得分	评分标准
短文是否有清晰的开头和结尾？		Excellent＝5 分 Good＝4 分 Acceptable＝3 分 Needs Improvement＝1～2 分
短文是否列举了创建绿色学校的方式？		
短文中是否针对创建绿色学校的不同做法给出详细具体的例子？		
短文是否使用了恰当的句型和丰富的词语？		
短文的拼写、语法和标点是否正确？		

第九章　学生习作点评与范文展示

话题一　个人情况

【话题分析】

该话题对应《义务教育英语课程标准(2022 年版)》中“人与自我”主题。以个人为视角,设置“生活与学习”等主题群。与本话题相关的子话题项目有:身边的事物与环境、个人喜好与情感表达、生活自理与卫生习惯、家庭与家庭生活、学校生活与个人感受。

【命题角度】

分析近几年全国中考作文可以看出,关于“个人情况”的相关话题主要从以下角度进行考查:

介绍自己或他人的个人信息、兴趣爱好等;

介绍自己的某次经历或变化;

介绍自己的家庭及家庭成员的信息;

介绍社会中的热点人物、著名人物或你心目中的英雄;

感恩或感谢他人,比如感谢父母、老师、朋友或曾经帮助过你的人等。

【话题素材】

(一)常用话题词汇和短语

描写人物外貌特征:

tall/short 高/矮	handsome 帅气的
thin, slim/heavy 瘦/胖	a round face 圆脸
old/young 年老的/年轻的	two big/small eyes 两个大/小眼睛
be of medium build/height 中等身材/身高	long straight hair 长直发
beautiful 漂亮的	short curly hair 短卷发

描写人物性格、品质：

kind (be kind to) 仁慈的	quiet 安静的
friendly (be friendly to) 友好的	active/popular 活跃的/受欢迎的
serious/strict (be strict with) 严肃的	brave 勇敢的
shy/out-going 害羞的/外向的	clever/smart 聪明的
humorous 幽默的	lovely/loving 可爱的/有爱的
helpful 有帮助的	

描写兴趣爱好：

hobby 爱好	be interested in 对……感兴趣
favorite 最喜爱的	prefer/like to do sth. 喜欢做某事
be fond of 喜爱	like/enjoy doing sth. 喜欢做某事
be good at 擅长	

表达能力：

be able to 能够做……	be talented in 做……有天赋
be good at/do well in 擅长做……	try one's best to do 尽全力做某事

(二)常用句型

I study at... 我就读于……	I'm interested in... 我对……感兴趣。
I'm in Class... Grade... 我在……年级……班。	I enjoy doing...very much. 我非常喜欢……
I'm good at.../I do well in... 我擅长做……	My hobby is doing... 我的爱好是……
My favorite subject/sport is... 我最喜欢的学科/运动是……	

【典例剖析】

Step 1:写作任务

假如你是李华,你的笔友 Mike 来信说想要了解你平时的兴趣与爱好。请你根据以下提示给他回信。

1. What is your hobby?
2. How do you develop/keep your hobby?
3. Share your happiness you get from your hobby. Give at least one example.

要求：

1. 可适当发挥，文中不得出现真实姓名和学校名称；

2. 语言通顺，意思连贯，条理清楚，书写规范；

3. 词数：100 词左右（开头和结尾已给出，不计入总词数）。

Dear Mike,

Everyone has his or her own hobby and so do I. ______________________________

____

____

____

____

Yours,

Li Hua

Step 2：设计构思

Step 3：结构划分

此类话题作文可采用三段式写作：

提纲挈领，引出主题，说明我的爱好是什么；

具体说明如何培养/保持兴趣爱好；

举例分享自己的爱好带来了哪些乐趣。

Step 4：内容组织

本篇作文是一封书信，内容是介绍个人的兴趣爱好，故时态应以一般现在时为主，人称应以第一人称来叙述。文中可穿插使用并列句和复合句，提升文章档次。同时注意语句之间使用恰当的连接词，使整篇文章意思连贯，语句通顺。

英文书信一般包括：称呼、正文、结束语。其中，正文有缩进式和齐头式两种。每段书信第一行的第一个字母稍微向右缩进些，通常以五个字母为宜，每段第二行从左面顶格写起，这就是缩进式。但美国人写信各段落往往不用缩进式，而用齐头式，即每一行都从左面顶格写起。

Step 5：语言支撑

be good at/do well in 擅长做……
be interested in 对……感兴趣
show talent in 在……有天赋
be keen on/be fond of 喜爱
be crazy about 热爱
develop/keep a good habit 养成/保持一个好习惯
make me relaxed 让我放松
Hobbies can open our eyes to the outside world.
爱好可以开阔我们的眼界。
I often lost myself in reading/listening to music.
我经常沉浸于阅读/音乐中。
A hobby makes my life meaningful and...
爱好赋予我的生活意义……
I have a strong interest in...
我对……有浓厚的兴趣。
I'm talented in...
我擅长做……
It's necessary for us to...
对我们来说，做……是有必要的。

Step 6：写作实践

Dear Mike,

Everyone has his or her own hobby and so do I. My hobby is playing soccer. I became interested in it when I was a child. When I am sad, I usually play soccer. In a soccer match, I can make friends. I think making friends is happy.

When I am boring, I always call my friends to play soccer game with me. Because it can make me relax and excited. Through the game, I find lots of happiness. Also, I sometimes get prizes in the soccer competitions. I felt proud at that time.

This is my hobby. I hope you can have a try.

Yours,
Li Hua

完成作文自查表：

项目	自查结果
文章结构与内容要点	
人称、时态	

续表

项目	自查结果
拼写错误	
语法错误	
好词好句	

注：如没有问题，请在项目后打√；如有问题，请在文中圈出并做修改。

Step 7：同伴互评

组内交流，分享习作，根据 Checklist 互评习作。

项目	互评结果
使用正确的人称、时态	☆☆☆☆☆
要点完整明白	☆☆☆☆☆
语言结构多样，行文连贯	☆☆☆☆☆
书写规范，词数符合要求	☆☆☆☆☆

Step 8：教师点评

本篇习作中，作者就个人爱好充分表达了自己的想法。通篇来看，作者对习作进行了合理的谋篇布局，行文思路清晰，语言基本准确。

习作开篇，作者阐述了每个人都有各自爱好这一观点；在接下来的第二、三段中，分别阐述了如何维持和培养爱好以及爱好带给自己的快乐。习作语句简洁、有力地表达了作者的看法，说明了爱好给自己带来的幸福和快乐。

作者的叙述详略得当，叙事有条理，语言精炼，是一篇不错的习作。

Step 9：佳作共赏

Dear Mike,

Everyone has his or her own hobby and so do I. As for me, I enjoy listening to music. It can not only kill the time, but also help me a lot in my daily life.

When I finish my homework, I often listen to some soft music to make me relaxed. When I feel worried, I'd like to listen to some popular music with great lyrics which can make me happy again.

My favorite song is *Dream It Possible*. It tells me that as long as you try your best, your dream will actually come true. What's more, we can learn a lot from this song. Music is like a friend to me. It makes my life meaningful and colorful. Do you like music? I hope you can have a try to make friends with it and you will find it wonderful.

Yours,

Li Hua

点评：本文格式正确，要点齐全，紧紧围绕题目给出的三个方面加以展开。先说明自己的爱好是听音乐，然后具体说明了我是如何保持这份爱好的，最后作者以小见大，以一首爱听的歌曲入手，举例说明音乐在哪些方面给我带来了乐趣，给我带来了鼓励。文中“Music is like a friend to me”一句巧妙地表达了自己对音乐的喜爱。一些过渡词和从句的使用也十分恰当，使文章层次清楚，语言流畅易懂。句间逻辑清晰，可见作者的语言功底。

话题二 朋友与周围的人

【话题分析】

家庭、朋友以及在周围环境中所遇到的人都有可能为我们平淡的生活增添色彩。“朋友与周围的人”这个话题对于初中生来说，既贴近生活实际，又符合学生的年龄特点。

【命题角度】

关于该话题，有如下几个命题角度：

介绍自己的好朋友（笔友、新认识的朋友等）的兴趣爱好；

向同学介绍自己的家庭和家人；

介绍一位令你印象深刻的人等。

【话题素材】

（一）常用话题词汇和短语

friendly 友好的

warm-hearted 热心的

good-tempered 脾气好的

clever/wise/bright/smart/intelligent 聪明的

considerate 体贴的

communicate with sb. 与……交流

be ready to help others 乐于助人

have sth. in common 有共同之处

get on/along well with 与……相处融洽

be in harmony with 与……和谐相处

（二）常用句型

Just as the saying goes, “One tree does not make a forest”, our success is based on cooperating with others.

正如谚语所言：“独木不成林”，我们的成功是要建立在与他人合作的基础上的。

We should be kind to each other, which is important to enjoy a happy life.
我们应当彼此友善,这对享受快乐生活是很重要的。
As far as I am concerned, to build a good relationship, we should trust each other first.
就我个人而言,要建立良好的关系,我们首先应当互相信任。
With friendship, life is happy and harmonious. Without friendship, life is sad and unfortunate.
拥有友谊,生活就会快乐又和谐;没有友谊,生活将会悲伤与不幸。
As we all know, making friends can help us build good interpersonal relationships as well as a harmonious society.
众所周知,交友有助于我们建立良好的人际关系,构建和谐社会。

【典例剖析】

Step 1:写作任务

假如你是Mike,想把你在中国新交的朋友Daming介绍给你的笔友Peter认识,请根据下面的要点完成文章。

所含要点:

1.今年15岁,在天津上学;

2.会弹钢琴,喜欢打篮球,擅长游泳;

3.喜欢狗(聪明、友好),不喜欢猫(懒惰、喜欢睡觉);

4.早上6:30起床,晚上10:00睡觉;

5.喜欢骑自行车上学。

要求:

1.信中必须包含所有提示内容;

2.词数:80～100词左右(开头已给出,但不计入总词数)。

Dear Peter,

How is everything going? Thank you for your letter. Now let me tell you something about my new friend Daming to you.

____

____

____

Looking forward to hearing from you!

Yours sincerely,

Mike

Step 2：设计构思

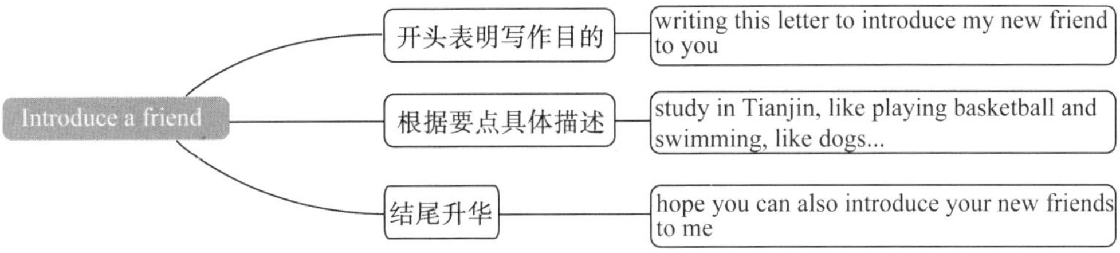

Step 3：内容组织

本写作任务要求根据汉语提示写出意思连贯、符合逻辑的英语短文。这种提示已经将所要叙述的事情列出，要求学生根据所给提示，展开合理的想象。使用正确的语法和句法将整篇文字用英语表达出来，难度不大。

作文要以第一人称来叙述且时态应当是一般现在时，文中可穿插使用并列句和复合句，提升文章档次。同时注意语句之间恰当地使用连接词，使整篇文章意思连贯，语句通顺。

Step 4：结构划分

本篇写作内容虽已经给出要点，但此类话题作文的写作仍可以按照以下三个方面进行构思：

提纲挈领，引出主题，向笔友介绍自己的新朋友；

根据要点对新朋友的特征进行详细说明；

结尾进行总结升华，同时希望笔友 Peter 也能将他的新朋友介绍给自己。

Step 5：语言支撑

be interested in 对……感兴趣	That's because... 这是因为……
be good at/ do well in 擅长……	The reason why... is that...
make me relaxed 使我放松	……的原因是……

Step 6：写作实践

Dear Peter,

How is everything going? Thank you for your letter. Now let me tell you something about my new friend Daming to you. Daming is fifteen years old and he comes from Tianjin, China. He is a student and he studies well in our class. He is interested in all kinds of sports such as basketball and swimming. He likes dogs and the reason why he likes them is that dogs are friendly and smart. However, he doesn't like cats because the cats like sleeping which means they are very lazy. He usually gets up at 6:30 in the morning and goes to bed at 10 in the evening. He is fond of riding a bike to school.

These are something about my new friend Daming. I hope you can also introduce your new friends to me.

Looking forward to hearing from you.

Yours sincerely,

Mike

完成作文自查表：

项目	自查结果
文章结构与内容要点	
人称、时态	
拼写错误	
语法错误	
好词好句	

注：如没有问题，请在项目后打√；如有问题，请在文中圈出并做修改。

Step 7：同伴互评

根据 Checklist 互评习作。

项目	互评结果
使用正确的人称、时态	☆☆☆☆☆
要点完整明白	☆☆☆☆☆
语言结构多样，行文连贯	☆☆☆☆☆
书写规范，词数符合要求	☆☆☆☆☆
书信格式规范、正确	☆☆☆☆☆

Step 8：教师点评

从单词使用的角度来说，这篇习作用到日常学习中所强调的一些重点短语，如 be interested in、such as 等，还用到了自己课外积累的短语，如 be fond of；同时还在写作中运用了原因状语从句和定语从句，更能体现学生的英语水平。从语言的结构和连贯性来看，这篇文章符合"介绍朋友和周围的人"这类话题的一般结构，可以按照上述的写作模式展开；同时文中还用到了连词，使得文章的连贯性得到了加强。

Step 9：佳作共赏

Dear Peter,

How is everything going? Thank you for your letter. Now let me tell you something about my new friend Daming to you. Daming is a fifteen-year-old boy and he studies in Tianjin. He has many hobbies, such as playing basketball and swimming. He can play the piano as well. He likes dogs because the dogs are smart and friendly, while he doesn't like cats for the reason that the cats like sleeping. He usually gets up at

6:30 am and goes to bed at 10 pm. His home is not far from our school, so he often rides to school.

These are something about my new friend Daming. I hope you can also introduce your new friends to me.

Looking forward to hearing from you.

Yours sincerely,
Mike

点评：由于该话题对学生英语语言水平和知识水平的要求较低，所以此类话题经常出现在中学低年级学生的写作练习中。例文中所出现的知识点和语法点均在初一、初二学生的语法知识水平的掌握范围内。文中用到了一些短语，如 as well、such as、far from 等；同时用到了原因状语从句。

话题三　日常活动

【话题分析】

日常活动(Daily routines)话题主要是介绍周末活动与感受，以及业余生活。该话题对应《义务教育英语课程标准(2022 年版)》中“人与社会”主题。包括三个子话题项目：家庭生活、学校生活和周末活动。

【命题角度】

分析近几年全国中考真题可以看出，关于“日常活动”的相关话题主要从以下两个角度进行考查：

介绍周末活动与感受，比如看书、帮忙做家务、和朋友一起运动等；

介绍自己的业余生活，包括每天活动时间、最喜爱的活动、今昔生活对比等。

这一类话题作文，多以记叙文为主，描述学生自己的生活。

【话题素材】

(一)常用话题词汇和短语

家庭活动：

clean the house 打扫房间	do the chores 做杂物
sweep the floor 扫地	watch TV 看电视
do the dishes 洗餐具	go shopping 购物

学校活动：

go to school 去上学	get good/bad grades 取得好/坏成绩
go to class 去上课	take part in 参加
have... lessons 上……课	help each other 互相帮助
take exams 考试	be strict with 对……很严格

周末活动：

hang out with friends 和朋友逛街	take after-school classes 参加课外辅导
go hiking 去徒步	go to the library 去图书馆
go to the movies/concert 去看电影/音乐会	play computer games 玩电脑游戏

（二）常用句型

Sometimes I hurry to school without having breakfast.
有时候，我急着去学校来不及吃早饭。
I usually get up at 6:00 in the morning.
我通常早上6点钟起床。
I don't go to bed until 10:00 at night.
直到晚上10点钟我才睡觉。
I find it not so difficult to learn English as before.
我发现学英语不像从前那么困难了。
We can gain a lot through reading.
通过阅读我们受益匪浅。
School rules are of great importance for us students.
学校规则对我们学生来说非常重要。
As we study too long in school every day and suffer from too much pressure.
我们每天在学校时间很长，也承受了太多压力。
Above all, working hard is important, but don't forget to do sports and keep healthy.
总而言之，努力工作很重要，但也不要忘记做运动来保持健康。

【典例剖析】

Step 1：写作任务

（2018·陕西）假如你是李华，上周日你独自在家照看你五岁的妹妹Nana，请根据表格内容，写一篇短文。

活动	上午	讲故事，唱歌……
	中午	煮面(cook noodles)，休息(have a rest)……
	下午	玩游戏，看动画片(watch cartoons)……
感受	……	

要求：

1. 参考表格内容，可适当发挥；
2. 语句通顺，意思连贯，书写工整；
3. 文章不得出现任何真实信息(姓名、校名和地名等)；
4. 词数：不少于 70 词(开头已给出，但不计入总词数)。

Last Sunday, my parents were not at home, so I looked after my 5-year-old sister Nana at home.________________________________

____

____

____

Step 2：设计构思

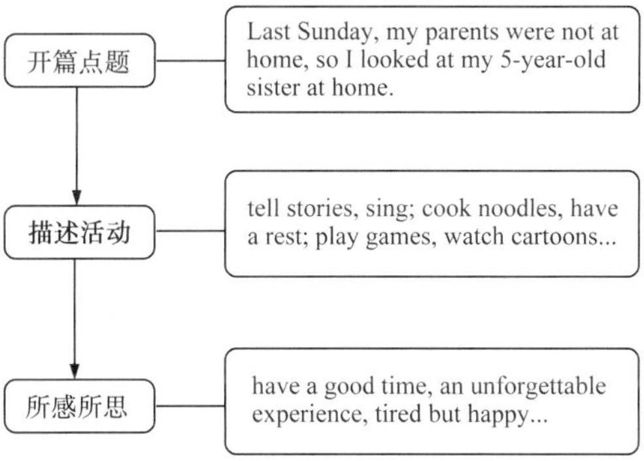

Step 3：结构划分

第一段：交代事情发生的时间、背景(在文章开头已经给出)；

第二段：描述自己和五岁的妹妹 Nana 在三个不同时间段做过的事情；

第三段：简单总结独自照看妹妹的感受。

Step 4：内容组织

此篇作文应以记叙文形式叙述周末做过的事情——照看妹妹，并谈一下自己的感受，用第一人称叙述事情发生的经过，时态主要使用一般过去时。

记叙文大致分为两大类：以记人为主的记叙文和以叙事为主的记叙文。前者主要是对人物经历、活动和性格特征进行描述，而后者则是对某一事件的发生、发展过程和最终结果进行叙述。记叙文的重点在于"描写"和"叙述"，所以一篇好的记叙文一定要脉络清晰，生动形象。

介绍日常活动的记叙文一般以叙述事件发生、经过、结果和感受为重点。在写作时要注意以下几点：

抓住记叙文的六要素，即“5W1H”：when、where、who、what、why、how。通常先交代清楚时间、地点和人物，然后进一步叙述事件的起因、经过和结果，最后总结个人所感所想，一般按照事情的发展及时间的先后顺序进行叙述。

以记叙为主，可适当发表议论或者抒情。

叙述的人称一般是第一人称，也可以是第三人称。

恰当的使用时态。

Step 5：语言支撑

in the morning/afternoon/evening 在早晨/下午/晚上
at night 晚上
on weekends 在周末
excited 兴奋的
tired 疲惫的
unbelievable 难以置信的
nervous 紧张的
enjoyable 愉快的
surprised 吃惊的
unforgettable 难忘的
bored 无聊的
happy 开心的
Through this activity, I learned much about...
通过这个活动，我学到很多关于……
I'll never forget this day that we spent together.
我永远不会忘记我们一起度过的那一天。
We had an unusual experience during...
我们有一次难忘的经历……
I was so excited that I couldn't fall asleep.
我如此的兴奋以至于难以入睡。
Although/Though we were very tired, we learned...
尽管我们非常累，但我们学到了……
It was my first time to...
这是我第一次……
... was interesting but scary.
……真是有趣又吓人。

It's a great way to spend...
那真是度过……的好方法。
All in all, it was an exciting day.
总之,那天真的很令人兴奋。

Step 6:写作实践

Last Sunday, my parents were not at home, so I looked after my 5-year-old sister Nana at home.

In the morning, Nana missed our parents, so she was really sad. I told stories and sang to her to make her laugh. Luckily, she laughed and sang songs to me. We were all happy. At noon, I cooked noodles for us. Then we had a rest. In the afternoon I felt a little terrible because my friends invited me to go to the cinema but I couldn't go. Nana said, "Let's play these games!" We also watched cartoons. In the evening, my parents came back, we were excited to see them.

I was really tired but happy. It was an unforgettable experience for me.

完成作文自查表:

项目	自查结果
文章结构与内容要点	
人称、时态	
拼写错误	
语法错误	
好词好句	

注:如没有问题,请在项目后打√;如有问题,请在文中圈出并做修改。

Step 7:同伴互评

根据 Checklist 互评习作。

项目	互评结果
使用正确的人称、时态	☆☆☆☆☆
要点完整明白	☆☆☆☆☆
语言结构多样,行文连贯	☆☆☆☆☆
书写规范,词数符合要求	☆☆☆☆☆
段落布局清晰、明了	☆☆☆☆☆

Step 8:教师点评

本篇习作语言流畅朴实,行文逻辑性较强。小作者能灵活运用不同句型,结合题目要求和表格中所给的提示，向我们讲述了独自一人带妹妹的一天里所发生的事情。作者使用 in the morning、at noon、in the evening 这三个表示时间的词，按照时间顺序，向我们详细讲述了一天中所做的事情。写作思路清晰，讲解条理清楚，语言生动活泼。最后用简单的话总结了一天的感受：累并快乐着。

Step 9：佳作共赏

Last Sunday, my parents were not at home, so I looked after my 5-year-old sister Nana at home.

In the morning, I told her many funny stories first. Then we sang and danced together. I also taught her to speak a few simple English words and she learned well. At noon, I cooked noodles with tomatoes and eggs. She said they were delicious. She enjoyed the lunch, and I was very glad. Then we had a rest. In the afternoon, we played games together. After that, we watched cartoons until my parents came back.

This was an unforgettable experience. I felt tired but happy.

点评：文章用简洁的语言描述了周末独自看妹妹的故事。除了把事情的来龙去脉说清楚，还增加了文章的细节，使文章增色不少。文章开门见山地说明了独自看5岁妹妹的原因，然后根据要点内容详细叙述了和妹妹在一起做的事情，最后表达了自己的想法和感受。正文内容按照时间进行叙述，逻辑清晰，让读者有身临其境之感。I cooked noodles... She said they were delicious... 有事件描写又有反馈，使文章生动形象。文章围绕主题展开，首尾呼应，段落布局详略得当，值得我们学习。

话题四　学校活动

【话题分析】

学校每个学期都会开展一些活动，因此“学校活动”是初中英语写作中的一类常考话题。对于这类话题，常以通知或者书信的形式来考查，所以学生除了要掌握基本的写作技巧之外，还要了解这些形式的写作模式。

【命题角度】

关于该话题，常有如下几个命题角度：

以学生会的名义向学生告知即将要举办的一项学校活动；

对某项参加过的有意义的活动（如义卖捐款、春游等），谈自己的体会与感受；

向他人介绍自己学校丰富多彩的活动等。

【话题素材】

(一)常用话题词汇和短语

take an active part in/join in... 积极参加……(活动)
organize an activity 组织一场活动
pay a visit to 参观……
help with... 帮助……
social service 社会服务
in one's spare time 在……的空闲时间里
spare no effort 不遗余力

(二)常用句型

Our class organized a day trip to...
我们班组织了一次去……的旅行。
Early in the morning, we gathered at the school gate and went there on foot.
早晨我们在学校门口集合,步行到达。
On arriving there, everybody immediately began to work.
每个人一到那就开始工作了。
We were tired but happy.
我们虽然累但很开心。
We are so proud of our great work and we decide that we will carry out this activity every year.
我们对我们所做的工作非常骄傲,因此我们决定每年都要进行一次这样的活动。
Though cleaning is a hard work, our hearts are filled with joy and we will remember this activity forever.
尽管打扫卫生是件困难的工作,但我们的内心充满着喜悦,我们会永远记住这次活动。
This job will provide me the chance to take part in social activities, which enables me to enrich my after-school life.
这个工作为我的课外生活提供了机会,丰富了我的课外生活。
This activity definitely enriches my after-school life and broadens my horizon as well.
这项活动丰富了我的课外生活,同时也拓宽了我的眼界。

【典例剖析】

Step 1:写作任务

假如你是李华,请根据以下要点用英语通知同学们参加一次敬老院的公益活动。要点如下：

1.星期天早上8:30在校门口集合，乘公共汽车前往；

2.到敬老院帮助老人们打扫卫生，整理房间；

3.唱歌，跳舞，讲故事，聊天，给老人们带去快乐；

4.向老人们赠送礼物；

5.你认为活动很有意义，希望……

要求：

1.词数：80～100词(开头已经给出，不计入总词数)；

2.应包含所提供的所有内容，可以适当发挥；

3.通知中不得出现真实的人名、地名及能够透露个人身份的信息。

Good morning, boys and girls!

We will pay a visit to the old people's home this Sunday. ______________________

____

____

Step 2:设计构思

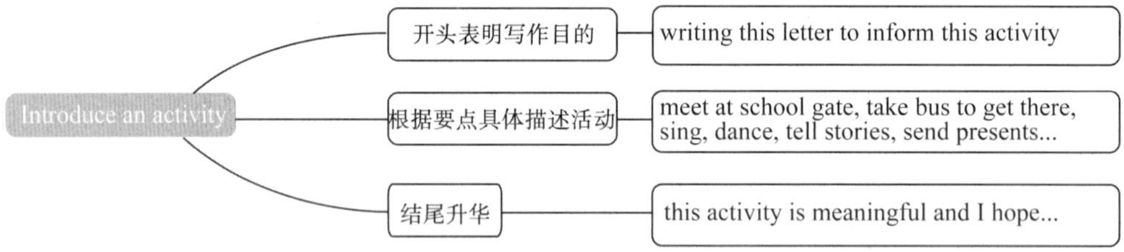

Step 3:内容组织

这是一篇以通知的形式来介绍即将举办的一次学校活动的话题作文。它要求根据汉语提示写出意思连贯、符合逻辑的英语短文，注意不要遗漏所给的提示内容。在写作的过程中要注意句与句、段与段之间的过渡，必要时要适当运用关联词使文章自然、流畅。

这篇作文要求写作人是李华，根据所提示的要点，通知同学们在本周日参与一次参观敬老院的公益活动。作文的时态要以第一人称来叙述且时态应当是将来时。文中可穿插使用并列句和复合句，提升文章档次。同时注意语句之间使用恰当的连接词，必要时可以增加相关细节，使整篇文章意思连贯，语句通顺。

Step 4:结构划分

本篇写作内容虽已经给出要点，但此类话题作文的写作仍可以按照以下三个方面进行构思：

提纲挈领，引出主题，对这项公益活动进行相关介绍；

根据要点简要说明通知中要强调的细节和将要进行的活动；

结尾进行总结升华，说明这次活动的意义以及你的希望。

Step 5:语言支撑

pay a visit to... 参观……	chat with sb. 与……聊天
do some cleaning 打扫卫生	care for sb. 照顾某人
tidy up the room 收拾房间	

Step 6:写作实践

Good morning, boys and girls!

We will pay a visit to the old people's home this Sunday. We will meet at the school gate at half past eight and the school bus will take us there. In the old people's home, we can help the old do some cleaning as well as tidy up their rooms. In addition, we can also sing, dance, tell stories and chat with them, which can bring happiness and pleasure to them. When we leave the old people's home, we will send special presents made by ourselves to the old.

In my opinion, this activity is full of significance. I hope that everyone should pay more attention to looking after the old people.

完成作文自查表:

项目	自查结果
文章结构与内容要点	
人称、时态	
拼写错误	
语法错误	
好词好句	

注:如没有问题,请在项目后打√;如有问题,请在文中圈出并做修改。

Step 7:同伴互评

根据 Checklist 互评习作。

项目	互评结果
使用正确的人称、时态	☆☆☆☆☆
要点完整明白	☆☆☆☆☆
语言结构多样,行文连贯	☆☆☆☆☆
书写规范,词数符合要求	☆☆☆☆☆
通知格式规范、正确	☆☆☆☆☆

Step 8:教师点评

从整体来看,这篇习作无论是从用词上还是从结构上都完成了相应的写作要求。从用词角度来看,学生在写作中用到了在日常学习中所强调的一些重点的短语,如 do some cleaning、tidy up、as well as、pay attention to 等，同时也用到了宾语从句。从语言的结构和连贯性上来说，这篇文章符合"学校活动"这类话题的写作思路，同时文中还用到了如 in addition 这样的关联词，使文章的连贯性得到了加强。

Step 9：佳作共赏

Good morning, boys and girls!

We will pay a visit to the old people's home this Sunday. Everyone must meet at the school at 8:30 on Sunday morning. We will go there by bus. In the old people's home, we will help the old do some cleaning and tidy up the rooms. After that, we will have many activities, such as singing, dancing, telling stories and chatting to cheer up the old people. Before we leave, we will give our presents to them.

Through the meaningful activity, we can learn to care for the old. I hope all of us can take an active part. I believe we will have a good Sunday.

点评：这是一篇关于学校活动的通知类的作文，范文为学生对该类文本的写作模式进行了很好的示范。对于初中生来说，中考作文的基本要求是能清楚地表达所有要点，无语病单词错误；若能使用较高层次的语言结构和词汇并进行适当发挥，则能为习作增添不少亮点。这篇范文运用不少亮点的短语与词汇，如 care for、take an active part 等，同时也有意识地运用到初中常见的几种从句，为文章增色不少。

话题五 情感与情绪

【话题分析】

该话题对应《义务教育英语课程标准（2022 年版）》中"人与自我"主题中的子主题内容：情绪与情感、情绪与行为的调节与管理。话题主要来源于学生日常生活中对某件事情的经历和感受，常见的情感类表达有爱、快乐、微笑、幸福、痛苦、压力和烦恼等。

【命题角度】

分析近几年全国中考真题可以看出，关于"情感与情绪"的相关话题主要从以下两个角度进行考查：

讲述故事或分享经历并谈谈感受；

述说情绪问题及给出建议。

这一类话题作文，多以记叙文为主，描述学生自己的生活。

【话题素材】

(一)常用话题词汇和短语

pleasure 开心	unhappy 不开心的
pride 骄傲	sad 悲伤的
cheer 激动	upset 沮丧的
praise 表扬	angry 生气的
laugh 大笑	nervous 紧张的
smile 微笑	bored 无聊的
relax 放松	afraid 害怕的
happy/glad 高兴	disappointed 失望的
excited/exciting 兴奋的	mad 抓狂的
proud 骄傲的	be proud of... 为……而骄傲
lucky 幸运的	cheer sb. up 使……高兴起来
trouble 困扰	worry about/be worried about... 担心……
stress 压力	be angry with sb. 生……的气
fear 害怕	be excited about... 因……而兴奋
pity 可惜	be sorry for... 因……感到抱歉
shame 羞愧	to one's surprise 令人吃惊的是
cry 大哭	be disappointed at... 对……感到失望
worry 担忧	be stressed out 压力很大
punish 惩罚	be serious about... 认真对待……

(二)常用句型

I feel sad/upset/worried/happy/excited/bored/angry...

我感到悲伤/沮丧/担忧/开心/兴奋/无聊/生气……

How nervous I was!

我多么紧张啊!

Both reading and sharing make me happy.

阅读和分享使我开心。

Life is a colorful picture which is full of different feelings.

生活就是一幅五彩斑斓的画,饱含着各种不同的感情。

Life is like a gift box which is full of surprise.

生活就像一个装满了惊喜的礼物盒。

When I failed an exam and felt stressed, you were the one to encourage me.

每当我考试失利压力很大的时候,你总是鼓励我。

Good friends make my life colorful.
好朋友让我的生活多姿多彩。
My father is proud of me when he heard my success.
当爸爸听到我成功的消息时，他为我感到骄傲。

【典例剖析】

Step 1：写作任务

在你的成长岁月中，一定有过欢笑，有过泪水，有过收获，有过感动……这些往事让你的生活更加充实又多彩。请你讲述一件令你最为开心的事情，描述事情的起因、经过，以及让你开心的原因，同大家分享你的独家回忆。

要求：1.故事必须原创；

2.语句通顺，意思连贯，书写工整；

3.文中不得出现任何真实信息(姓名、校名和地名等)；

4.词数：不少于 80 词。

A Happy Event

Step 2：设计构思

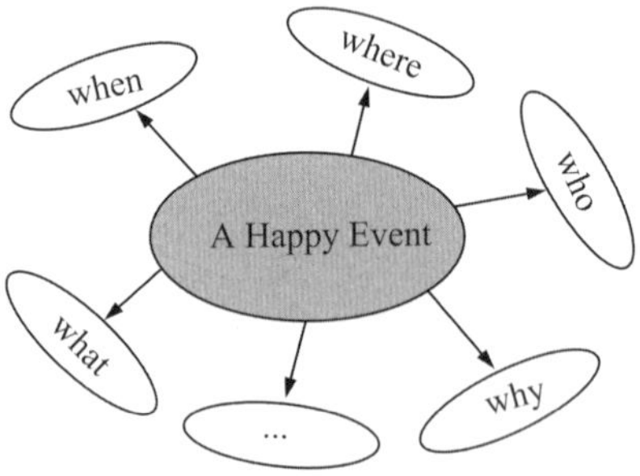

Step 3：结构划分

开篇点题，说明分享事情发生的时间、地点等；

详细讲述事情的起因、经过，可以适当发挥；

说明这件事情令我开心的具体原因或带给我的感受。

Step 4：内容组织

此篇作文应以记叙文形式叙述过去发生的一件令人开心的事情，并谈一下让自己开心的原因，用第一人称进行叙述，时态主要使用一般过去时。

以叙事为主的记叙文，一般以叙述事件发生、经过、结果和感受为重点。本篇文章的重点在于叙述清楚事情的起因和经过，并说明令人开心的原因。写作时要做到主题鲜明，内容清楚，并注意结构的完整性。

要注意使用正确的时态。叙述已经发生了的事情时，多用一般过去时；而描述原因时，既可用一般过去时，也可用一般现在时。

Step 5：语言支撑

thanks for 因……而感谢
make new friends 交朋友
look after/take care of 照看；照顾
keep in touch 保持联络
be friendly to 对……很友好
Mary is kind to everybody.
玛丽对每个人都很友好。
I am excited to know that I won the first prize in...
当我知道我获得了……一等奖时我很兴奋。
I feel proud of...
我对……感到无比骄傲
Listening to some soft music is helpful for you to be relaxed.
听轻音乐可以帮助你放松。
I'm glad to receive his gift for my birthday.
很高兴收到他送我的生日礼物。
I'm so thankful to you for your kind help that I'll work harder and try to do better in the future.
很感谢你的帮助，未来我将继续努力。
I'd like to show my thanks to you for your devotion to me these years.
对你近年来给我的扶持我想向你表示感谢。
A smile makes you ten years younger.
笑一笑，十年少。
Joy and sorrow are next-door neighbors.
痛并快乐着。
Laughter is the best medicine.
微笑是最好的药。
Worry kills more men than work.
忧虑比劳累更伤人。

Step 6：写作实践

A Happy Event

In my life, there are many events that make me happy. Among all of them, a special event is just like the brightest star in my memories.

Last summer vacation, my father drove my mother and I to Haizhou Bay. When we arrived there, I felt really excited so we can't wait to take off our shoes, pick up the shells, walk on the golden beach and listen to the sound of waves lapping on the shore. It's very pleasant! We picked up a lot of shells and we had so much fun. The colorful shells really dazzled me. Looking at the beautiful sea, I was so happy that I can hardly describe them in words.

This happy event not only gives me a valuable opportunity to relax myself with my family but also lets me be absorbed in the beautiful sights of the sea.

完成作文自查表：

项目	自查结果
文章结构与内容要点	
人称、时态	
拼写错误	
语法错误	
好词好句	

注：如没有问题，请在项目后打√；如有问题，请在文中圈出并做修改。

Step 7：同伴互评

根据 Checklist 互评习作。

项目	互评结果
使用正确的人称、时态	☆☆☆☆☆
要点完整明白	☆☆☆☆☆
语言结构多样，行文连贯	☆☆☆☆☆
书写规范，词数符合要求	☆☆☆☆☆
段落布局详略得当	☆☆☆☆☆

Step 8：教师点评

这是一篇命题作文，话题是“一件开心的事情”。这样的记叙文非常容易落入俗套，但是本文的作者讲述了一次暑假和父母一起外出度假的经历，准确切入且合理的呼应了题目。

作者的叙述详略得当，叙事有条理，语言精炼。文中诸如 The colorful shells really

dazzled me, I was so happy that I can hardly describe them in words 的句子颇有文采。并且作者注重过渡词句的使用,使得文章通顺连贯。文章首尾呼应,遣词造句也比较贴切,是一篇不错的习作。

Step 9:佳作共赏

A Happy Event

One Friday afternoon after school, I met two foreigners on my way home. They lost their way and couldn't find the hotel where they stayed.

After I learned their trouble, I decided to take them back there. On the way, we talked a lot about the great changes in the city and we also talked about the spare time of us students. They told me that students in their country can develop their own interests and take part in some social activities. I learned a lot from them.

Although it was very late when I got home, I was really happy. Because I not only helped the foreign friends out of trouble, but also realized how important to learn a foreign language well.

点评:叙事类作文想要拿到高分,除了要说清楚整件事情的来龙去脉,更为关键的是要说得生动有趣,让读者获得情感上的共鸣。这篇短文要点齐全,主题鲜明,内容清楚,并且合理安排了作文的结构层次。在叙述故事的同时,组织好了所构思内容表达的先后顺序。具体的细节描写,让人读起来有身临其境的感觉。

话题六　自我成长

【话题分析】

该话题对应《义务教育英语课程标准(2022 年版)》中"话题 6.自我成长类:我的改变(How I have changed)",包括以下子话题:习惯改变、态度改变和学习方式改变、外貌改变等。

自我成长类话题主要是描写自己在学校、家庭生活中在处事态度和方式、习惯养成、认知及价值观等方面的进步与改变。

【命题角度】

谈论自己在外貌、性格和爱好方面的变化;

就某一个方面谈论自己的改变。

【话题素材】

(一)常用话题词汇和短语

tall 高　short 矮
fat 胖　thin 瘦
medium height 中等身高
medium figure 中等身材
active 活跃的
shy 害羞的
outgoing 外向的
optimistic 乐观的
independent 独立的
creative 创造性的
go shopping 去购物
go hiking 去徒步
play basketball 打篮球
listen to music 听音乐
go to the movies 去看电影

(二)常用句型

I used to...
我常常……
I find it not so difficult to learn English as before.
我发现学英语不像以前那么难了。
We can gain a lot through...
通过……我可以学到很多。
How time flies! Four years has quickly passed.
时光飞逝！四年很快就过去了。
These changes have a great impact on me.
这些变化对我影响很大。
I am looking forward to having more changes in the future.
我期待着在未来有更多的改变。

【典例剖析】

Step 1:话题要求

每个人在成长过程中都会发生很大变化,请你从外表、性格、爱好三个方面描述一下自己的变化。

要求:

1. 可适当发挥,文中不得出现真实姓名和学校名称;
2. 语言通顺,意思连贯,条理清楚,书写规范;
3. 词数:80 词左右。

Step 2：设计导图

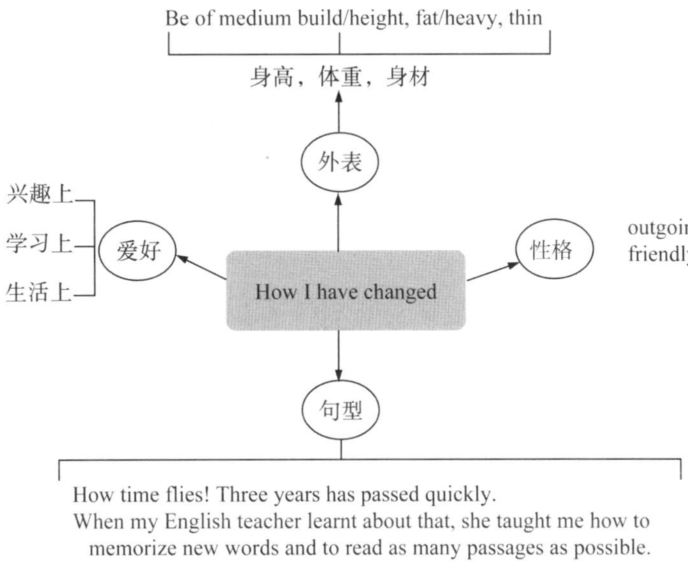

Step 3：内容组织

此篇作文应以记叙文形式叙述自我成长，重点在于叙述成长过程中的外貌、性格等方面的变化。写作时要做到主题鲜明，内容清楚，结构完整。

要注意正确的使用时态。叙述过去的外貌及性格时，用一般过去时；描述现在时，可用一般现在时或现在进行时；描述过去与现在的成长轨迹时，多用现在完成时。文中可穿插使用并列句和复合句，学生把所学的语言知识与自身情况联系在一起，合理构思。

Step 4：结构划分

此类话题作文可采用三段式写作：

提纲挈领，引出主题，表明自己的生活三年内发生了变化；

具体描述过去和现在的对比变化；

总结说明变化给自己带来的感觉。

Step 5：语言支撑

used to do 过去常常做某事

be like 像……

With the growth of ... 随着……的成长

On the one hand... on the other hand... 一方面……另一方面……

Step 6：写作实践

I have changed a lot in the past four years. I used to be short when I was young, but now I'm a tall, thin boy with a medium figure. I used to be quiet, but now I'm outgoing. I am active so I often take part in all kinds of activities. I used to hate gym class, but now it's my favorite class. So my hobby is not only playing basketball, but also running. These two sports can effectively exercise my muscles. I used to spend a lot of time playing games with my friends, but now I have to study all the time. I have obtained many certificates and published many articles. This is my biggest change, which makes my parents feel happy.

I really have changed a lot. I hope that I will achieve more goals.

完成作文自查表：

项目	自查结果
文章结构与内容要点	
人称、时态	
拼写错误	
语法错误	
好词好句	

注：如没有问题，请在项目后打√；如有问题，请在文中圈出并做修改。

Step 7：同伴互评

根据 Checklist 互评习作。

项目	互评结果
使用正确的人称、时态	☆☆☆☆☆
要点完整明白	☆☆☆☆☆
语言结构多样，行文连贯	☆☆☆☆☆
书写规范，词数符合要求	☆☆☆☆☆
书信格式规范、正确	☆☆☆☆☆

Step 8：教师点评

回顾成长中的转变就是不断完善自我和进步的过程，有关自我成长类的话题更贴合学生的实际生活。作为自己成长路上的见证人和参与者，作者感到无比骄傲。作者从体型、性格、爱好等方面描述自己的变化，但是句式有些单一。通过四年的成长对比，作者遇见了更优秀的自己，最后总结了变化，也寄予了期望。

Step 9：佳作共赏

In the past few years, my appearance, personality and even my hobbies have changed a lot.

I used to be short many years ago, but now I am very tall. I used to be so shy that I was even afraid of speaking in front of my classmates and teachers, but now I dare to make a speech in front of them in class. What's more, I used to listen to music alone and surf the Internet in my spare time. However, I learn to communicate with others face to face now, so now I get used to playing tennis and going shopping with my friends.

These changes have a great influence on me. I get more friends than before. We enjoy sharing things and knowledge we have had. That makes me learn a lot from them.

I am looking forward to having more changes in the future, and I hope that I will become better and better.

点评：文章第一段给出背景，使人一目了然，从外貌、性格、爱好三个方面介绍自己发生的变化；第二段分别对这三个方面进行解释，见证了自己的成长；最后一段总结这些变化给自己带来了极大的影响，与朋友互相分享，最后表达了自己对未来的期望，希望自己变得更好。结构明确，语言通顺，句式灵活多样，语篇连贯。通过自己成长的对比，更显出坚持的可贵。

话题七　节假日活动

【话题分析】

该话题对应《义务教育英语课程标准(2022年版)》中“人与社会”主题，包括两个子话题：节日与假日、庆祝活动。

【命题角度】

分析近几年全国中考真题可以看出，关于“节假日活动”的相关话题主要从以下两个角度进行考查：

介绍某个节日的起源、人们的庆祝方式、具体活动等；

叙述自己在节日当天所做的事情(准备工作或计划)。

【话题素材】

(一)常用话题词汇和短语

• 词汇

festival 节日	restaurant 餐馆
activity 活动	celebrate 庆祝
holiday 假期	gift/present 礼物
birthday 生日	respect 尊重
Christmas 圣诞节	send 派送
customer 顾客	century 世纪
visitor 游客	relax 放松
culture 文化	receive/accept 收到

• 短语

take part in 参加
pay the bill 付款
go shopping 购物
enjoy oneself (have a good time) 玩得开心;过得愉快
tell jokes 讲笑话
in memory of 纪念
take care of 照看;照顾
hang out 闲逛
get together 团聚
have fun doing 做……很开心
places of interest 名胜古迹
buy souvenir 买纪念品
leave for 动身去……
day off 休息日
set off fireworks/firecrackers 燃放烟花/爆竹
the Spring Festival Gala 春节晚会
visit relatives and friends 拜访亲友
take a trip 旅行
take photos 拍照
in the open air 在户外

• 拓展词

New Year's Day 元旦
the Spring Festival 春节
Mid-Autumn Day/Festival 中秋节
May Day 五一劳动节
Women's Day 妇女节
National Day 国庆节
Teachers' Day 教师节
Children's Day 儿童节
Mother's/Father's Day 母亲/父亲节
Christmas Eve/Day 圣诞节前夕/圣诞节
Thanksgiving Day 感恩节

(二)常用句型

Traveling can bring us a lot of joy.
旅行可以带给我们许多欢乐。
Though my travel seemed really short, it was an unforgettable experience!
尽管我的旅程看起来很短暂,但它却是一次难忘的经历!
The Spring Festival is the most important festival in China. It is usually celebrated in January or February.
春节是中国最重要的节日。通常在一月或二月庆祝春节。
The families get together and have a big dinner on New Year's Eve.
除夕夜家人团聚,共享丰盛的晚餐。
The Dragon Boat Festival falls on the fifth day of the fifth month according to the Chinese lunar calendar.
端午节是中国农历五月初五。
I want to show my thanks and best wishes to the people who helped me.
我想对帮助过我的人表示感谢和祝福。
It has a very long history and many beautiful views.
它有着悠久的历史,还有许多美丽的景色。

【典例剖析】

Step 1:写作任务

春节前夕,你邀请外国朋友 Paul 来家里做客,并向他介绍中国传统节日——春节的有关情况。请你根据以下提示和要求写一篇短文。

提示:

1.What's the history of the Spring Festival?

2.What activities are held on the festival?

3.What's your feeling about the festival?

要求:1. 文章不得出现任何真实信息(姓名、校名和地名等);

2. 语句通顺,意思连贯,书写工整;

3. 词数:80～100 词。

The Spring Festival

____

____

____

____

____

____

Step 2:设计构思

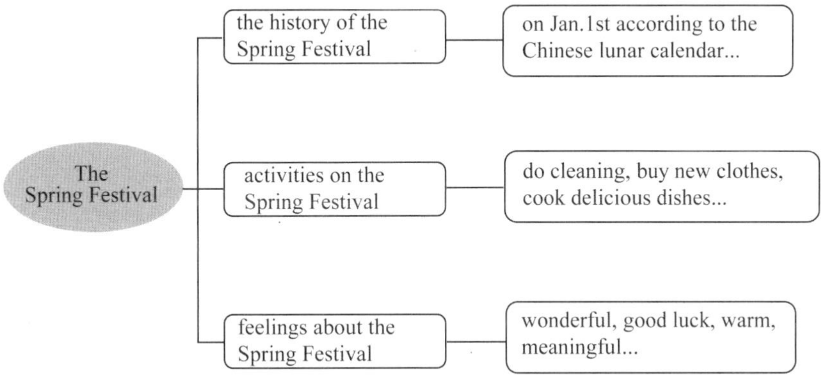

Step 3:结构划分

首先,介绍春节的历史;

其次,详细介绍春节当天人们会做什么;

最后,简单表达自己对春节这个节日的想法或感受。

Step 4:内容组织

此篇作文应以说明文形式讲述传统节日——春节,并谈一下自己的看法或感受。

说明文是一种以说明为主要表达方式的文章体裁,它通过对某事/物的解说,对客观事物作出说明或对抽象事理进行阐释，使读者对事物的性质、特征、结构、功能、成因或发展过程有完整、清晰的认识和了解。

一般来说，说明文可分为介绍事物和介绍流程两类。本文属于介绍事物类的说明文，此类说明文通过陈述事实、描写特性来给出信息，让读者较全面地了解某个事物。

用英语写好说明文，一要时态正确；二要条理清晰，内容连贯；三要语言朴素、明了。

说明文主要采用一般现在时，因为说明文多为对客观事物或事件的描述，所以并不需要过于复杂的时态。

写好说明文，关键在于是否能做到行文自然，措辞得体。说明的次序很重要，合理的次序会使文章脉络清晰。

行文的连贯性要求恰当使用过渡词，如 although/though、but、however、so、as soon as、generally、finally、at the same time、at last、when 等。过渡词把各个段落联系在一起，使整篇文章过渡自然，条理清晰。

使用比喻等修辞手法，借助常用的词组和固定短语进行说明，把复杂的内容用工整的句式统一起来，既丰富了表达，美化了语句，也使文章显得紧凑、简约。

Step 5：语言支撑

in the evening/at night 晚上
on New Year's Eve 除夕夜
excited 兴奋的　tired 疲惫的
unbelievable 难以置信的
enjoyable 愉快的
unforgettable 难忘的
warm 温馨的　meaningful 有意义的
lucky 幸运的　get together 团聚
decorate houses 装饰房子
go shopping 购物

buy gifts 买礼物
make dumplings 包饺子
get lucky money 拿压岁钱
do paper-cutting 剪纸
set off fireworks/firecrackers 燃放烟花/爆竹
watch the Spring Festival Gala 看春晚
sweep away bad luck 扫除霉运
visit our relatives and friends 拜访亲友

Everyone goes home to get together with their family, though some people are far away from home.
不论身在何处，人们都会回家与家人团聚。
I'd like to tell/introduce you something about the Spring Festival.
我将向你介绍有关春节的内容。
Thanks to the Spring Festival, it makes us get together and enjoy ourselves.
多亏了春节，它让我们团聚在一起，玩得很开心。

Step 6：写作实践

The Spring Festival

The Spring Festival is the most important festival in Chinese history and it has the most special meaning in every Chinese people's heart. The Spring Festival is usually held in January or February. According to the Chinese lunar calendar, it often comes on January 1st.

Chinese people always get together and enjoy themselves during this exciting festival. Before the Spring Festival, we usually do spring cleaning and buy new clothes to welcome the new year. During the festival, all the family members get together to cook and eat delicious dishes happily. Children would like to set off fireworks with excitement and get lucky money from their old relatives. Relatives usually chat with each other gladly. We often stay up late over 0 o'clock together that day.

In my opinion, the Spring Festival is wonderful and fantastic. It means our national tradition and brings warmth and good luck to everyone.

完成作文自查表：

项目	自查结果
文章结构与内容要点	
人称、时态	
拼写错误	
语法错误	
好词好句	

注：如没有问题，请在项目后打√；如有问题，请在文中圈出并做修改。

Step 7：同伴互评

根据 Checklist 互评习作。

项目	互评结果
使用正确的人称、时态	☆☆☆☆☆
要点完整明白	☆☆☆☆☆
语言结构多样，行文连贯	☆☆☆☆☆
书写规范，词数符合要求	☆☆☆☆☆

Step 8：教师点评

从题目要求和标题可以看出，本文属于说明文体裁，写作目的是向外国友人 Paul 介绍中国传统节日"春节"。本文的小作者非常准确地把握住了这类文体的写作结构：首先，对"春节"这一节日进行了简单介绍，如具体的日期和对中国人的重要性；其次，列举了春节时各家各户经常做的事情，如大扫除、买新衣、家人团聚、放鞭炮、发红包等；最后，简单表达了春节在作者心里的感觉。

从语言上看，文中出现的词汇和句式都是初中课文中出现过的，作者运用起来得心应手，这也足以看出作者对语言有较好的运用能力，这都离不开平时的积累。整篇文章读起来通畅连贯，逻辑关系清晰，令人印象深刻。当然，第一段中对春节日期的介绍能再简练一些会更好，最后一段的结束稍显仓促。

Step 9：佳作共赏

The Spring Festival

The Spring Festival is the most important festival for the Chinese people just like Christmas in the west. It is on January 1st according to the Chinese lunar calendar. It's to celebrate Chinese New Year.

On New Year's Eve, families get together and have a big dinner. Dumplings are the most traditional food. People like to set off fireworks and watch the Spring Festival Gala. Children like this festival very much because they can have delicious food and wear new clothes. They can also get some lucky money from their elders. People visit relatives and friends with the words "Happy New Year".

I love this festival very much, because we can have a long happy holiday and enjoy ourselves by playing games together.

点评：这篇文章给我们提供了一种写说明文的一般结构：点明主题——一般介绍—概括或升华结尾。这种结构可以使描述脉络清晰，表述自然流畅，不至于产生思路混乱的局面。本文首先对春节进行了简单介绍，其次描述了春节期间经常进行的活动，最后抒发了个人的感受。文章要点齐全，结构紧凑，语言连贯，文中不乏好词佳句，不失为一篇佳作。

话题八　购物

【话题分析】

购物是我们日常生活当中最普遍的事情。初中作文题目常常与学生的日常生活息息相关，因此购物以及和购物有关的习作在初中英语写作的命题中十分常见。

【命题角度】

关于该话题的出题角度比较多，以下几个命题角度是近年来和"购物"这一话题相关的：

网络购物和实体购物的比较；

购物(或者和购物相关行为)方式的变化；

购物过程的描写与叙述；

购物时的一些注意事项等。

【话题素材】

(一)常用话题词汇和短语

shopping mall 商店
shopping online 网上购物
make life convenient and comfortable 使得生活方便、舒适
a new way of shopping 新型购物方式

(二)常用句型

With the development of e-commerce, shopping online has become a new way of shopping.
随着电子商务的发展,网络购物成为一种新的购物方式。
In my opinion, shopping online has both advantages and disadvantages.
在我看来,网络购物既有优势也有不足。
Shopping online has become a fashion, especially among the youngster.
网络购物已经成为一种时尚,尤其是在年轻人当中。
Shopping on the Internet has become a commonplace in our life.
网络购物在日常生活中变得十分普遍。
Most of us are used to paying by scanning QR codes.
我们大多数人已经习惯了扫二维码支付。

【典例剖析】

Step 1:写作任务

假如你是李华,你的美国朋友 Tom 听说在中国通过扫二维码就可以轻松实现移动支付,感到不可思议。请你写封邮件告知移动支付在中国的相关情况。内容包括:

1.在中国最流行,为人们提供了便利;

2.快捷且强大的功能:如买早餐、买地铁票等;

3.改变了我们的生活……

注意:

1.词数:80~100 词(开头和结尾已经给出,不计入总词数);

2.应包含所提供的所有内容,可以适当发挥;

3.不得出现真实的人名、地名及能够透露个人身份的信息。

提示词:二维码 scan QR code　移动支付 mobile payment
　　　便捷的 convenient　功能 function

Dear Tom,

How are you? I'm glad to tell you something about mobile payment in China.

Looking forward to hearing from you!

Yours sincerely,

Li Hua

Step 2：设计构思

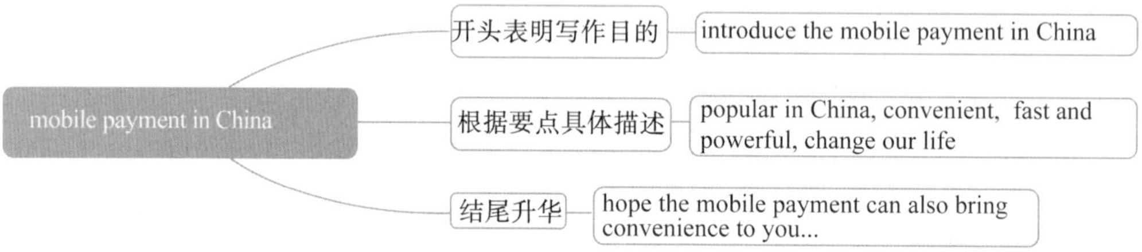

Step 3：内容组织

这篇作文要求根据要点及提示词进行写作，题目中的要点已经将作文中要叙述的大部分内容以中文的形式呈现，学生需要将上述内容用英语进行表述，展开合理的想象，增加相应的细节。

这篇作文要求写作人是李华，根据所提示的要点，向自己的美国朋友 Tom 介绍一种新型的支付方式——移动支付。作文要以第一人称来叙述，时态是一般现在时。同时，在写作过程中可穿插使用并列句和复合句，提升文章档次。要注意语句之间使用恰当的连接词，使整篇文章意思连贯，语句通顺。

Step 4：结构划分

本篇写作内容虽已经以要点的形式给出，但本篇作文的写作仍可以按照以下三个方面进行构思：

提纲挈领，引出主题，向自己的美国朋友介绍新型的移动支付；

根据要点，详细描述移动支付的优点；

结尾进行总结升华，描述移动支付如何改变了我们的生活，同时可以提出希望等。

Step 5：语言支撑

the most popular way 最流行的方式	underground tickets 地铁票
bring convenience to sb. 为……带来便利	change one's life 改变某人的生活
fast and powerful functions 快捷且强大的功能	

Step 6:写作实践

Dear Tom,

How are you? I'm glad to tell you something about mobile payment in China. It is the most popular way of payment in China and it provides convenience to us. Mobile payment has many fast and powerful functions. By scanning QR codes, you can easily finish the payment of your breakfast as well as underground tickets.

As far as I am concerned, mobile payment is a new way which changes our lives greatly. For example, when you go shopping or on business, you needn't take a wallet or bank cards any more. I hope that one day you can also take the advantage of the mobile payment.

Looking forward to hearing from you!

Yours sincerely,

Li Hua

完成作文自查表:

项目	自查结果
文章结构与内容要点	
说明事物的基本情况	
拼写错误	
语法错误	
使用过渡词	

注:如没有问题,请在项目后打√;如有问题,请在文中圈出并做修改。

Step 7:同伴互评

根据 Checklist 互评习作。

项目	互评结果
使用正确的人称、时态	☆☆☆☆☆
要点完整明白	☆☆☆☆☆
语言结构多样,行文连贯	☆☆☆☆☆
书写规范,词数符合要求	☆☆☆☆☆
书信格式规范、正确	☆☆☆☆☆

Step 8:教师点评

购物这一话题对初二的学生来说并不陌生,但是移动支付是一种新型的支付方式,对学生来说可能有些难度。这篇学生作文能够很好地依据作文要求,将提示的要点用符合语法的英语句子写出,同时将所学的词汇和语法的知识运用到作文中,实属难得。

Step 9:佳作共赏

Dear Tom,

How are you? I'm glad to tell you something about mobile payment in China. Mobile payment is very popular in China. It has made people's daily life more and more convenient. Most of us are used to paying by scanning QR codes.

By mobile payment, we can pay easily wherever we go. You can buy breakfast on the street and pay by scanning with your smart phone. In the subway station, you scan with your smart phone to purchase your ticket. This is a glimpse into the life of most Chinese—allowing us to bid farewell to the wallet and bank cards.

Mobile payment has greatly changed people's lives in China. It seems that China is really leading the way and is also sweeping other nations.

Looking forward to hearing from you!

Yours sincerely,

Li Hua

点评:这篇范文的结构非常清晰。文章采用了三段式的写作手法,开头段介绍移动支付给人们带来了许多便利;中间段依据要点详细叙述了移动支付给人们带来了哪些便利;结尾段则是进行总结升华,移动支付的出现使得中国在这一领域走在了世界前沿。三段内容层层递进。文章在遣词造句上运用了很多具有亮点的单词和短语,如 a glimpse into、bid farewell to 等,同时运用了宾语从句,更增加了文章的亮点。

话题九　研学,走进中国传统文化

【话题分析】

与本话题相关的子话题有:外国友人造访中国的研学经历、中国传统文化历史与习俗、中国传统文化的庆祝形式。

【命题角度】

关于"研学,走进中国传统文化"的相关话题主要从以下角度进行考查:

介绍中国传统文化;

分享中国传统文化的历史背景与渊源;

对外国朋友介绍中国传统文化的重要意义;

用英语介绍中国优秀传统文化、美德或者习俗;

中国传统文化的重要意义以及中西方文化的差异。

【话题素材】

(一)常用话题词汇和短语

firecracker 爆竹
cross-talk 相声
acrobatics 杂技
handicraft 手工艺(品)
calligraphy 书法
pavilion 亭;阁
compass 指南针
paper making 造纸术
reflect 反映;表达
reflection 反映
anniversary 周年纪念日
ceremony 典礼;仪式;礼节
custom 习惯;习俗;风俗
solar calendar 阳历
lunar calendar 农历

the Lantern Festival 元宵节
Tomb-Sweeping Day 清明节
the Dragon Boat Festival 端午节
the Mid-Autumn Festival 中秋节
Chinese knot 中国结
lantern riddle 灯谜
shadow play 皮影戏
paper cutting 剪纸
dragon boat race 赛龙舟
a celebration of... 对……的庆祝
a mark of... ……的标志;……的表示
in memory of/in honour of 为纪念……
drive away 赶走
pass down 传承
decorate... with... 用……装饰

(二)常用句型

My favorite festival is...
我最喜爱的节日是……
Now, let me tell you something about...
现在,让我告诉你关于……
The festival lasts...days.
这个节日持续……天。
There is a traditional/popular/delicious food on that day.
那天有传统的/受欢迎的/美味的食物。
It's time to...
到了该干……的时间了。
It's a tradition to...
做……是一种传统
As far as I am concerned/As far as I know...
据我所知……

【典例剖析】

Step 1：写作任务

假定你是李华，你的英国笔友 Brown 听说中国有一种戏剧叫皮影戏，感到好奇，所以发邮件向你询问。请你写封邮件告知有关皮影戏的情况。

提示：

1.表演方式；

2.文化价值和历史。

要求：

1. 词数：100 词左右；

2. 可以适当增加细节，以使行文连贯。

参考词汇：皮影戏 shadow play

Dear Brown,

How is everything? ____________________

____

____

____

Yours,

Li Hua

Step 2：设计构思

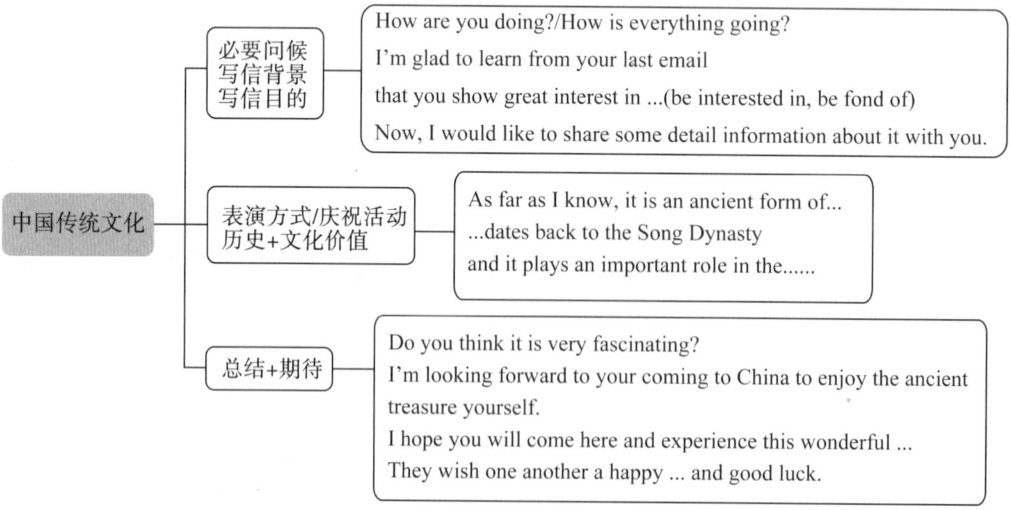

Step 3:结构划分

此类话题作文可采用三段式写作:

第一段,开篇点题,引出书信的目的和主题;

第二段,详述皮影戏的表演形式、历史文化价值;

第三段,总结,邀请或期待对方共同欣赏。

Step 4:内容组织

这篇作文是一篇应用文,写一封回信介绍中国的传统文化——皮影戏。写回信时要特别注意理解来信人的写信意图以及想要得到的内容,给予来信人详尽的介绍。作文内容包含多项传统活动以及专有名词,要注意积累并灵活运用。此外,需要适当使用连接词、过渡词或短语,以使文章结构明确,内容层次分明。结尾部分可以表达盛情邀请或者美好祝愿,让来信人感受中国传统文化的独特价值。

Step 5:语言支撑

I am sure you can acknowledge better about China.

我相信你能更好地了解中国。

I hope you will come here and experience this wonderful...

我希望你能来这里体验这美妙的……

Nothing is difficult if you put your heart into it.

世上无难事,只怕有心人。

They wish one another a happy year and good luck.

他们互相祝愿新年快乐,好运连连。

You will know more about Chinese traditional culture.

你会对中国传统文化有更多的了解。

Step 6:写作实践

Dear Brown,

How is everything going? I'm glad to learn from your last email that you show great interest in a Chinese drama form—shadow play. Now I would like to share some detail information about it with you.

As far as I know, it is an ancient form of storytelling and entertainment, in which the players hold the human figures made of animal skins or hard paper boards with colored paintings. The figures are reflected on the curtain through the light, singing and dancing controlled by the players with the silk string. Shadow play with written records dates back to the Song Dynasty and it plays an important role in the invention of the modern movie and the development of the movies and cartoons.

Do you think it is very fascinating? I'm looking forward to your coming to China to enjoy the ancient treasure yourself.

Yours,

Li Hua

完成作文自查表：

项目	自查结果
文章结构与内容要点	
人称、时态	
拼写错误	
语法错误	
好词好句	

注：如没有问题，请在项目后打√；如有问题，请在文中圈出并做修改。

Step 7：同伴互评

根据 Checklist 互评习作。

项目	互评结果
使用正确的人称、时态	☆☆☆☆☆
要点完整明白	☆☆☆☆☆
语言结构多样，行文连贯	☆☆☆☆☆
书写规范，词数符合要求	☆☆☆☆☆
书信格式规范、正确	☆☆☆☆☆

Step 8：教师点评

本篇作文要点齐全，层次清晰，是一篇优秀的文章。文章中的亮点包括：

使用了比较多的高级表达方式，如宾语从句、“介词＋关系代词”引导的定语从句、非谓语动词短语作状语等，使文章语言出彩；

使用了比较多的高级词汇，如 show great interest in、date back to、play an important role in、look forward to 等，显示出文章作者扎实的英语表达功底。

Step 9：佳作共赏

Dear Brown,

How are you? I'm really glad that you are interested in traditional Chinese shadow play. I'd like to introduce the shadow play to you.

Shadow play is one of the oldest operas in China. It was rooted in ancient Chang'an over 2,000 years ago and prevailed in the Tang and Song dynasties. It was a popular folk drama in ancient China and also the ancestor of films in the world. At that time, it brought people pleasure as modern movies and TVs do. Actors sing with the music, and control shadow tools at the same time. The contents of those plays are more about traditional historical dramas and fable stories. Shadow play is the treasure among the world's cultures and arts.

Do you think it is very fascinating? I hope you will come here and experience this wonderful treasure.

Yours,

Li Hua

点评：要写好文章，需要注意文章的结构以及句子的表达。本篇文章结构清晰，重点突出；内容完整，详细介绍了皮影戏的表演形式、历史以及文化价值。此外，文章还扩充了其他要点，使内容更加充实。

话题十　饮食文化与健康

【话题分析】

与本话题相关的子话题有：中西方饮食习俗、中西方餐桌礼仪、健康饮食、食品安全问题、新型餐饮形式外卖订餐、食物浪费及光盘行动。

【命题角度】

关于“饮食文化与健康”的相关话题主要从以下角度进行考查：

中西方国家日常饮食习俗以及重大节日传统饮食习俗；

中西方国家餐桌礼仪及用餐习俗；

如何养成健康合理的饮食习惯从而保持健康；

结合当今的一些社会现象讨论食品安全问题；

讨论新型餐饮形式如外卖点餐的利弊；

拒绝浪费食物，倡导光盘行动。

【话题素材】

(一)常用话题词汇和短语

chopsticks 筷子
spoon 勺子
knife 刀子
fork 叉子
order 点餐
snack 小吃
dumplings 饺子
hamburger 汉堡包
sandwiches 三明治
hot dog 热狗
French fries 炸薯条
biscuit 饼干
ice-cream 冰激凌
beef 牛肉
pork 猪肉
chicken 鸡肉
polite 礼貌的
salad 沙拉
candy 糖果
drink 饮料
soup 汤
wine 红酒
cola 可乐
juice 果汁
picnic 野餐
menu 菜单
restaurant 餐馆
waste 浪费
delicious 美味的
stomach 胃
illness 疾病
weight 重量
take-away food 外卖食物
online order 网上点餐
clean plate campaign 光盘行动
have a balanced diet 均衡饮食
eat properly/healthily 合理/健康饮食
be good for 对……有好处
in my opinion 在我看来
eating habit 饮食习惯
healthy food 健康的食物
keep healthy 保持健康

(二)常用句型

You'd better not eat too much fast food and junk food, which is bad for your health.
你最好不要吃太多快餐和垃圾食品,这对你的健康有害。
Healthy food and exercise help me to study better.
健康的食物和锻炼帮助我更好地学习。
Eating more vegetables and less meat keep us in good health.
多吃蔬菜少吃肉使我们身体健康。
An apple a day keeps the doctor away.
一日一苹果,疾病远离我。

We should build healthy eating habits.
我们应该养成健康的饮食习惯。
You are expected to get to your friend's house on time.
你要准时到朋友家。
Never speak with your mouth full.
嘴里塞满东西时不要说话。
Don't leave the table when you finish eating.
吃完饭后不要离开桌子。
You are supposed to wait until the host invites you to eat.
你应该等到主人邀请你吃饭。
It's rude to point at other people with your chopsticks.
用筷子指着别人是不礼貌的。
People all over the world like to eat in the fast food restaurants.
全世界的人都喜欢在快餐店吃饭。
We shouldn't order the food more than we can eat while dining out.
外出就餐时,我们不应该点太多的食物。
We usually eat dumplings on the evening before the Spring Festival.
我们通常在春节前的晚上吃饺子。
For lunch we usually eat hamburgers or rice with vegetables.
午餐我们通常吃汉堡或米饭配蔬菜。
We should form the habit of saving from now on.
我们应该从现在开始养成节约的习惯。
It's our duty to save resources.
节约资源是我们的责任。
Everyone should eat up our food and say no to wasting.
每个人都应该吃完我们的食物,拒绝浪费。
Let's start with ourselves and make a better world for all the people.
让我们从自己做起,为所有人创造一个更美好的世界。

【典例剖析】

Step 1:写作任务

假如你是李华,你所在的学校发起了"健康饮食,杜绝浪费"的活动,请你写一份倡议书,号召全校学生积极参与该活动,并做到以下几点:

倡导光盘行动,杜绝浪费;

健康、合理地饮食,如多吃水果、蔬菜,少吃快餐食品;

尽量在家里吃饭。

Step 2：设计构思

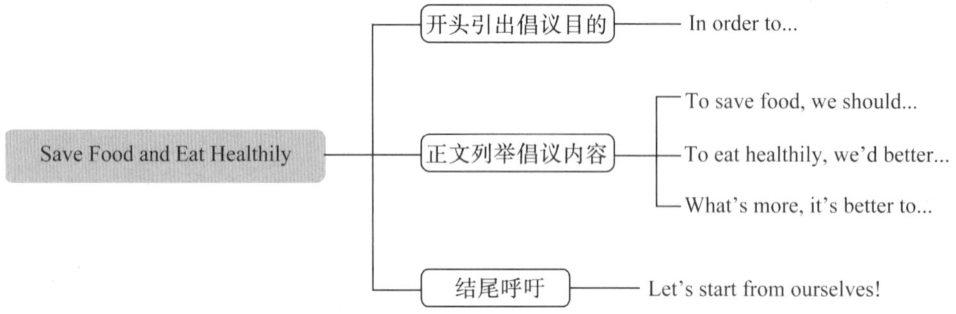

Step 3：结构划分

该倡议书正文部分可采用三段式写作：

第一段，开篇点题，引出倡议书的目的；

第二段，详细列举出倡议的具体内容；

第三段，结尾呼吁大家积极参与活动。

Step 4：内容组织

这是一封倡议书，属于应用文。倡议书通常由标题、称呼、正文、结尾、落款这五部分构成。倡议书正文要写明倡议书的背景、目的、具体内容和要求，结尾部分要呼吁大家积极参与活动或实践。时态通常使用一般将来时或者一般现在时。

倡议书的语言要具有吸引力和鼓动性。要简短有力，避免过多使用长难句。此外，要根据倡议的对象合理措辞。假如针对的是本班或者本校同学参加的活动，则应以轻松愉快的语气为主。如果是针对更大范围如全市或全国学生发起的倡议，则以正式、官方的措辞为主。

Step 5：语言支撑

The aim of this activity is to... 这个活动的目的是……
In order to... 为了……
We are supposed to... 我们应该……
It's suggested that... 有人建议……
You are asked to... 你被要求……
It's necessary to... 有必要……
We'd better... 我们最好……
Let's start/take actions from now on. 让我们从现在开始行动。
Why not... 为什么不……
Looking forward to your participation. 期待你的参与。
We hope that you can take part in. 我们希望你能参与进来。
We should start from the small things. 我们应该从小事做起。
It's high time that... 是做……的时候了。

Step 6：写作实践

Dear schoolmates,

There is an activity called "save food and eat healthily" in our school. As a member of our school, it's our duty to do something for it.

Firstly, remember that we shouldn't waste any food all the time. Especially when we dine out, we should order the right food that we can just finish. Secondly, eat healthily and properly. We should eat more fruit and vegetables instead of fast food. Finally, eat at home or at school if we have time. Don't eat in the restaurant too often because it's not healthy.

Let's work together at once. If everyone tries his best, we will live a better life.

Yours,

Li Hua

完成作文自查表：

项目	自查结果
文章结构与内容要点	
人称、时态	
拼写错误	
语法错误	
好词好句	

注：如没有问题，请在项目后打√；如有问题，请在文中圈出并做修改。

Step 7：同伴互评

根据 Checklist 互评习作。

项目	互评结果
使用正确的人称、时态	☆☆☆☆☆
要点完整明白	☆☆☆☆☆
语言结构多样，行文连贯	☆☆☆☆☆
书写规范，词数符合要求	☆☆☆☆☆
倡议书格式规范正确	☆☆☆☆☆

Step 8：教师点评

文章结构清晰，采用了三段式，第一段引入倡议的目的；第二段说明倡议的具体内容，运用了连接词，使行文连贯，层次分明；第三段结尾部分呼吁大家参与活动。语言较为简练易懂，号召力强。其中使用了亮点词汇和短语如 properly、instead of、especially 等。

Step 9:佳作共赏

Dear schoolmates,

Our school started an activity called "save food and eat healthily". In order to keep healthy and live a happy life, we should do something for it.

To save food, we should join the "clear your plate campaign". We students should do the same in our daily life. For example, we shouldn't order the food more than we can eat when we have a meal out. We shouldn't waste any food because many people in the world don't have enough to eat. To eat healthily, we'd better not eat any junk food. It's good for our health to eat more fresh vegetables and fruit. What's more, it is better to eat at school or at home when we have time.

Let's start from ourselves! We'll live a better life if we try our best.

Yours,

Li Hua

点评:这封倡议书格式正确,内容全面,包含了写作要求中的所有要点。首段开门见山,说明了倡议书的目的。倡议书对象是学校全体同学,因此文章语言较为正式,且简洁明了,增加了倡议的力度。主体部分列举了倡议的具体内容,恰当使用了连接词,如 To save food、To eat healthily、What's more 等,条理清晰。句型多样化,如使用了 if 引导的条件状语从句、because 引导的原因状语从句等,增加了文章的文采。

话题十一　文娱与电影

【话题分析】

与本话题相关的子话题有:谈论中西方电影、故事、歌曲、歌剧、话剧、戏剧、动画片、电视节目及相关角色人物。

【命题角度】

关于"文娱与电影"的相关话题主要从以下角度进行考查:

介绍你最喜爱的动画片、电影、电视节目;

介绍某部电影、动画片、电视节目中你最喜爱的角色及原因;

介绍你最喜欢的音乐类型或音乐家及原因;

根据图片、提示词等讲述故事;

结合故事文本和提示,续写故事。

【话题素材】

(一)常用话题词汇和短语

film/movie 电影
opera 歌剧
play 戏剧
TV show 电视节目
actor 男演员
actress 女演员
fan 影迷
cinema 电影院
theater 剧院
role 角色
director 导演
hero 主人公
cartoon 动画片
adventure 冒险
comedy 戏剧
boring 无聊
exciting 令人激动的
wonderful 精彩的
relaxing 令人放松的
moving 令人感动的
fantastic 很棒的
musician 音乐家
composer 作曲家
violin 小提琴
piano 钢琴
guitar 吉他
concert 音乐会
science-fiction show 科幻剧
action movie 动作电影
historic play 历史剧
romantic story 爱情故事
on show 上映
pop music 流行音乐
classical music 古典音乐
rock music 摇滚乐
country music 乡村音乐
dance music 舞曲
folk music 民间音乐

(二)常用句型

This is the most interesting movie that I have ever seen.
这是我看过的最有趣的电影。
My favourite movie is...
我最喜欢的电影是……
This is a movie about a boy called...
这是一部关于一个男孩的电影,名叫……
There are... characters in the movie.
电影中有……个角色。
... is humorous, clever and brave.
……幽默、聪明且勇敢。
It has won the hearts of young people all over the world.
它赢得了全世界年轻人的心。

People laugh together as...
人们一起笑……
I can learn a lot from...
我可以从……学到很多东西。
There will be a new movie on this week.
这星期将有一部新电影上映。
Cartoons always end in a happy way.
动画片总是以快乐的方式结束。
Do you like pop music or rock music?
你喜欢流行音乐还是摇滚乐?
I am a fan of rock music.
我是摇滚乐迷。
People from all over the world watch the match on TV.
来自世界各地的人们在电视上观看比赛。
I think the sound of rock music is very different.
我认为摇滚乐的声音非同寻常。
He wrote hundreds of wonderful pieces of music.
他创作了数百首美妙的乐曲。
He was a great musician, and many people still think his music is perfect.
他是一位伟大的音乐家,许多人仍然认为他的音乐是完美的。
He wrote and played for traditional dances.
他为传统舞蹈创作和演奏。

【典例剖析】

Step 1:写作任务

阅读下面对话,写一篇短文介绍对话内容。要求:语句通顺,意思连贯,内容全面;词数在 80 词左右。

对话原文(节选自外语教学与研究出版社 2013 年版《义务教育教科书英语八年级下册》):

Tony: Daming, we've finished our homework. It's time to watch a cartoon.

Daming: Good idea, Tony. Let's watch *Superman*!

Tony: We watched *Superman* yesterday. Why don't we watch *Spider-Man*? It's more modern.

Daming: I think Superman is better. He's stronger than Spider-Man. He can fly through the sky and fight bad people.

Tony: Spider-Man can't fly, but he climbs up buildings with his hands and feet. That's cool. I want to be someone like him.

Daming: Well, Superman is brave. He keeps fighting bad people. That's a real hero!

Tony: I don't think we agree.

Daming: All right. Let's watch *Tom and Jerry* then.

Tony: Yeah! I like humorous cartoons. Tom and Jerry are very funny. I can't help laughing when I watch them.

Daming: Yes, Jerry is too smart for Tom.

Tony: The cute mouse always beats the cat! They fight a lot, but they really love each other. Sometimes they protect each other and work together. I think there's lesson there!

Step 2:设计构思

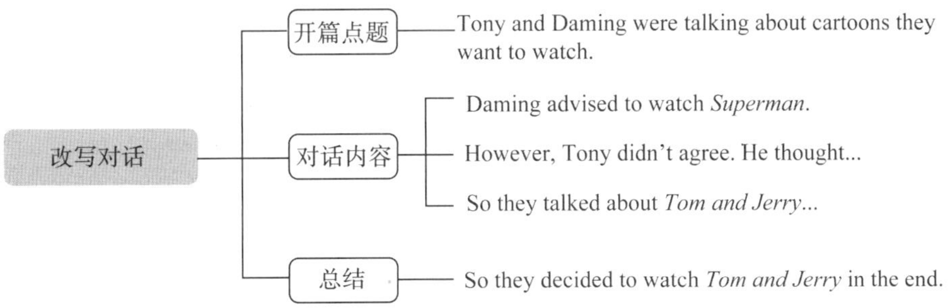

Step 3:结构划分

此类话题作文可采用三段式写作:

第一段,开篇点题,引出对话的主题;

第二段,详述具体的对话内容,明确不同人物的不同观点;

第三段,对话内容的总结。

Step 4:内容组织

根据提纲内容或思维导图将对话改写成短文,需要注意以下几个方面:

注意对话改写后人称和时态的变化。例如,本文中将第一人称改为第三人称,时态由一般现在时改为一般过去时。

梳理出人物关系及对应的事件,逻辑清晰,不要张冠李戴。

要抓住重点,适当进行总结概括,不必详述每一个要点,不要重复某个词或句子。

对句子进行压缩或者转换,如直接引语要转换为间接引语;原句中的复合句可转换为简单句;句子要连贯,注意连接词的使用。

改写要遵循对话原文内容,不要加入个人的观点。

Step 5:语言支撑

Tony and Daming were talking about... 托尼和大明正在谈论……

He asked why... 他问为什么……

Tony thought/believed that... because... 托尼认为……因为……
He said that he could... 他说能够……
They also learned a lesson from it. 他们也从中吸取了教训。
But he didn't agree. 但是他不同意。
They reached an agreement in the end. 他们最终达成共识。

Step 6:写作实践

One day, Daming and Tony wanted to watch a cartoon when they finished their homework. So they talked about it.

At first, Daming wanted to watch *Superman*, but they saw it yesterday. Then, Tony suggested watching *Spider-Man*. He thought Spider-Man was cool because he climbed up buildings with his hands and feet. But Daming didn't agree, he thought Superman was better. He is stronger than Spider-Man, he could fly through the sky and fight bad people. He thought Superman was brave and he was a real hero. They didn't agree with each other. Then Daming had a good idea, he suggested watching *Tom and Jerry* and Tony agreed, he thought *Tom and Jerry* was funny. He couldn't help laughing when he watched them. Besides, there is also a lesson there. Although they fight a lot, they love each other. Sometimes they protect each other and work together.

Finally, they decided to watch *Tom and Jerry* together.

完成作文自查表:

项目	自查结果
文章结构与内容要点	
人称、时态	
拼写错误	
语法错误	
好词好句	

注:如没有问题,请在项目后打√;如有问题,请在文中圈出并做修改。

Step 7:同伴互评

根据 Checklist 互评习作。

项目	互评结果
使用正确的人称、时态	☆☆☆☆☆
要点完整明白	☆☆☆☆☆
语言结构多样,行文连贯	☆☆☆☆☆
书写规范,词数符合要求	☆☆☆☆☆

续表

项目	互评结果
遵循原文内容，未掺杂个人观点	☆☆☆☆☆

Step 8：教师点评

对话改写时容易出现人称或时态混乱、内容重复、逻辑不清晰等问题。本文结构清晰，详略得当。首段导入主题；第二段先分别描述两人各自喜欢的电影及原因，再对共同喜欢的电影进行描述；结尾段进行总结，两人达成一致，选择观看共同喜欢的电影。文中使用 but 来表示转折，呈现两人不同观点的对立，使用 because 表述各自喜欢电影的原因。文章逻辑清晰，过渡自然。此外，还使用了 can't help doing、although 等亮点词汇和短语。

Step 9：佳作共赏

Tony and Daming were talking about cartoons after finishing their homework.

Daming suggested watching *Superman*. He thought that Superman was stronger than Spider-Man because he can fly through the sky and fight bad people. However, Tony didn't agree. He thought Spider-Man was cool because he could climb up buildings with his hands and feet. He wanted to be someone like Spider-Man.They didn't reach an agreement at first. So Daming advised to watch *Tom and Jerry*. It is a humorous cartoon and people can't help laughing when they watch them. Besides, people can also learn a lesson from it: Tom and Jerry fight a lot but they really love each other, sometimes they protect each other and work together.

In the end, they reached an agreement and decided to watch *Tom and Jerry*.

点评：写好对话改写类型的作文，要注意梳理对话人物及事件，逻辑清晰，层次分明。本文对对话内容进行了梳理整合，对话发生的时间、地点、人物、事件交代明确，内容完整；语言简练，以简单句为主；重点突出，对对话二人的观点进行了整合。此外，亮点词汇如 after、reach an agreement、besides 等的使用增加了文章的亮点。

话题十二　安全与救护

【话题分析】

“安全与救护”这一话题在近几年的英语习作中出现的频率增加，对于初中生来说，平时要注意安全与救护话题素材的积累。

【命题角度】

关于该话题，有如下几个命题角度：

交通安全、用电安全、校园安全；
灾害(地震、火灾等)自救；
杜绝欺凌。

【话题素材】

(一)常用话题词汇和短语

by oneself 独自一人
in great danger 处于巨大的危险之中
by accident 意外的
prevent... from... 阻止……的发生
call the police 报警
cause a fire 引发火灾
make emergency calls 拨打急救电话

(二)常用句型

Children mustn't swim alone; it's dangerous to...
孩子们不许单独游泳，……是危险的。
We should keep calm instead of being afraid.
我们应该保持冷静而不是害怕。
To stay away from the disease, you'd better...
为了远离这种疾病，你最好……
If the wound bleeding, you need to... immediately.
如果伤口流血，你需要马上……
You should get the medical help first, then...
你应该先得到医生的帮助，然后……
We should try our best to help... to get out of the trouble.
我们应该尽最大的努力帮助……摆脱困境。
I hope... in the accident will get better soon.
我希望这次事故中的……能早日康复。
We needn't be frightened when...
当……时，我们不必害怕。

【典例剖析】

Step 1：写作任务

在校园安全宣传月中，学校英文电台要做一期关于校园地震应急安全知识的节目，请你根据以下提示来为大家做普及。

内容提示：

1. 地震发生时，在室内要如何保护自己(提三点建议)；
2. 受伤后的处理办法。

要求：

1. 不要逐句翻译，可适当发挥；

2. 词数：80～100 词左右（文章的开头和结尾已给出，不计入总词数）；

3. 文中不得出现真实的人名、校名等相关信息。

An earthquake may happen anytime. That's why it is important to know how to keep safe in it. ______________________________

____

____

Of course, you are welcomed to consult us by sending emails to *safetycrew@126.com*.

Step 2：设计构思

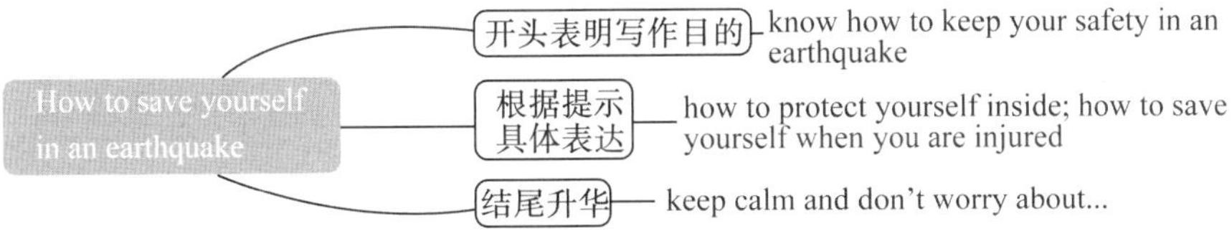

Step 3：内容组织

这篇写作的背景是学校的英文电台要做一期关于地震应急安全知识的普及，告诉大家地震发生时在室内应如何保护自己以及受伤后的处理办法。在构思文章时可以采用三段式的方法。第一段要先明确本次节目的目的；第二段则可以按照要求，提出室内如何保护自己的三点方法；在这一段中要注意使用相应的关联词以及序数词；第三段可以给出受伤后的处理办法，并呼吁大家要学会正确的方法来保护自己。

Step 4：结构划分

如上所述，本篇写作可以按照三段式的形式进行构思：

第一段，提纲挈领，引出主题，向大家介绍关于校园地震应急安全知识；

第二段，根据提示，写出地震发生时在室内要如何保护自己；

第三段，给出受伤后的处理办法，同时呼吁大家要学会正确的自救措施来保护自己。

Step 5：语言支撑

as we all know 正如我们所知道的

inside a house 待在室内

be injured in the earthquake 在地震中受伤

wait for the doctor's coming 等待医生的到来

pay attention to... 注意……

Step 6：写作实践

An earthquake may happen anytime. That's why it is important to know how to keep safe in it.

When you are inside a house, the following three pieces of advice are so important that you'd better remember them. First, you should hide under a table because it may protect you from the falling walls. Stay away from windows and heavy furniture. Second, you should also leave the buildings as quickly as possible when the ground stops shaking. Last but not least, you should keep calm, especially when you are with other people.

If you are injured in an earthquake, don't worry and you should wait for the doctor's coming. Remember, you mustn't move yourself because it may further injure you.

Of course, you are welcomed to consult us by sending emails to *safetycrew*@126.*com*.

完成作文自查表:

项目	自查结果
文章结构与内容要点	
人称、时态	
拼写错误	
语法错误	
好词好句	

注:如没有问题,请在项目后打√;如有问题,请在文中圈出并做修改。

Step 7:同伴互评

根据 Checklist 互评习作。

项目	互评结果
使用正确的人称、时态	☆☆☆☆☆
要点完整明白	☆☆☆☆☆
语言结构多样,行文连贯	☆☆☆☆☆
书写规范,词数符合要求	☆☆☆☆☆
书信格式规范、正确	☆☆☆☆☆

Step 8:教师点评

本篇习作条理分明,逻辑清晰。第二段在叙述室内如何保护自己的三条建议时,分别运用了 first、second、last but not least 这些连接词,使得段落的逻辑性大大提升;同时也运用了条件状语从句、时间状语从句等,提高了作文的整体水平。因此,这篇作文无论是从遣词造句还是逻辑结构上看,在相同层次的学生水平中都处于较高水平。

Step 9:佳作共赏

An earthquake may happen anytime. That's why it is important to know how to keep safe in it.

When earthquake happens, first you should keep calm which can not only make you judge the right place to hide yourself, but also save your life. Second, when earthquake stops, you should leave the dangerous place as soon as quickly. If you leave slowly, you can perhaps be trapped into the dangerous place. Lastly, keeping good order makes us leave rapidly, so we should avoid crowding together, which may make people have less opportunity to leave.

Unfortunately, if you are injured in the earthquake, you should pay attention to your safety and wait for the people to save you. Keep calm and don't worry about more.

Of course, you are welcomed to consult us by sending emails to *safetycrew@126.com*.

点评：这是一篇关于地震自救的普及作文，全文主题突出，层次分明。第一段，作者开门见山，直接点明主题；第二段具体分三点，给出发生地震时我们在室内应如何保护自己的建议；第三段交代受伤时应该如何做，最后总结文章，呼应主题。在行文中，作者也恰当运用了 first、second、last 等词，使得文章更有层次性，同时也运用了逻辑词使得文章更加连贯。

话题十三　人与自然

【话题分析】

人与自然要和谐相处而非对立，然而现实生活中，人与自然相互对立的现象频频发生，因此如何处理好人与自然的关系显得尤为重要。英语课程标准以及英语学科的核心素养要求培养学生的文化意识和批判性意识，因此“人与自然”这一话题在近年来的写作练习中成了常见话题。

【命题角度】

“自然”是个大的概念，“人与自然”的关系可以引申为人与自然界一切事物之间的关系。关于该话题，有如下几个命题角度：

简要说明如何处理人与自然的关系；

针对某种破坏自然的现象，谈谈你的观点和看法；

介绍我们应该如何保护自然等。

【话题素材】

(一)常用话题词汇和短语

take too much from nature 向自然索取太多
excessive pressure on nature 自然承受过度的压力
excessive population growth 人口的过度增长
a part of nature 自然的一部分
be in harmony with nature 与自然和谐相处

(二)常用句型

Man and nature are interactive force.
人与自然是相互作用的。
We should cherish nature and preserve it.
我们应当珍惜自然、保护自然。
Earth is our homeland and human society comes from nature.
地球是人类的家园,人类社会来源于自然。
In order to the long term development, the destruction of environment must be controlled.
为了长远的发展,破坏自然的行为必须要得到控制。
We all come from nature which is our homeland, so we must try our best to protect it.
我们都来自自然,自然界是我们的家园,所以我们必须尽最大的努力去保护它。

【典例剖析】

Step 1:写作任务

社会在发展,人类在进步,然而一些动物正濒临灭绝。请根据下面的提示写一篇80～100词左右的短文。

1.动物是人类的朋友,大自然的一部分,我们应当善待它们;
2.一些人乱砍(cut down)树木,为赚钱杀害稀有动物,致使一些动物处于濒危状态;
3.为了保持大自然平衡(balance),我们应该停止对动物的杀害;
4.保护动物是我们的责任,保护它们就是保护我们自己。

Step 2:设计构思

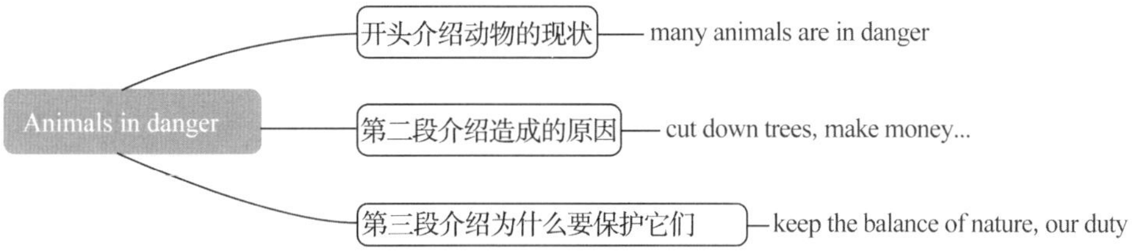

Step 3:内容组织

本篇习作要求根据要点提示写短文,题目是人与动物之间的关系。给出的四个要点介绍了动物濒临灭绝的原因以及我们为什么要保护动物,要求学生根据所给提示,展开合理的想象,运用一定的语言逻辑,使用正确的语法和句法,将整篇文字用英语表达出来,难度不大。文章要以第一人称来叙述且时态是一般现在时。文中可穿插使用并列句和复合句,提升文章档次。同时注意语句之间使用恰当的连接词,使整篇文章意思连贯,语句通顺。

Step 4:结构划分

按照上述对题目的分析,本篇写作可以按照"三段式"的结构,从以下三个方面进行构思:

第一段,简要说明现状,即随着社会的进步,一些动物正濒临灭绝;

第二段,根据要点提示,说明动物处于这种现状的原因;

第三段,根据要点提示,说明人们要保护动物的原因,同时对文章进行总结升华。

Step 5:语言支撑

with the development of society 随着社会的发展
make progress 取得进步
be kind to sb. 对……友好
cut down trees freely 随意砍树
keep the balance of... 保持……的平衡
It is one's duty that... 做……是某人的责任

Step 6:写作实践

With the development of society, human has made great progress. However, a large number of animals are disappearing.

Animals are not only our friends but also parts of nature, so we should be kind to them. Some people cut down trees so freely that forests are getting smaller and smaller. What's more, in order to make money, some other people kill rare animals so that some of them are in danger.

To keep the balance of nature, we should stop killing animals. As far as I am concerned, protecting animals is our duty because protecting them is the same as protecting ourselves.

完成作文自查表：

项目	自查结果
文章结构与内容要点	
人称、时态	
拼写错误	
语法错误	
好词好句	

注：如没有问题，请在项目后打√；如有问题，请在文中圈出并做修改。

Step 7：同伴互评

根据Checklist互评习作。

项目	互评结果
使用正确的人称、时态	☆☆☆☆☆
要点完整明白	☆☆☆☆☆
语言结构多样，行文连贯	☆☆☆☆☆
书写规范，词数符合要求	☆☆☆☆☆

Step 8：教师点评

首先，从遣词造句上来说，这篇习作能够用到在日常学习中所强调的一些重点的短语，如make progress、part of、in order to等，还用到了课外积累的短语，如as far as I am concerned；同时还运用了原因状语从句和with的复合结构，体现了学生的英语水平。从语言的结构和连贯性来说，作文整体思路清晰，逻辑明确；同时文中还用到了连词，使得文章的连贯性得到了加强。

Step 9：佳作共赏

With the development of the society, people are making progress. But some animals are in danger.

Animals are our friends and parts of nature, so we should be kind to them. Someone cuts down trees and even kills rare animals for money. These behaviors are so bad that lots of animals are in danger. In order to keep the balance of nature, we should stop killing animals. Protecting animals is our duty that we cannot refuse. Protecting them is the same as protecting ourselves.

I think animals can be safe with the effort of us. Let's protect as many animals as possible!

点评：这篇范文用词上没有多少高级词汇，但从整体上看，仍旧能够从平实的语言中体会出作文的水平。习作中用到的单词和短语都是平时课堂上反复强调但学生不常用到的词，同时长短句结合为文章添色不少。

话题十四　卫生与健康

【话题分析】

该话题对应《义务教育英语课程标准(2022 年版)》中“人与自我”主题下的子主题内容：身心健康、抗挫能力、珍爱生命的意识。

【命题角度】

分析近几年全国中考真题可以看出，关于“卫生与健康”的相关话题主要从以下三个角度考查：

对健康的看法或建议；

饮食与健康；

运动与健康。

【话题素材】

(一)常用话题词汇和短语

head 头　mouth 嘴　neck 脖子
tooth 牙齿　body 身体　finger 手指
eye 眼睛　ear 耳朵
hand 手　heart 心脏
arm 胳膊　foot 脚
knee 膝盖　stomach 胃
leg 腿　shoulder 肩膀
throat 喉咙　flu 流感
wound 伤口　hurt 受伤
headache 头疼　cough 咳嗽
sore-throat 嗓子疼

sick/ill 生病　check 检查
health/healthy 健康(的)
weak 虚弱的
ache/pain 疼痛　medicine 药物
tired 疲惫的　sneeze 打喷嚏
have a cold 感冒　have a fever 发烧
cough badly 咳嗽得厉害
see a dentist 看牙医
take one's temperature 量体温
be stressed out 压力很大

have a toothache/headache/stomachache/a sore throat 牙/头/胃/嗓子疼

（二）常用句型

What's wrong?/What's the matter?
怎么了？/哪里不舒服？
I hope you will get better soon.
希望你尽快好起来。
There is something wrong with his feet.
他的脚受伤了。
You should get up early and do exercise to keep healthy.
你应该早起锻炼来保持健康。
Take this medicine three times a day before meals.
这个药每天三次，饭前服用。
Reading books in the sun is bad for your eyes.
在强光下读书对眼睛不好。
Doing eye exercise is good for our eyes.
做眼保健操对眼睛有好处。
Don't be stressed out. Everything is going to be fine.
别太有压力了。一切都会好起来的。
You'd better not eat too much fast food and junk food. It's bad for your health.
你最好不要吃太多快餐和垃圾食品。这不利于你的健康。
Eating more vegetables and less meat keeps us in good health.
多吃蔬菜少吃肉让我们更健康。
Healthy food and enough exercise help me to study better.
健康的饮食和足够的锻炼帮助我更好地学习。

【典例剖析】

Step 1：写作任务

2020年初，一场突如其来的疫情，打乱了我们原本平静的生活。这是一场全世界、全人类的战役。守在家里的我们，早已迫不及待地想要出门走一走。但在这场战役的攻坚阶段，我们能做的就是时时刻刻注意防护、减少外出和聚集、出门戴好口罩、回家勤洗手等。

假如你是学生会主席，围绕“从小事做起，共同抗疫”这一主题，为校宣传栏写一封倡议书。内容包括：

1.疫情尚未结束，我们仍要做好个人防护；

2.抗疫的具体做法；

3.发出继续共同抗疫的倡议。

注意：1.文章不得出现任何真实信息（姓名、校名和地名等）；

2.可适当增加细节,以使行文连贯;

3.词数:80～100 词(开头和结尾已给出,不计入总词数)。

参考词汇:新型冠状病毒 novel coronavirus 口罩 mask

Dear schoolmates,

Over the past months, the novel coronavirus has made its way around China.

____

____

____

The Students' Union

January 1st, 2021

Step 2:设计构思

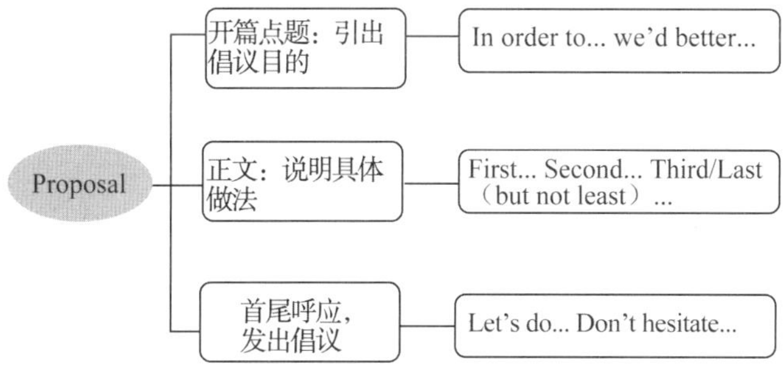

Step 3:结构划分

首先,引出倡议目的——疫情尚未过去,我们仍要做好个人防护;

其次,详细介绍如何做好防护措施;

最后,呼应开头倡议,呼吁人们按照上述做法,继续抗疫。

Step 4:内容组织

倡议书属于应用文的一种,由标题、称呼、正文、结尾、落款五部分组成。时态一般用将来时或一般现在时。题目常会给出标题、称呼、结尾、落款这四部分,考生只需要完成正文即可。

这类写作的正文包括倡议的目的、内容以及呼吁。倡议意在引起他人的响应,所以要求写作者必须清楚说明倡议的背景、原因、目的,让人们响应并自觉行动起来。倡议的内容可适当补充。

从写作内容上来看,一般倡议书应包括倡议的原因、目的、具体内容和要求等。倡议书的内容一般分为三部分:引出倡议目的,列举倡议内容,引出呼吁内容。

从写作手法上来看,倡议书的措辞要贴切,情感要真挚,语言要富有号召性,可用 should、have to、ought、may、can、had better 等表示建议的情态动词;篇幅不宜过长,开头要引起大家注意,结尾加上简洁有力的呼吁。

Step 5：语言支撑

thousands of 成千上万的
take measures 采取措施
in order to 目的是；为了……
go out 外出
work together 共同努力
try one's best 尽力
stay at home 待在家里
prevent... from... 避免……；阻止……
make sure 确保
had better... 最好……
in order to/for the purpose of 目的是
be supposed/required/expected to 应该
it is suggested/advised that... 建议……
It would be better if... 如果……会更好
in addition 另外
besides 除……以外
what's more/furthermore 此外；而且
moreover/additionally 此外；而且
It is time to do 是时候做……
in a word 总而言之
Wear masks when you go out.
外出要戴口罩。
It's important to wash hands frequently with soap.
经常用肥皂洗手很重要。
If you feel nervous and anxious, we can communicate with friends through telephone, Internet, WeChat and other means.
如果你感到紧张不安，我们可以通过电话、网络、微信等其他方式与朋友进行交流。
When you are free, you can read more books or listen to music.
有空的时候，你可以多读些书或者听听音乐。

Step 6：写作实践

Proposal

Dear schoolmates,

Over the past months, the COVID-19 has made its way around China. Although we tried our best to fight the epidemic, the novel coronavirus still spreads around the world. So we need to do something to protect ourselves.

Firstly, we should wear masks when we go out. Secondly, we should keep at least one meter away from people; it's a good way to prevent the novel coronavirus from spreading. Lastly, we can usually open the window to clean the air and wash our hands when we go back home.

The epidemic is still serious, so let's make an effort to fight the epidemic.

The Students' Union
January 1st, 2021

完成作文自查表：

项目	自查结果
文章结构与内容要点	
人称、时态	
拼写错误	
语法错误	
好词好句	

注：如没有问题，请在项目后打√；如有问题，请在文中圈出并做修改。

Step 7：同伴互评

根据 Checklist 互评习作。

项目	互评结果
使用正确的人称、时态	☆☆☆☆☆
要点完整明白	☆☆☆☆☆
语言结构多样，行文连贯	☆☆☆☆☆
书写规范，词数符合要求	☆☆☆☆☆
文体格式规范、正确	☆☆☆☆☆

Step 8：教师点评

本文小作者审题清晰，文章结构合理。首先陈述了当下的疫情形势，虽有遏制但仍不可放松警惕，而后又提供了确切可行的抗疫措施：非必要不出门、正确佩戴口罩、保持安全距离。结尾提出倡议，呼吁大家疫情尚未过去，依然要齐心协力做好防疫。

整篇文章主题明确、内容充实，使用的过渡词 Firstly、Secondly、Lastly 等证明了作者的逻辑思维较强，语言表达功底不错。作者在开篇分析形势，结尾处又通过 The epidemic is still serious 进行总结，与开头提出的观点相呼应。这样的写法既避免重复又强调了作者的论点，行文结构体现了首尾呼应，是一篇值得学习的习作。

Step 9：佳作共赏

Proposal

Dear schoolmates,

Over the past months, the COVID-19 has made its way around China. It has a strong impact on our life and study. In order to protect ourselves from this disease, all of us students had better do as follows.

First, we should stay at home and don't go out unless necessary. It is beneficial to avoid going to places where there are many people. Second, if you have to go out, remember to wear protective masks and develop a habit of washing hands as often as possible. Last but not least, we'd better drink more water and have a good rest at home.

If you feel bored, you can do sports at home which will make us stronger.

I strongly believe we can keep healthy if we follow the suggestions. We have confidence that we will win the fight soon.

The Students' Union

January 1st, 2021

点评:短文比较全面地反映了作者的语言组织能力、书面表达能力以及思维能力。文中注意了上下文的连贯性,有效使用了语句间的连接成分,使全文结构紧凑;同时文中也运用了高级词汇及语言结构增强了文章的可读性。如文中用 First... Second... Last but not least 等,使文章连贯;情态动词 should、have to、had better 的使用,使倡议有了力度。开头用 in order to 表明倡议目的,让读者一目了然。文中一些从句的使用,也展现了作者的语言功底。同时,文章也用到了一些重要的单词和短语,如 have a strong impact、make its way、beneficial、develop a habit of 等。最后两句写战胜疫情的信心和祝福,也顺势表达了个人的呼吁。本文语句通顺,行文连贯,符合写作要求。

话题十五　科学与技术

【话题分析】

该话题对应《义务教育英语教程标准(2022年版)》中"话题 11.科学与技术:人工智能(Technology and science:artificial intelligence)"。与本话题相关的子话题有五个:互联网、科技创新、创新人才、机器人、机器学习。

【命题角度】

关于该话题,有如下几个命题角度:

人工智能的利弊;

介绍人工智能;

人工智能对我们生活的影响。

【话题素材】

一、常用话题词汇和短语

negative 消极的	objective 客观的
positive 积极的	telecommunications 电信
subjective 主观的	advantages and disadvantages 利与弊

strength and weakness 优势与劣势
benefits 利益　convenience 便利
inconvenience 不方便
feel lonely 感到孤单
isolation 隔离　dependent 依赖的
double-edged sword 双刃剑
make progress (取得)进展,进步
development 发展　evolution 进化
blossom 花丛　change 改变
achievement 成就
high technology 高科技
advanced technology 先进技术
influence 影响　affect 影响
have an effect on sth. 对某事物有影响

(二)常用句型

It is good/great for ... to do... 做……是很好的。
It makes great progress. 它取得了巨大的进步。
... have/has achieved great development. ……取得了很大的发展。
... is/are used widely. ……被广泛使用。
Artificial Intelligence has the ability of self-study and can be a good helper in life.
人工智能具有自学能力,可以提供很好的帮助。
However, while making our life easier, it may bring us problems as well.
然而,在让我们的生活变得更轻松的同时,它也可能给我们带来问题。
The young generation are more willing to welcome the arrival of artificial intelligence.
年轻一代更愿意欢迎人工智能的到来。
It can speed up the pace of scientific discovery.
它可以加快科学发现的步伐。
The use of high technology will help many companies to realize their potential.
高科技的使用将帮助许多公司实现其潜力。

【典例剖析】

Step 1:写作任务

请以“Artificial Intelligence”为题,写一篇短文,内容如下:

1.人工智能被称为“世界三大尖端技术之一”;

2.人工智能自1956年以来,已经取得了很大进步,现在被广泛应用于各种领域;

3.我对人工智能很感兴趣,我的梦想是在大学里学习研究人工智能,现在则必须先学好数学和计算机;

4.有些人认为人工智能是危险的,未来可能会反抗人类;

5.我认为……

要求:

1.可适当发挥,文中不得出现真实姓名和学校名称;

2.语言通顺,意思连贯,条理清楚,书写规范;

3.词数:80 词左右。

Step 2:设计构思

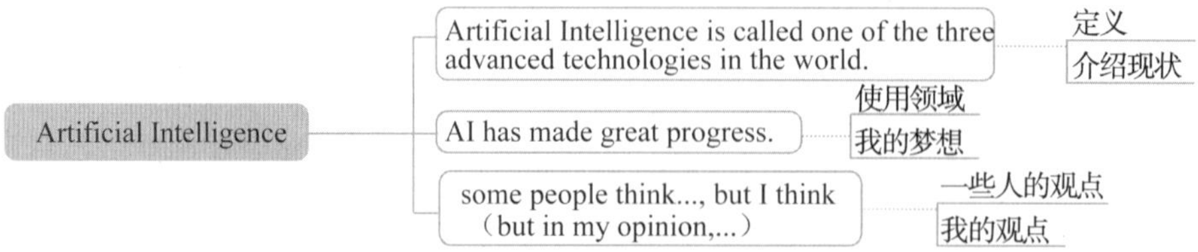

Step 3:内容组织

这是一篇以"Artificial Intelligence"为题的议论文,可知文本应用一般现在时,人称为第一、三人称,注意主谓一致。句子结构主要为系表结构和动宾结构,注意一些常见句式的应用。比如:Artificial Intelligence is called... Now it is widely used in... I have to learn... But I think... It can help us with... 等句式的应用,写作中注意运用代词,多种句式交替运用,叙述顺序符合逻辑关系。

Step 4:结构划分

此类作文可采用三段式写作:

提纲挈领,引出主题,说明人工智能的重要性以及发展过程;

介绍我对人工智能的认识和了解;

阐明自己的观点。

Step 5:语言支撑

make great progress 取得巨大进步
different kinds of 不同种类的
at present 现在　in the future 将来
Artificial Intelligence is called... 人工智能被叫作……
now it is widely used in... 现在被广泛应用于……
I have to learn... But I think... 我必须学习……但是我认为……
It can help us with... 它能帮助我们……

Step 6:写作实践

Artificial Intelligence is one of the top three technologies in the world. Since 1956, it has achieved great development and is used widely. I am interested in Artificial Intelligence. My dream is to study Artificial Intelligence, so I must learn the maths and computer science well. Some people think it is dangerous. It maybe rebel against people in the future. However, I think it is good for us. Some machines can help us do housework. It brings us many benefits. We will have a better life.

完成作文自查表：

项目	自查结果
文章结构与内容要点	
人称、时态	
拼写错误	
语法错误	
好词好句	

注：如没有问题，请在项目后打√；如有问题，请在文中圈出并做修改。

Step 7：同伴互评

根据 Checklist 互评习作。

项目	互评结果
使用正确的人称、时态	☆☆☆☆☆
要点完整明白	☆☆☆☆☆
语言结构多样，行文连贯	☆☆☆☆☆
书写规范，词数符合要求	☆☆☆☆☆

Step 8：教师点评

这是一篇命题作文，话题是“人工智能”。作者的文章语言精炼、语句通顺，运用转折词衔接，但有些句子表达过于简练，比如“现在被广泛应用于各种领域”，仅用 be used widely 来解释，含义有点模糊。作者的观点与前文形成对比，按照时间顺序叙述，体现了前后文的连贯，还表达了对未来的期望，值得称赞。

Step 9：佳作共赏

The Artificial Intelligence Around Us

With the development of society, Artificial Intelligence (AI) has appeared in front of us as a new technology. Nowadays, Artificial Intelligence is developing in such a rapid way. In a meantime, it brings a lot of convenience to us.

The Artificial Intelligence has become popular since 2010. At first, it does some research as high-tech. Most people didn't know anything about it. In the last few years, it became a well-known technology such as big data, Internet, robots and so on.

Some people always say "AI changes our life". That's a truth, especially for us. From eating to living, AI is serving us every minute of every day. If you compare the past time with today's life, you can find that one of the greatest changes is the emergence of AI in today's society. It didn't only change high-tech, but also change people's thoughts.

In the future, I believe that AI can do more things and think like a human. AI will get people's attention all the time.

点评：短文比较全面地反映了作者的语言组织能力、书面表达能力以及思维能力。文中按照时间顺序来叙述文章，如 Nowadays、since 2010、in the future，体现了层次感，也注意了上下文的连贯性；连接词、时态的切换使文章更加通顺，重点突出。

话题十六　通信类：聊天方式的改变

【话题分析】

该话题对应《义务教育英语课程标准(2022 年版)》中"话题 14.通信类：聊天方式的改变(Thc changc of communication)"，包括三个子话题：科技、互联网、社交。话题主要来源于日常生活、职场生活、家庭生活等，常见的通信软件有微信、QQ、微博等，通信方式有手机、平板、电脑等。

【命题角度】

关于"通信类：聊天方式的改变"的相关话题主要从以下角度进行考查：

介绍聊天方式改变的利弊；

对聊天方式改变的看法。

【话题素材】

(一)常用话题词汇和短语

public telephone 公用电话
mobile phone 手机　computer 电脑
benefits 利益　advantage 优势
disadvantage 劣势
convenience 便利　skill 技巧
interpersonal communication 人际沟通
the rapid development of science and technology 科学技术的飞速发展
build relationships 建立关系
keep in touch with each other 互相保持联系
strange 陌生的　distant 遥远的
boring 令人厌烦的
efficient 有能力的
face-to-face chat 面对面聊天
cheer sb. up 使某人振作起来
worry about/ be worried about 担心
to be a good listener 做一个好的倾听者
grasp the skills 掌握技巧
take advantages of/ make good use of 利用

(二)常用句型

... can easily contact ...
可以很容易地接触……
Some people lost interest in face-to-face talk.
有些人对面对面的谈话失去了兴趣。
Communication beyond distance can be achieved with the Internet.
可以通过互联网实现远距离通信。
It is easier for us to keep in touch with far-away friends and relatives.
对我们来说,与远方的朋友和亲戚保持联系更容易。
With time goes by, telephone becomes increasingly widely used.
随着时间的推移,电话的使用越来越广泛。
There are various ways of communication in the modern world, which brings great convenience to people.
现代社会的通信方式多种多样,给人们带来了极大的便利。

【典例剖析】

Step 1:写作任务

社会的不断进步和科技的快速发展带来了通讯和聊天方式的改变,请根据以下提示,写一篇短文。

1. 越来越多的人开始依赖手机和互联网进行聊天;
2. 手机和互联网聊天带来的积极影响和消极影响。

要求:

1. 可适当发挥细节,但文中不得出现真实姓名和学校名称;
2. 语言通顺,意思连贯,条理清楚,书写规范;
3. 词数:80 词左右。

Step 2:设计构思

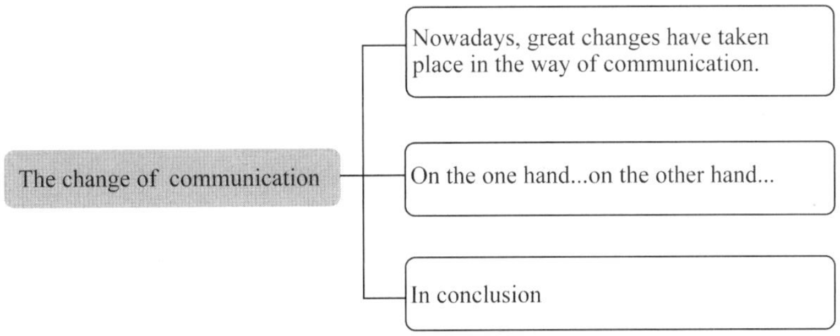

Step 3：内容组织

通过审题发现，该话题可以采用议论文形式，依据关键词如“聊天方式”“改变”等确定本文重点，然后描述相关变化出现的原因及影响。根据时间的推移来阐述不同时代所采用的聊天方式，最后呈现自己的论点，避免出现类似 I think 这样的阐述观点的短语。

Step 4：结构划分

此类话题作文可采用三段式写作：

第一段，现象陈述，由于互联网技术的发展和手机的普及，越来越多的人开始依赖它们进行交流；

第二段，展开讨论这种聊天方式的改变带来的积极影响和消极影响；

第三段，肯定积极影响，提出自己的观点和建议。

Step 5：语言支撑

Great changes have taken place in... ……发生了巨大的改变
With the development of... 随着……的发展
daily life 日常生活
face-to-face communication 面对面交流
scientific and technological advancement 科学技术的发展

Step 6：写作实践

As we all know, nowadays, communication plays a very important role in our daily life. With the development of the Internet and mobile phones, more and more people depend on these tools to communicate.

Many people communicate with others on the Internet, such as WeChat, QQ, etc. When you make a video phone call, you can not only hear the voice, but also see the people who you are talking about. But some people fail to grasp the skills needed in real-life interpersonal communications.

There are many ways of communication in modern society, which brings great convenience to people. We need to make good use of its advantages.

完成作文自查表：

项目	自查结果
文章结构与内容要点	
人称、时态	
拼写错误	
语法错误	
好词好句	

注：如没有问题，请在项目后打√；如有问题，请在文中圈出并做修改。

Step 7:同伴互评

根据 Checklist 互评习作。

项目	互评结果
使用正确的人称、时态	☆☆☆☆☆
要点完整明白	☆☆☆☆☆
语言结构多样,行文连贯	☆☆☆☆☆
书写规范,词数符合要求	☆☆☆☆☆

Step 8:教师点评

该话题是“聊天方式的改变”,主要描述通信方式的改变带来的影响。话题来源于生活,学生们对此感悟颇深,观点也多元化,可以按照作文的要求提示形成自己的思路,构建框架,填充观点。

作者采用“总—分—总”的结构进行叙述,首先描述背景信息,由于科技的进步引发了聊天方式的变化;其次叙述聊天方式的改变带来的积极影响和消极影响;最后总结全文,要充分利用其积极影响。

Step 9:佳作共赏

Nowadays, great changes have taken place in the way of communication. With the advancement of science and technology, the mobile phone has become an indispensable tool in our daily life. More people communicate through mobile phones.

On the one hand, online communication through the mobile phone and Internet provides us with convenience. For example, it is easier for us to keep in touch with far-away friends and relatives. With these changes, people's pace of life has been quickened and people's work has been made more efficient. On the other hand, it also has negative effects. People are so addicted to online communication that they ignore face-to-face communication.

In conclusion, though the change of communication has advantages and disadvantages, we need to use them properly combined with the face-to-face communication and online communication.

点评:第一段总领文章,凸显背景,聊天方式发生了变化,越来越多的人选择用手机交流。第二段主要从正反两方面来描述线上交流带来的影响,一方面带来了便利;另一方面线上交流使用过多就越来越忽视面对面交流的重要性。第三段总结全文,提出建议,虽然利弊都有,但只要合理使用就能发挥其积极的影响。分段描述,结构清晰,逻辑缜密,值得我们学习借鉴。

话题十七　环境问题

【话题分析】

该话题对应《义务教育英语课程标准（2022 年版）》中“话题 20. 环境问题（Environmental concerns）”，包括以下子话题：环境污染、提出环境治理建议、发起倡议、资源短缺的应对措施等。

环境类话题与日常生活息息相关，企业、社会及个人都应作出努力。

【命题角度】

关于“环境问题”的相关话题主要从以下角度进行考查：

如何改善和保护家乡环境；

对环境污染发表自己的看法和建议。

【话题素材】

（一）常用话题词汇和短语

energy 能量　forest 森林
species 物种　ecosystem 生态系统
harmony 协调　coexistence 共存
disaster 灾难　weather 天气
population 人口　wildlife 野生动物
sandstorm 暴风雪　flood 洪水
waste 垃圾　pollutant 污染物
non-renewable resources 非再生资源
arable land 耕地
conservation area 保护区
marine resources 海洋资源
emission reduction 减排
energy conservation 节能
zero emission 零排放
green coverage 绿化覆盖率
sustainable development 可持续发展
ecological protection 生态保护
greenhouse gas 温室气体
public transportation 公共交通
nature reserve 自然保护区
global warming 全球变暖
low-carbon economy 低碳经济
climate change 气候变化

（二）常用句型

Many rivers and lakes are seriously polluted.
许多河流和湖泊受到严重污染。
It's our duty/responsibility to protect the environment.
保护环境是我们的责任。

Rescue the Earth is to rescue future.
拯救地球就是拯救未来。
Efforts must be made to protect the environment.
必须采取行动来保护环境。
No one can live without air and water.
离开空气和水,我们无法生存。
But some people don't care about it.
但是有些人却毫不在意。
We need to work together to tackle climate change.
我们要共同努力来解决气候变化问题。

【典例剖析】

Step 1:写作任务

6 月 5 日是世界环境保护日，我们周围的环境变得越来越糟糕,污染越来越严重。环境问题影响着人们的工作、学习、生活等,而我们的工作、生活、生产等又使环境污染越来越严重。那么,如何保护我们家乡的环境?请根据要求写一篇短文。

要求:

1. 可适当发挥,文中不得出现真实姓名和学校名称;
2. 语言通顺,意思连贯,条理清楚,书写规范;
3. 词数:80 词左右。

Step 2:设计构思

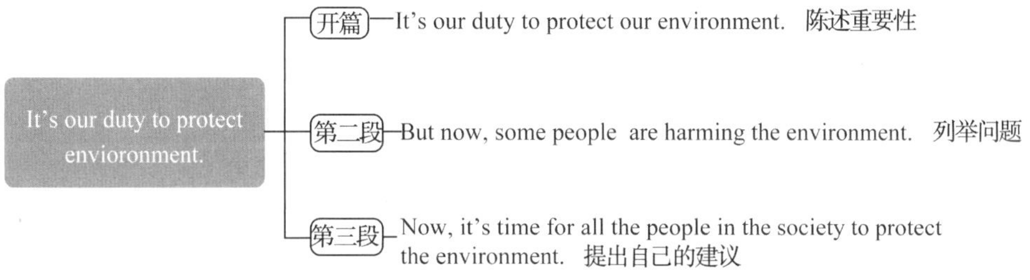

Step 3:内容组织

一般来说,关于环境问题的话题作文多为夹叙夹议,各类媒体都有不少对环境问题的报道,多听、多看这些报道,记录热点话题,既能积累写作材料,又能熟悉一些专有名词和固定搭配。

Step 4:结构划分

此类话题作文可采用三段式写作:

首先,突出问题和危害;

其次,分析问题产生的原因;

最后，阐述个人观点或者解决办法。

Step 5：语言支撑

world population explosion 世界人口爆炸
preserve natural resources 保护自然资源
water pollution and air pollution 水污染和空气污染
energy-saving society 节约型社会　climate change 气候变化
environment protection 环境保护　global shortage of water 全球水资源短缺
become warmer and warmer 变得越来越暖　ice melt 冰化
chemical factories 化学工厂　cut down 砍倒　low-carbon life 低碳生活

Step 6：写作实践

How to protect the environment has become one of the biggest problems in the world. At present, the environment is very bad, such as water pollution, air pollution and so on.

In recent years, the extreme weather becomes more and more frequent. Winter gets colder and summer becomes hotter and it rains more frequently. All of these warn us that protecting the environment is a serious and emergent event. Therefore, we must protect the environment. First, we can plant many trees and cut less trees. What's more, we must save water. Last but not least, we should take more buses and take less cars. In life, we can minimize the use of disposable chopsticks, save water and electricity. We can go out on foot, or riding a bike. We also need to develop new sources of energy and use solar, wind and other clean energy to advocate low-carbon life.

The most important is that we must realize that we can do a lot of things to protect our environment. It's our duty to make our home better. Let's change from ourselves.

完成作文自查表：

项目	自查结果
文章结构与内容要点	
人称、时态	
拼写错误	
语法错误	
好词好句	

注：如没有问题，请在项目后打√；如有问题，请在文中圈出并做修改。

Step 7:同伴互评

根据 Checklist 互评习作。

项目	互评结果
使用正确的人称、时态	☆☆☆☆☆
要点完整明白	☆☆☆☆☆
语言结构多样,行文连贯	☆☆☆☆☆
书写规范,词数符合要求	☆☆☆☆☆
书信格式规范、正确	☆☆☆☆☆

Step 8:教师点评

环境类话题的写作思路通常是先给出事实背景信息,然后分析造成这种现象的原因,随后给出自己的建议及解决措施(比如从国家、社会、企业及个人的角度),最后呼吁大家行动起来。

本篇作文第一段给出背景,保护环境是世界各国都在面临的重大问题,体现出环境污染的严重性,举例说明环境污染的类型;第二段由天气情况引出保护环境的重要性,提出几条建议;最后一段呼吁大家要意识到保护环境的重要性,这既是责任也是义务。语言清晰明了,层次分明,结构完整,可以学习借鉴。

Step 9:佳作共赏

There are still many problems of environmental protection in recent years. One of the most serious problems is the pollution of air, water and soil. The polluted air does great harm to people's health. The polluted water causes diseases and death. What's more, vegetation had been greatly reduced with the rapid growth of modern cities.

To protect the environment, governments of many countries have done a lot. Legislative steps have been introduced to control air pollution, protect the forest and sea resources and stop any environmental pollution. As our general people, we should build proper lifestyle. We should pay attention to water and light saving. When we go out, we should firstly choose the public transportation. Therefore, everyone plays an important role in the environmental protection today.

In my opinion, we must fully realize the importance of environmental protection through education. Much more efforts should be made to put the population planning policy into practice. We should know that destroying environment means destroying mankind themselves.

点评:文章从事实背景到提出解决措施再到呼吁大家行动,层次逻辑缜密,结构完整,语言灵活多样。第一段先介绍环境问题仍然突出,举例说明造成的影响;第二段从政府和个人的角度来提出解决方案;最后一段强调必须要付出行动。

话题十八　故事与诗歌

【话题分析】

与本话题相关的子话题项目有：故事、小说、诗歌、中西方故事与诗歌赏析、中西方著名作家及作品简介、童话与寓言故事。

【命题角度】

关于“故事与诗歌”的相关话题主要从以下角度进行考查：

中西方故事与诗歌故事梗概；

根据故事内容或提示续写故事；

根据思维导图、图片或者提示词编写故事。

【话题素材】

(一)常用话题词汇和短语

novel 小说
story 故事
poem 诗歌
essay 散文
article 文章
passage 篇章
paragraph 段落
work 作品
reader 读者
writer 作家
poet 诗人
author 作者
culture 文化
novelist 小说家
character 人物
hero 男主人公
heroine 女主人公
ancient 古老的
popular 流行的
castle 城堡
once 曾经
king 国王
prince 王子
princess 公主
queen 王后
ending 结局
happen 发生
describe 描述
lively 生动的，活泼的
magic 魔法
poor 穷的
rich 富有的
boring 无聊的
exciting 令人激动的
tell stories 讲故事
come out 出版
make up 编造
one day 有一天
short story 短篇小说
fairy tale 童话故事
science fiction 科幻小说
detective novel 侦探小说
once upon a time 从前
long long ago 很久以前

(二)常用句型

The story is about a girl called Alice.
这个故事是关于一个叫爱丽丝的女孩的。
Once upon a time/Long long ago, there was a little girl living in the forest.
很久以前,森林里住着一个小女孩。
One day, the little girl walked into the forest. On her way to her granny's house, she picked some flowers.
一天,小女孩走进了森林。在去奶奶家的路上,她摘了一些花。
What happened to her when she was walking on the road?
她走在路上时发生了什么事?
Then the rabbit took a watch out of its pocket.
然后兔子从口袋里拿出一块表。
While she was walking, a cat appeared.
她正走着,一只猫出现了。
She looked around and found nothing.
她环顾四周,什么也没发现。
Mark Twain is one of the most famous writers in the world.
马克·吐温是世界上最著名的作家之一。
The author wanted to tell us that we should never give up.
作者想告诉我们永远不要放弃。
The children became interested in the story.
孩子们对这个故事很感兴趣。
There was a big smile on her face.
她脸上露出灿烂的笑容。

【典例剖析】

Step 1:写作任务

(潍坊 2019 年中考英语试题)The sun was falling behind the hills. Andrea was driving back home to Brockboune. Then she saw an old lady, standing by the road, with a sign saying "Brockboune" in her hand.

Andrea stopped the car. When the old lady got in, Andrea could see that she was not that little. She was in a long dress and had a hat pulled down low over her eyes. She put her big brown shopping bag down onto the floor.

"Do you live in Brockboune?" asked Andrea. "No, dear," answered the old lady in a low voice. "I'm just going to visit a friend, but my car won't start, so I decided to hitchhike."

Something in the way the lady spoke made Andrea uneasy, Andrea secretly studied the half-covered face, the shapeless body, the arms with their thick black hairs... Thick black hairs? Andrea's blood froze. This wasn't a woman. It was a man!

Her heart was beating wildly and her mind raced. Then suddenly, an idea came up to her. She stopped the car in a sudden. "My God!" she shouted, "A child! Did you see the child? I think I hit her!""I didn't see anything," the "old lady" said. "I don't think you hit anything.""I'm sure it was a child!" shouted Andrea. "Could you just get out and have a look?" The "old lady" slowly opened the car door, leaving her bag inside. As soon as "she" was out of the car, Andrea drove away as soon as possible.

Several minutes later, Andrea thought about the "old lady's" bag and opened it carefully. There was only one thing in it—a shining knife.

请根据上文内容和下列问题提示进行续写,使之失构成一个完整的故事。

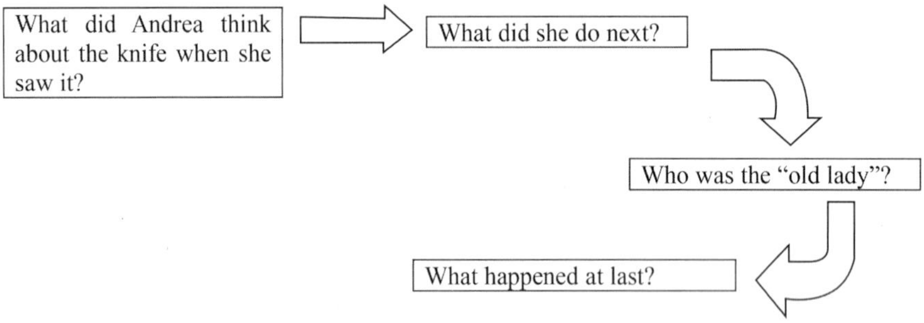

注意：

1. 续写故事的词数为 80 词左右；
2. 展开合理想象适当发挥,以使行文连贯；
3. 参考词汇:robber 强盗。

Step 2:设计构思

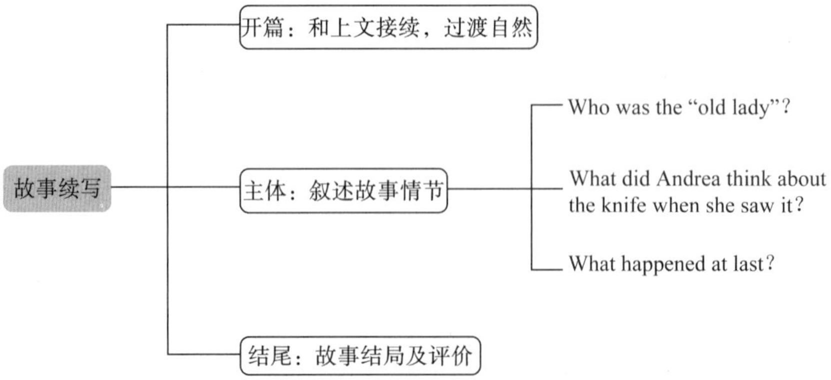

Step 3:结构划分

此类话题作文可采用三段式写作：

第一段，开篇，与上文故事衔接、过渡；

第二段，具体描述故事发生的经过和结果；

第三段，结尾发表自己的观点，叙述自己对这个故事的感受。

Step 4：内容组织

本文为故事续写，要结合上文的故事，对接下来可能发生的故事展开想象并以讲故事的方式进行描述。写作过程中要注意以下几点：

文章内容为记叙文，因此首先要明确记叙文六要素：时间、地点、人物、时间的起因、经过和结果，即 when、where、who、why、how、what。

确定人称、时态、记叙方式：英语记叙文的叙述方式以顺叙为主；记叙文主要叙述过去发生的事情，因此时态通常以一般过去时、过去进行时为主；人称要与前文故事人称保持一致，通常用第一人称或者第三人称，本文延续上文故事用第三人称。

确定故事框架后，故事的叙述要紧扣导图提示的问题，突出重点，详略得当，对于故事重要情节可详细描述，次要情节适当简略叙述。语言要生动、恰当。

故事结尾对所叙述的故事或者人物进行评价，作者要发表自己的观点、叙述自己的感受，观点要积极向上。

Step 5：语言支撑

Then what happened to...?

然后……发生了什么？

What did... do later?

……后来做了什么？

Why did... do that?

为什么……那么做？

What can we learn from the story?

我们可以从故事中学到什么？

It reminds us that...

它提醒我们……

I learned that we should be confident and hard-working.

我学到了我们应该自信并努力学习。

From the story we can know that...

从故事中我们得知……

The story is trying to tell us that nothing is impossible to a willing heart.

故事想要告诉我们世上无难事，只怕有心人。

What do you think about the story by J.K. Rowling?

你认为J.K.罗琳的小说怎么样？

How did... feel?

……感觉怎么样？

Step 6:写作实践

Andrea was shocked when she saw the knife at first. "Luckily, I drove him off my car!" She thought herself. Then she was afraid that the man would hurt others. So she drove to the nearest police station. She told the police what had happened and gave the bag to them. After hearing her experience, the police acted immediately. Two hours later, Andrea received a phone call from the police. The police told Andrea that the man was a robber and they were searching for him these days. Thanks to Andrea's help, they caught that man successfully.

Andrea was lucky, she got out of danger because she was brave and clever.

完成作文自查表:

项目	自查结果
文章结构与内容要点	
人称、时态	
拼写错误	
语法错误	
好词好句	

注:如没有问题,请在项目后打√;如有问题,请在文中圈出并做修改。

Step 7:同伴互评

根据 Checklist 互评习作。

项目	互评结果
使用正确的人称、时态	☆☆☆☆☆
要点完整明白	☆☆☆☆☆
语言结构多样,行文连贯	☆☆☆☆☆
书写规范,词数符合要求	☆☆☆☆☆
故事情节发展连贯、合理	☆☆☆☆☆

Step 8:教师点评

文章和上文衔接过渡自然,内容紧扣题目提示的四个问题,内容完整、全面。故事情节发展、结局符合常理。作者最后给出了对于事件的评价,肯定了故事主人公聪明、勇敢的品质,传递了积极向上的价值观。语言精炼,行文连贯。其中使用了 after hearing、immediately、thanks to 等亮点表达方式,给文章增色不少。

Step 9:佳作共赏

"A knife! My God! He was really dangerous. It was wise to drive him off my car." Andrea thought. Then she breathed deeply and called the police to tell them what had happened. A moment later, the police came to her. Andrea pointed to the direction the

"old lady" might be in. Then the police drove along the road to look for "her". How amazing! The police were surprised to see that the "old lady" was still standing by the road. The police stopped and said, "Hello, madam. We'd like to take you to Brockboune. Get in, please."
(潍坊2019年中考英语写作参考范文)

点评:要写好故事续写类型作文,一定要读懂原文故事,理解其内涵,在此基础上展开想象,合理推测故事情节。本文中亮点很多:首先,文章以"A knife"开头,接续了上文最后一句,过渡自然。其次,文章内容使用了大量的直接引语,承接了原文的写作风格,同时让故事场景更清晰。最后,文章以警察的一句话结尾,让读者联想接下来的故事情节,产生让人意犹未尽的效果,这也是文章最大的亮点。

话题十九 旅游与交通

【话题分析】

与本话题相关的子话题项目有:出行交通方式的选择规划,新型交通工具如共享单车、共享汽车的使用,针对当今社会出现的交通安全问题、城市交通拥堵问题给出建议。

【命题角度】

关于"旅游与交通"的相关话题主要从以下角度进行考查:

选择外出旅行的最佳交通工具及出行方式;

中学生上学选择的交通工具及利弊;

针对当代新型交通工具如共享单车、共享汽车使用的利弊给出自己的看法和建议;

电动车头盔的使用;

不同交通方式的优缺点对比;

分析当今社会出现的交通安全问题、城市交通拥堵问题并给出建议。

【话题素材】

(一)常用话题词汇和短语

bus 公共汽车	bike/bicycle 自行车
subway/underground 地铁	electric bike 电动车
plane 飞机	helmet 头盔
ship 轮船	cost 花费
boat 船	road 道路
train 火车	traffic 交通

airport 机场
accident 事故
walk 步行
drive 开车
fly 乘飞机
ride 骑
fast 快的
comfortable 舒适的
cheap 便宜的
safe 安全的
slow 慢的
expensive 昂贵的
crowded 拥堵的
far 远的
on foot 步行
by train/take the train 乘火车
far from 远离
the fastest way to... 最快的方式是……
bus station 公交车站
bike sharing 共享单车
public transport 公共交通
heavy traffic 拥堵的交通
traffic jam 交通堵塞
air pollution 大气污染

(二)常用句型

What's the best way to travel?
最好的旅行方式是什么?
Could you tell me about the trains to get there?
你能告诉我去那儿的火车的情况吗?
This is the most comfortable way to travel but also the most expensive.
这是最舒适的旅行方式,但也是最昂贵的。
It takes you about 9 hours to get there by bus. How long does it take you to get there?
乘公共汽车去那里要花 9 个小时。你到那儿要多长时间?
It will not cost as much as going by train.
它不会像坐火车那么贵。
It is the fastest and the second cheapest.
它是最快的,也是第二便宜的。
Bike sharing is becoming more and more popular in many cities.
共享单车在许多城市变得越来越受欢迎。
It's very convenient for people to go somewhere.
人们去任何地方都很方便。
It is not safe for junior middle school students to get to school by electric bikes.
初中生骑电动自行车上学不安全。
It would be better if we walk or ride a bike to school.
如果我们步行或骑自行车去学校会更好。
You should ride your bike to travel as much as possible.
你应该尽可能多地骑自行车去旅行。
We should obey the traffic rules and value our lives.
我们应该遵守交通规则,珍惜生命。

【典例剖析】

Step 1：写作任务

假如你们班级里有40名同学，你对他们的上学出行方式进行了一个调查。请根据下图的调查结果写一篇80词左右的短文，介绍同学们的到校方式，并谈一谈哪种是最佳的到校方式。

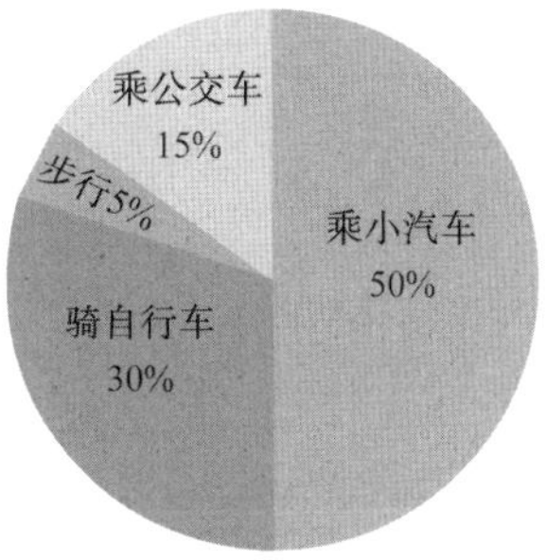

Step 2：设计构思

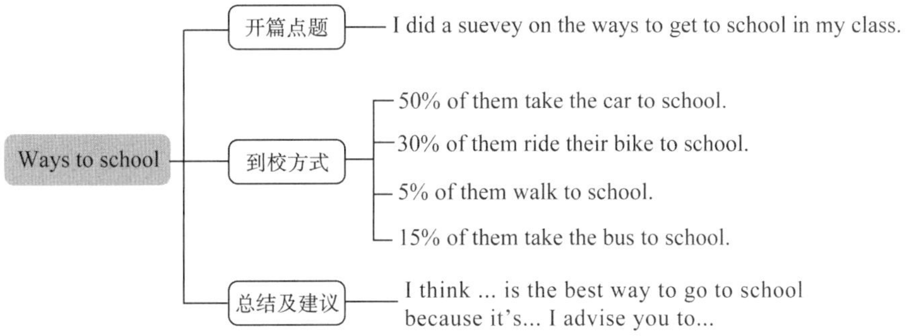

Step 3：结构划分

本话题作文可采用三段式写作：

开篇点题，引出讨论不同到校方式的主题；

参照图片数据信息，分析班级内同学的到校方式；

对上学最佳交通方式给出自己的看法和建议。

Step 4：内容组织

这是一篇图表作文，它主要用来说明生活中某一现象或介绍某一方面的情况，因此该类作文一般为说明文或议论文，文章中句子时态以一般现在时为主。写作中需要注意以下几点：

认真审题，明确图表内容的含义，分析出图表信息及各信息间的关系；

作文的中心思想和细节信息都是通过图表来表达，注意选取分析问题的角度，抓住图表中主要的变化，并对相近的变化进行归类描述；

对图表中的关键数据信息进行分析，分析说明应简洁、清楚、通俗易懂；

基于对图表内容的分析和归纳得出结论，不能随意添加相关数据或者其他资料。

Step 5:语言支撑

We did a survey among... on... 我们在……之间做了一项关于……的调查。
The table shows that... 图表表明……
It can be seen from the table that... 从表格中可以看出……
According to the data of the table... 根据表中的数据……
From the chart we can see that... 从图表中我们可以看到……
It is obvious that... 很显然……
Twenty percent think that... 20%认为……
The other thirty percent believe that... 另外30%认为……
Most students think that... while... 大多数学生认为……而……
There are also some students saying that... 也有一些学生说……
There is a significant difference between... and... ……和……之间有显著的区别
Generally speaking 一般而言……
It can be concluded that... 我们可以得出这样的结论……
One of the most surprising findings is that... 最令人惊讶的发现之一是……

Step 6:写作实践

Last week I did a survey among my classmates on ways to get to school. Here is the result.

There are forty students in my class. From the table, we can see that 50% of them go to school by car. 30% of them ride their bikes to school. 15% of them take the bus to school. Only 5% of them go to school on foot.

I usually go to school by bike on sunny days. I think the best way to go to school is by bike or on foot because we can not only save energy but also do some exercise. If you don't live too far away from school, you'd better go to school by bike or on foot.

完成作文自查表:

项目	自查结果
文章结构与内容要点	
人称、时态	
拼写错误	
语法错误	
好词好句	

注:如没有问题,请在项目后打√;如有问题,请在文中圈出并做修改。

Step 7:同伴互评

根据Checklist互评习作。

项目	互评结果
使用正确的人称、时态	☆☆☆☆☆
要点完整明白	☆☆☆☆☆
语言结构多样，行文连贯	☆☆☆☆☆
书写规范，词数符合要求	☆☆☆☆☆

Step 8：教师点评

本文结构清晰，首段开门见山导入主题；第二段分析了图表中的数据，语言简练，通俗易懂，重点突出；第三段结合自身实际对最佳到校方式进行了讨论，最终给出自己对于最佳上学交通方式的建议，并说明原因。文章层次分明，重点突出，是一篇不错的习作。

Step 9：佳作共赏

There are 40 students in my class and they go to school in different ways. Last week, I did a survey on how they go to school. The result is as follows.

According to the table, half of students in our class go to school by car. 30% of them go to school by bike. 15% of them take the bus to school. Only two students walk to school.

My home is not far away from the school, so I walk every day. I think walking is the best way to go to school because it is environmentally friendly. What's more, walking to school is safe and good for our health. If your house is not far away from school, I advise you to go to school on foot.

点评：本文用简洁的句子分析出图表内的数据信息，重点突出。句型多样化，交通方式使用了 by 和 take 两种表达方式；使用了百分数和基数词对图表数据进行总结描述。最后一段能结合自身实际给出自己的观点并阐明原因。此外，运用了 according to、environmentally friendly、advise 等词汇，以及 if 引导的条件状语从句等增加了文章的亮点。

话题二十　语言学习

【话题分析】

与本话题相关的子话题有：语言学习经历、语言学习策略和方法、语言和文化、身体语言。

【命题角度】

关于“语言学习”的相关话题主要从以下角度进行考查：

就如何学习英语寻求建议和帮助；
分享学习外语(英语)的经历及经验方法；
对外国朋友如何学习汉语给出建议；
了解文化的重要性；
用英语介绍中国优秀传统文化、美德或者习俗；
语言学习中身体语言的重要性以及中西方不同国家身体语言的差异。

【话题素材】

(一)常用话题词汇和短语

practise 练习	improve 提高
dictionary 词典,字典	guess 猜,猜测
letter 字母	aloud 大声地,出声地
vocabulary 词汇,词汇量	write down 写下,记下
grammar 语法	make a mistake 犯错误
pronunciation 语音,发音	practise doing sth. 练习做某事
understand 理解,明白	look up 查找
repeat 重复	listen to the radio 听广播

(二)常用句型

English is important and useful to us.
英语对我们很重要,也很有用。
English is widely spoken in the world.
英语在世界上被广泛使用。
It's difficult to learn a foreign language well.
学好一门外语是很难的。
As students, we may meet all kinds of difficulties in learning.
作为学生,我们在学习中可能会遇到各种各样的困难。
I'd like to give you some advice on learning English.
我想给你一些学习英语的建议。
Many students ask for advice on how to improve their listening.
许多学生询问如何提高听力的建议。
You can learn English by watching English videos.
你可以通过看英语视频来学习英语。
You should talk in English in class as much as possible.
你应该在课堂上尽可能多地用英语交谈。

Why not look up the new words in the dictionary?
为什么不在字典里查一下生词呢?
Why don't you listen to some English songs.
你为什么不听一些英文歌曲呢?
How/What about listening to the radio?
听收音机怎么样?
You'd better read newspapers in English every day.
你最好每天读英文报纸。
I suggest that you should practise more.
我建议你应该多练习。
Try to guess a word's meaning by reading the sentences before and after it.
试着通过读单词前后的句子来猜测单词的意思。
Believe in yourself.
相信自己。
Don't be afraid of making mistakes.
不要害怕犯错误。
Write down the mistakes in our notebooks.
把错误记在笔记本上。
Ask our teacher or classmates for help when you are in trouble.
当你有困难的时候,向老师或同学寻求帮助。
I am sure you can do better in English.
我相信你可以在英语方面做得更好。
I hope you'll make great progress in English.
我希望你在英语方面取得很大进步。
Nothing is difficult if you put your heart into it.
世上无难事,只怕有心人。
Nothing is more important than practice if you want to learn English well.
要学好英语,没有什么比练习更重要的了。
The more you practise, the better your English will be.
你练习得越多,你的英语就会越好。
If you try your best, you will make progress in English.
如果你尽最大努力,你就会在英语方面取得进步。

【典例剖析】

Step 1:写作任务

假如你是 Daming,你的朋友 Li Lei 来信,其内容是向你请教怎样才能学好英语,请根据以下提示写一封回信，提供一些学习英语的建议。

提示	多与同学、老师用英语交流； 看英文电影，听英文歌曲； 读英文报纸和故事。 ……

要求：

1. 语言通顺、连贯。

2. 词数 80 词左右（回信开头和结尾已给出，但不计入总词数）。

Dear Li Lei,

I'm very glad to hear from you.______________________________

____

____

____

____

Yours,

Daming

Step 2：设计构思

Step 3：结构划分

此类话题作文可采用三段式写作：

第一段，开篇点题，引出书信的目的和主题。

第二段，详述英语学习的具体做法和建议。

第三段，结尾给予对方鼓励和期望。

Step 4：内容组织

这篇作文是一篇应用文，写一封回信给出建议。写回信时要提别注意正确理解来信人的写信意图以及所提的问题，并针对问题给出明确的答复。作文内容中包含多条建议，要注意句型多样化，避免通篇使用单一句型。此外，需要适当使用连接词、过渡词或短语，以使文章结构明确，内容层次分明。结尾部分要做简要总结，并给出对于对方的鼓励。

Step 5：语言支撑

How about... ……怎么样？
We should... 我们应该……
Let's try to... 让我们尽力……
It's a good idea to... ……是一个好主意。
Why not... 为什么不……？
Why don't you... 你为什么不……？
First; Firstly; First of all 首先
Second; Secondly; What's more; Besides 其次
Finally; At last 最后
In short; To sum up; In a word 总而言之，简言之
I am sure that... 我相信……
I hope that... 我希望……

Step 6：写作实践

Dear Li lei,

I'm very glad to hear from you. You asked me how to learn English well, so I want to give you three suggestions about it.

First, you should read more and more English books and newspapers. No matter how experienced a person is, he can not enrich his knowledge without reading. What's more, writing is also important. Try to write letters in English and you will make great progress. Second, you should be interested in English. You can watch English films and listen to English songs. It is a good way to learn English. Finally, don't be shy. Talk to others in English as much as possible.

I hope these suggestions can be helpful.

Best wishes!

Yours,
Daming

完成作文自查表：

项目	自查结果
文章结构与内容要点	
人称、时态	
拼写错误	
语法错误	
好词好句	

注：如没有问题，请在项目后打√；如有问题，请在文中圈出并做修改。

Step 7:同伴互评

根据 Checklist 互评习作。

项目	互评结果
使用正确的人称、时态	☆☆☆☆☆
要点完整明白	☆☆☆☆☆
语言结构多样,行文连贯	☆☆☆☆☆
书写规范,词数符合要求	☆☆☆☆☆
书信格式规范、正确	☆☆☆☆☆

Step 8:教师点评

本文是一封书信,书信格式规范。文章采用了三段式,结构清晰,重点突出。文章内容要点全面,句子结构多样化,使用了多种提建议的句型。此外,文章合理运用了连接词,行文连贯,衔接流畅。虽然文章以简单句为主,但是结构完整,内容充实,是一篇不错的习作。

Step 9:佳作共赏

Dear Li lei,

I'm very glad to hear from you. Here is my advice on how to learn English well.

First, watch English movies and listen to English songs. It can help you to improve your listening skill. Second, try to speak English with your teachers and classmates as much as possible. As an old saying goes, "Practice makes perfect." The more you practise, the better your English will be. Third, you should read more English books or stories. Write down the new words and read them aloud every day. It's a good way to learn vocabulary. Finally, it's also a good idea to write to your friends in English.

I hope my advice can be helpful and I am sure that you'll learn English well.

Yours,

Daming

点评:本篇文章结构清晰,重点突出,内容完整。除了题目包含的要点,还做了适当的拓展,使文章内容更加充实。文中在列举建议时,分别使用了祈使句、情态动词should句型、It's a good idea to do...句型,使得文章更加优美。此外,文章还引用了英语谚语"Practice makes perfect.",并使用了比较级的句型"The+比较级,the+比较级",给文章增加了亮点。

附　录

附录一　初中英语写作常用单词和词组

(一)过渡词

1.表示时间
to begin with 首先
to start with 首先
at first 起初
next 接下来
then 然后
after that 那以后
later 后来
soon 不久
soon/shortly after 之后不久
finally 最后
in the end 最后
eventually 最终
at last 终于
lately 近来
recently 最近
since then 自从那时起
after that 那以后
in no time 不一会儿
after a while 一会儿

afterward 后来

to begin/start with＝in the first place 首先，第一点

immediately 立即，马上

until now 直到现在

meanwhile＝in the meantime＝at the same time 在此期间，同时

suddenly＝all of a sudden 突然

at the age of... 在……岁的时候

as early as 早在……的时候

as soon as 一……就……

before，the other day 几天前

early in the morning 大清早

after/before dark 天黑后/前

one day 有一天

one afternoon 一天下午

one morning 一天早晨

2.表示时序

in the first place，in the second place，in the third place... 首先，其次，再次……

first，second，third，finally... 其一，其二，其三，最后……

firstly，secondly，thirdly，eventually... 首先，其次，再次，最后……

first of all，next，then，lastly... 首先，其次，再次，最后……

for one thing... for another... 一方面……另一方面……

on (the) one hand... on the other hand... 一方面……另一方面……

3.表示列举

A good case in point is... 一个很好的例子是……

for example 例如

for instance 例如

such as 如

take sth. as an example 以……为例

4.表示对比或比较

like 像

unlike 不像

similarly 同样地

in the same way 以相同的方式

compared to 与……相比

while 而（放句中表对比）

nevertheless 然而

however 然而

on the contrary 正相反

be different from 与……不同

5.表示增补

and 而且

both... and... 两者都……

not only... but also... 不但……而且……

as well as 不但……而且……

Also=besides=furthermore=moreover 此外,而且

in addition=additional 并且,再者

6.表示因果

because 因为

since 既然

as 由于

now that 既然

therefore 因此

thus 这样

so 所以

as a result (of) 结果

as a consequence=consequently 因此

because of=on account of=owing to=due to 因为

thanks to 多亏,由于

for this reason 由于这个原因

if so 如果这样

if not 如果不是这样

7.表示目的

for this purpose+that 为了……

so as to do 为了……

in order to do 为了……

so that... 为了……

for fear that=lest=in case that 以防,以免

8.表示让步

though/although 虽然,尽管

even if/even though 尽管

in spite of=despite 尽管

whatever/however/whoever 无论/不管……

9.表示递进或强调

besides 况且

what's more 更重要的是
above all 首先
particularly 特别地
especially 尤其是
in other words 换句话说
in that case 那样的话
10.表示转折
but 但是
still 然而
however 然而
while 而(放句首表转折)
11.表示总结
that is (to say) 也就是说
in a/one word 简言之,总之
generally speaking 一般说来
in short=in a few words 简言之
in conclusion=lastly 最后
so 所以
therefore 因此
thus 这样
As has been mentioned 正如所提到的
It is quite clear that 很显然
There is no doubt that 毫无疑问
It is well-known that 大家都知道
As we all know=as is known 据我们所知
As/so far as I know 据我所知
To sum up=to summarize=in summary 总之
12.表示转折
by the way 顺便说
I am afraid 我恐怕
in my opinion 依我看来
to tell the truth 说实话
to be honest 诚实地说
in fact=as a matter of fact 事实上

(二)提建议

It's best to do 最好做……

had better (not) do 最好(不)做
How about/What about doing... ……怎么样?
I think you should... 我认为你应该……
Why not do/why don't you do...? 为什么不……

(三)努力做……

manage to do 成功做……
try to do 努力做……
attempt to do... 尝试做……
do one's utmost to do=try one's best to do=do one's best to do 竭尽全力做……
do what sb. can (do) to do 尽力做……

(四)表示喜欢和感兴趣

like/love doing 喜欢做……
enjoy doing 喜欢做……
be fond of doing 喜欢做……
prefer to do A rather than do B 宁愿做 A 也不愿做 B
be interested in doing=show/take great interest in ... 对做某事感兴趣

(五)表示想/希望

want to do=would like to do 想做……
hope to do 希望做……
expect to do 期待做……
wish to do 希望做……
consider doing 考虑做……
plan to do 打算做……
be going to do 打算做……
decide to do 决定做……
make up one's mind to do 下定决心做……
look forward to doing 盼望做……
dream of doing 梦想做……

(六)其他重要词组

finish 完成/practice 练习/suggest 建议/consider 考虑/mind 介意/enjoy 喜欢 doing

keep on doing 坚持做……
can't help doing 情不自禁地做……
keep/stop/prevent sb. from doing 阻止某人做……
be busy (in) doing/be busy with something 忙于做……
spend time/money (in) doing;spend time/money on something 花费时间做……
have fun/have a good time/enjoy oneself doing 玩得开心
have trouble/have problem/have difficulty (in) doing 做……有困难

附录二　初中英语写作常用句型

(一)开头句型

As far as... is concerned 就……而言
It goes without saying that... 不言而喻……
It can be said with certainty that... 可以肯定地说……
As the proverb says... 正如谚语所说的……
It has to be noticed that... 它必须注意到……
It's generally recognized that... 它普遍认为……
It's likely that... 这可能是因为……
It's hardly that... 这是很难的……
What calls for special attention is that... 需要特别注意的是……
There's no denying the fact that... 毫无疑问,无可否认……
Nothing is more important than the fact that... 没有什么比这更重要的……
What's far more important is that... 更重要的是……

(二)衔接句型

A case in point is... 一个典型的例子是……
As is often the case... 由于通常情况下……
As stated in the previous paragraph 如前段所述
But the problem is not so simple. Therefore... 然而问题并非如此简单,所以……
But it's a pity that... 但遗憾的是……
For all that... 对于这一切……
In spite of the fact that... 尽管事实……

Further, we hold the opinion that... 此外，我们坚持认为……

However, the difficulty lies in... 然而，困难在于……

Similarly, we should pay attention to... 同样，我们要注意……

not (that)... but (that)... 不是……而是……

In view of the present station... 鉴于目前形势……

As has been mentioned above... 正如上面所提到的……

In this respect, we may as well (say)... 从这个角度上，我们可以说……

However, we have to look at the other side of the coin, that is... 然而我们还得看到事物的另一方面，即……

(三)结尾句型

Therefore, we have the reason to believe that... 因此，我们有理由相信……

All things considered 总而言之

It may be safely said that... 它可以有把握地说……

Therefore, in my opinion, it's more advisable... 因此，在我看来，更可取的是……

From what has been discussed above, we may safely draw the conclusion that... 通过以上讨论，我们可以得出结论……

The data/statistics/figures lead us to the conclusion that... 通过数据我们得到的结论是……

It can be concluded from the discussion that... 从中我们可以得出这样的结论……

From my point of view, it would be better if... 在我看来……也许更好

(四)举例句型

Let's take... to illustrate... 让我们举……的例子来证明……

Here is one more example. 请再看一个例子。

Take... for example... 以……为例

The same is true of... 这也适用于……

This offers a typical instance of... 这为……提供了一个典型的例子。

We may quote a common example of... 我们可以引用一个常见的例子……

Just think of... 想想……

(五)常用于引言段的句型

To be frank, I can not agree with their opinion for the reasons below. 坦率地说，我不能同意他们的意见，理由如下。

For years,...has been seen as... but things are quite different now. 多年来……一直被视为……但今天的情况有很大的不同。

I believe the title statement is valid because... 我认为这个论点是正确的,因为……

I cannot entirely agree with the idea that... 我无法完全同意这一观点的……

My argument for this view goes as follows. 我对这个问题的看法如下。

Along with the development of... more and more... 随着……的开展,越来越多……

There is a long-running debate as to whether... 有一个长期运行的辩论,是否……

It is commonly/generally/widely/ believed/held/accepted/recognized that... 人们普遍认为……

As far as I am concerned, I completely agree with the former/the latter. 就我而言,我完全同意前者/后者。

Before giving my opinion, I think it is essential to look at the argument of both sides. 在给出我的观点之前,我想有必要看看双方的论据。

(六)表示比较和比照的常用句型

A is completely/totally/entirely different from B. A 和 B 完全不同。

A and B are different in some/every way/respect/aspect. A 和 B 在某个方面不同。

A and B differ in... A 和 B 的区别在于……

A differs from B in... A 和 B 的不同之处在于……

The difference between A and B is/lies in/exists in... A 和 B 的不同之处在于……

Compared with/In contrast to/Unlike A, B... 与 A 不同,B……

A... on the other hand/in contrast/while/whereas B... A……而 B……

While it is generally believed that A... I believe B... 虽然大多数认为 A……我认为 B……

Despite their similarities, A and B are also different. 尽管有很多相似之处,A 和 B 还是不同的。

Both A and B... However, A... on the other hand, B... A 和 B 都……但是另一方面,A 和 B……

The most striking difference is that A... while B... 最显著的差别是 A……但是 B……

(七)演绎法常用的句型

There are several reasons for... but in general, they come down to three major ones.…… 有几个原因,但一般说来,可以归结为三个主要原因。

There are many factors that may account for... but the following are the most typical ones. 有许多因素可能占……但以下是最典型的。

Many ways can contribute to solving this problem, but the following ones may be most effective. 有很多方法可以解决这个问题，但下面的可能是最有效的。

Generally, the advantages can be listed as follows. 一般来说，这些优势可以列举如下。

The reasons are as follows. 理由如下。

(八)因果推理法常用句型

If we read the book, we would learn a lot. 如果我们读过这本书，我们就会学到很多。

As a result of/Because of/Due to/Owing to reading the book, we've learned a lot. 由于阅读这本书，我们已经学到了很多。

The cause of/reason for/overweight is eating too much. 超重的原因是吃得太多。

Overweight is caused by/due to/because of eating too much. 超重是过度饮食导致的。

The effect/consequence/result of eating too much is overweight. 吃得过多的后果就是超重。

Eating too much... causes/results in/leads to overweight. 吃太多导致超重。

(九)段首万能句子

There are different opinions among people as to... Some people suggest that...

关于……人们有不同的观点。一些人认为……

There is an old saying... It's the experience of our forefathers, however, it is correct in many cases even today.

俗话说(常言道)……它是我们前辈的经历，但是，即使在今天，它在许多场合仍然适用。

Today... which have brought a lot of harms in our daily life. First... Second... What makes things worse is that...

现在……给我们的日常生活带来了许多危害。首先……其次……更为糟糕的是……

Nowadays, it is common to... Many people like... because... Besides...

现在……很普遍，许多人喜欢……因为……另外(而且)……

Everything has two sides and... is not an exception, it has both advantages and disadvantages.

任何事物都是有两面性……也不例外。它既有有利的一面，也有不利的一面。

People's opinions about... vary from person to person. Some people say that... To them...

关于……人们的观点各不一样，一些人认为(说)……在他们看来……

Man is now facing a big problem... which is becoming more and more serious.

人类正面临着一个严重的问题……这个问题变得越来越严重。

... has become a hot topic among people, especially among the young and heated debates are right on their way.

……已成为人的关注的热门话题，特别是在年轻人当中，将引发剧烈的辩论。

... has been playing an increasingly important role in our day-to-day life. It has brought us a lot of benefits but has created some serious problems as well.

……在我们的日常生活中起着越来越重要的作用，它给我们带来了许多好处，但同时也引发一些严重的问题。

According to the figure/number/statistics/percentages in the chart/bar/graph/line/graph, it can be seen that...Obviously... but why?

根据图表/数字/统计数字/表格中的百分比/图表/条形图/成形图可以看出……很显然……但是为什么呢?

(十)中间段落万能句子

On the contrary, there are some people in favor of... At the same time, they say...

相反，有一些人赞成……他们相信……而且他们认为……

But I don't think it is a very good way to solve... For example... Worst of all...

但是，我认为这不是解决……的好方法，比如……最糟糕的是……

... is necessary and important to our country's development and construction. First... What's more... Most important of all...

……对我们国家的开展和建立是必不可少的，(也是)非常重要的。首先……而且……最重要的是……

There are several measures for us to adopt. First, we can...

有几个可供我们采纳的方法。首先，我们可以……

Confronted with... we should take a series of effective measures to... For one thing... For another...

面临……我们应该采取一系列行之有效的方法来……一方面……另一方面……

It is high time that something was done about it. For example... In addition... All these measures will certainly...

早就应该拿出行动了。比方说……另外……所有这些方法肯定会……

Why...? The first reason is that... The second reason is... The third is... For all this, the main cause of... due to...

为什么……？第一个原因是……第二个原因是……第三个原因是……总的来说……的主要原因是……

However, just like everything has both its good and bad sides,... also has its own disadvantages, such as...

然而,正如任何事物都有好坏两个方面一样……也有它的不利的一面,像……

Nonetheless, I believe that... is more advantageous.

尽管如此,我相信……更有利。

I fully agree with the statement that... because...

完全同意……这种观点(陈述),主要理由如下。

(十一)结尾段万能句子

As far as I am concerned, I agree with the latter opinion to some extent. I think that...

至于我,在某种程度上我同意后面的观点,我认为……

In a word, the whole society should pay close attention to the problem of... Only in this way can...in the future.

总而言之,整个社会应该密切关注……这个问题。只有这样,我们才能在将来……

But... and... have their own advantages. For example... while... Comparing this with that, however, I prefer to...

但是……和……都有它们各自的优势(好处)。例如……而……然而,把这两者相比较,我更倾向于(喜欢)……

Personally, I believe that... Consequently, I'm confident that a bright future is awaiting us because...

就我个人而言,我相信……因此,我坚信美好的未来正等着我们。因为……

With the development of society...So it's urgent and necessary to...If every member is willing to contribute himself to the society, it will be better and better.

随着社会的发展……因此,迫切需要……如果每个人都愿为社会奉献自己的一点力量,这个社会将变得越来越好。

For my part, I think it reasonable to... Only in this way can you...

至于我,我认为……更合理。只有这样,我们才能……

In my opinion, I think it necessary to... The reasons are as follows. First... Second... Last but not least,...

对我来说,我认为有必要……原因如下:第一……第二……最后但同样重要的是……

It is difficult to say whether... is good or not in general as it depends very much on the situation of... However, from a personal point of view find...

总体上很难说……是好还是坏，因为它在很大程度上取决于……的形势。然而，就我个人而言，我发现……

From what has been discussed above, we may reasonably arrive at the conclusion that...

综上所述，我们可以清楚地得出结论……

If we can not take useful means, we may not control this trend, and some undesirable results may come out unexpectedly, so what we should do is...

如果我们不采取有效的方法，就可能控制不了这种趋势，一些不理想的后果就会出现，所以，我们应该做的是……

（十二）其他常用句型

It's time for sth. 是干某事的时间了。

It's time (for sb.) to do sth. 该干某事了。

It takes sb. some time to do sth. 干某事花某人一些时间

sb. spend some time on sth./(in) doing sth. 某人花时间在某事上/花时间做某事

spend some money on sth./(in) doing sth. 花钱在某物上/花钱做某事

sth. cost sb. some money 某事花某人一些钱

pay some money for sth. 为某事(物)付钱

such＋名词性词组＋that...

so＋形容词/副词＋that... 如此……以致……

enough＋名词＋to do... 有足够的……做某事

形容词/副词＋enough＋to do... 足够……做某事

too＋形容词/副词＋to do... 太……以致不能……

so that... 以便/以致……

Why not do... 为什么不做某事？

Let's do... 让我们做某事吧。

Shall we do... 我们做某事好吗？

Would you like something/to do sth.? 你想要什么吗？你想要做……吗？

Will you please do... 请你做某事好吗？

What (How) about doing... 做某事怎么样？

There is no doubt that 毫无疑问的……

An advantage of... is that 的优点是……

The reason why＋句子... is that ……的原因是……

The more... the more... 愈……愈……

It is obvious that... ……是明显的。

Have a great influence on... 对……有很大的影响

do good to 对……有益

do harm to 对……有害

Great changes have taken place in 发生巨大的变化

It's reported/believed/thought that 据报道……/据说……

prefer to do rather than do 宁愿做而不愿意做

prefer doing A to doing B 喜欢做 A 事情胜于做 B 事情

prefer A to B 喜欢 A 胜于 B

seem to do＝It seems that 似乎，好似

have no time to do 没有时间做

be famous for/to/as 因……而闻名

What do you think of doing sth.＝How do you like doing sth.? 你认为做……怎么样?

With the development of... 随着……的发展

With the increase in... 随着……的增长

附录三　经典英语谚语和习语

Actions speaks louder than words.

事实胜于雄辩。

A friend in need is a friend indeed.

患难见真情。

A good beginning makes a good ending.

善始者善终。

A good medicine tastes bitter.

良药苦口，忠言逆耳。

A heavy snow promises a good harvest.

瑞雪兆丰年。

All is not gold that glitters.

闪亮的东西并不都是黄金。

All is well that ends well.

只要结局好，就一切都好。

All roads lead to Rome.

条条道路通罗马。

An hour in the morning is worth two in the evening.

一日之计在于晨。

An idle brain is the devil's workshop.

游手好闲是万恶之源。

Art is long, but life is short.

人生有涯,而学无涯。

A road of a thousand miles begins with one step.

千里之行,始于足下。

Better late than never.

迟做总比不做好。

Better to do well than to say well.

说得好不如做得好。

Birds of a feather flock together.

物以类聚,人以群分。

By falling we learn to go safely.

吃一堑,长一智。

By other's fault, wise men correct their own.

他山之石,可以攻玉。

Constant dropping wears away a stone.

滴水穿石。

Content is happiness.

知足常乐。

Custom is a second nature.

习惯是第二天性。

Cut the coat according to the cloth.

量布裁衣。

Diamond cut diamond.

强中更有强中手。

Diligence is near success.

勤奋近乎成功。

Diligence is the mother of good luck.

好运来自勤奋。

Do in Rome as Romans do.

入乡随俗。

Don't count your chicken before they are hatched.

不要过早乐观。

Don't put off till tomorrow what should be done today.

今日事,今日毕。

Easier said than done.

说话容易做事难。

East or west，home is best.

金窝银窝不如自己家的草窝。

Every advantage has its disadvantage.

有利必有弊。

Every bean has its black.

人人有缺点。

Every dog has his day.

凡人都有得意之日。

Every man has his weak side.

人人都有自己的弱点。

Every man is the master of his own fortune.

每个人都是他自己命运的主宰。

Experience is the best teacher.

经历是良师。

Failure is the mother of success.

失败是成功之母。

Good health is above wealth.

安康重于财富。

Great men are not always wise.

伟大的人未必总是英明的。

Health is happiness.

安康就是幸福。

Heaven helps those who helps themselves.

天助自助者。

He is the wise man who is the honest man.

诚实的人就是聪明的人。

He laughs best who laughs last.

谁笑到最后谁笑得最好。

Hope for the best，but prepare for the worst.

存最好的希望，做最坏的打算。

I have no secret of success but hard work.

成功无秘诀，只是努力干。

It is good to have friends in trouble.

难时得到朋友是幸运的。

It is no use crying over spilt milk.

覆水难收。

Knowledge comes from experience alone.

知识来自经历。

Knowledge is a treasure, but practice is the key to it.

知识是一座宝库,实践是翻开宝库的钥匙。

Knowledge is long; life is short.

吾生有涯,而知无涯。

Knowledge is power.

知识就是力量。

Labour is often the father of pleasure.

勤劳常为快乐之源。

Living without an aim is like sailing without a compass.

生活没有目标,犹如航海没有罗盘。

Look before you leap; see before you go.

三思而后行。

Make hay while the sun shines.

趁热打铁。

Man will conquer nature.

人定胜天。

Many drops make a shower.

积少成多。

Money is something, but is not everything.

钱很重要,但不是万能的。

More haste, less speed.

欲速则不达。

Never do things by halves.

做事情不要半途而废。

No news is good news.

没有消息就是好消息。

No one can call back yesterday.

往日不复返。

No smoke without some fire.

无风不起浪。

No pains, no gains.

一分耕耘,一分收获。

Nothing is difficult to a man who will try.

世上无难事,只要肯攀登。

One cannot put back the clock.

光阴一去不复返。

Practice makes perfect.

熟能生巧。

Pride will have a fall.

骄者必败。

Put the cart before the horse.

本末倒置。

Rome was not built in a day.

罗马不是一日建成的。

Saying and doing are two things.

说与做是两回事。

Saying is one thing，doing another.

说是一回事，做是另一回事。

Second thoughts are best.

三思而行。

Seeing is believing.

眼见为实。

Strike while the iron is hot.

趁热打铁。

The early bird catches the worm.

捷足先登。

Things of a kind come together，people of a kind fall into the same group.

物以类聚，人以群分。

Time and tide wait for no man.

时不我待。

Union is strength.

团结就是力量。

Well begun is half done.

良好的开端是成功的一半。

Where there is a will，there is a way.

有志者，事竟成。

Wisdom is better than gold or silver.

智慧胜过金银。

Write it on your heart：every day is the best day of the year.

要记住：每天是一年中最好的一天。

附录四　初中英语作文评分标准

山东省各地作文分值在中考中比例不一，以下列举山东几个地市中考的作文评分标准。

(一)泰安市

1.评分原则

本题总分为25分，按5个档次给分。

评分时，先根据学生写作的内容和语言初步确定其所属档次，然后以该档次的要求来衡量，确定或调整档次，最后给分。

评分时，应注意的主要内容为：内容要点、应用词汇和语法结构的数量和准确性及上下文的连贯性。

拼写与标点符号是语言准确性的一个方面，评分时，应视其对交际的影响程度予以考虑。

如果书写较差，以致影响交际，将分数降低一个档次。

2.各档次的赋分区间和要求

第一档(21～25分)：很好地完成了试题规定的任务。

覆盖所有内容要点；应用了较丰富的语法结构和词汇；用词准确、句子通顺、行文连贯、表达清楚，没有或基本没有语言错误；书写工整；字数符合要求。完全达到了预期的写作目的。

第二档(16～20分)：较好地完成了试题规定的任务。

虽漏掉一两个次重点，但覆盖所有主要内容；应用的语言结构和词汇虽不太丰富，但能满足任务的要求；句子较通顺、表达较清楚；有少量语言错误；书写工整；字数基本符合要求。达到了预期的写作目的。

第三档(11～15分)：基本完成了试题规定的任务。

虽漏掉部分内容，但基本体现写作要点；应用的语言结构单一；句子不够通顺，行文不够连贯；语言错误较多；书写不够规范，字数不足。整体而言，基本达到了预期的写作目的。

第四档(6～10分)：未恰当完成试题规定的任务。

漏掉或未描述清楚一些主要内容，写了一些无关内容；应用的语言结构单一且不规范；句子不通顺，行文不连贯；语言错误多；书写潦草，字数不足50词。信息未能清楚地传达给读者。

第五档(0～5分)：未完成试题规定的任务。

未理解试题要求，明显遗漏大部分要点，写了一些无关内容；应用的语言结构单一且不规范；句子不通顺，行文不连贯；语言错误多；书写潦草，字数严重不足。信息未能传达给读者。

(二)济南市

1.评分原则

本题共 20 分。

卷面书写潦草不工整，以至影响交际。可酌情扣 1～2 分。

拼写错误每个扣 1 分。同样错误不重复计算。

2.各当次的赋分区间和要求

17～20 分：短文内容符合所给提示。语句通顺，语言丰富，书写工整。语法错误较少(1～2 处)，字数符合要求。

13～16 分：短文内容基本符合所给提示。语句通顺，语言较丰富，书写工整，3～4 处语法错误，字数基本符合要求。

9～12 分：短文内容基本符合所给提示。语句尚通顺，书写较工整，语法错误较多，字数在 80 词左右。

5～8 分：短文内容不太符合所给提示。语句不够通顺，语法错误较多，书写一般，字数在 60 词以下。

4 分及以下：明显遗漏要点，写了一些无关的内容。语法结构或词汇方面的错误较多，词不达意。

(三)济宁市

1.评分原则

整篇作文满分 10 分，其中内容 4 分，语言 4 分，结构 2 分。

内容贴切，句子流畅，用语准确，加整体印象分 1 分。

不满 60 个词，少 1～5 个词扣 0.5 分，6～10 个词扣 1 分。

所给问题涉及的三项内容，每少一项扣 3 分。

拼写、大小写、标点符号等每处错误扣 0.5 分；同样拼写错误不重复扣分，扣分总和不超过 2 分。

语法错误每项扣 1 分，同样的错误不重复扣分，扣分总和不超过 2 分。

2.各档次的赋分区间和要求

第一档(3 分及以下)

短文包括部分信息，写出的句子有严重的语法错误，表达的意思也不清楚，有较多的单词拼写错误。

第二档(4～5 分)

短文包括大部分信息，写出的句虽然有语法错误但能表达基本意思，有较多的单词拼写错误。

第三档(6～8 分)

短文包括大部分信息，写出的句子能表达意思且无严重错误，单词有少数几个拼写错误。

第四档(9～10 分)

短文包括所给绝大部分信息，写出的句子表达意义清楚且单词拼写基本正确。

(四)潍坊市

1.评分原则

本题总分为 15 分，按五个档次进行评分。

评分时，应从内容、词汇语法和篇章结构三个方面考虑，具体为：

对内容要点的覆盖情况以及表述的清楚程度和合理性；

使用词汇和语法结构的准确性、恰当性和多样性；

上下文的衔接和全文的连贯性。

评分时，先根据作答的整体情况初步确定其所属档次，然后以该档次的要求来综合衡量，确定或调整档次，最后给分。

词数在 60～100 之间；如果少于 60 词，扣 2 分。

书写较差，以致影响阅卷，酌情扣 12 分。

2.各档次的赋分区间和要求

优秀(13～15 分)：要点齐全，结构完整，语句流畅，能使用较为丰富的语法结构和关联词汇，语法、拼写错误极少，书写规范。

良好(10～12 分)：包含绝大部分要点，结构较完整，语句较通顺，有少量语法、拼写错误，书写较为规范。

一般(7～9 分)：至少包含 3 个要点，有稍多语法、拼写错误，书写基本规范。

较差(4～6 分)：至少包含 2 个要点，错误较多，多数语句不通顺，语法和词汇错误较多，书写欠规范。

很差(1～3 分)：只写出 1 个要点，或少量单词或句子，酌情给分。

说明：空白或所写内容与写作任务完全无关，视为 0 分。

附录五　英语作文中的标点符号

(一)英语常用标点符号介绍

英语中的标点符号和汉语的标点符号在使用上有很多相同之处，但亦有一些区别。

现将英语中常用的几种标点符号总结如下。

1.句号 (Full stop)

(1)句号表示陈述句末尾的停顿。

Welcome to Beijing. Today I'll show you around it.

(2)句号也用在缩写或简写词的词尾,如 Dr. Smith 等。

注意,英语句号必须用实点“.”,而不是小圆圈。

2.逗号(Comma)

(1) 逗号表示句子内部的一般性停顿。

However, in the year 2022 alone, we have earned 10,000 dollars.

(2) 书信末尾 Yours Sincerely 之后需用逗号。书写日期、地址时,也常用逗号。

Our new school will be built in Haidian District, Beijing, in December, 2003.

3.问号 (Question mark)

(1)问号表示疑问句末尾的停顿。

What can we do to show our support?

Does it mean that you will live in Hong Kong for ever?

(2)有的句子虽然有疑问词 who、how 等,但全句并不是疑问句而是从句,末尾不用问号。

Who will do this project is still unknown.

4. 冒号(Colon)

(1)冒号表示提示性话语之后的停顿,冒号后的内容相当于冒号前面的一个词或更多的词,其主要用途是阐明、解释或提起下文。

You have to bring these things tomorrow: pen, ruler, paper and eraser.

(2)一般认为动词之后最好不要用冒号来引出列举的事物。

There are four seasons in a year. They are Spring, Summer, Autumn and Winter.

5. 引号(Quotation marks)

(1)引号标明文中直接引用的话。

“Will you be free on Sunday?” asked Amy.

(2)引号还用来表明需要着重论述的对象或具有特殊含义的词语。

In our hometown we call it “Apple”. In fact, it just looks like apple, but not really apple.

(3)引号也常用来表示文章、电影等的标题。

“Hero” is one of my favorite films.

6. 感叹号 (Exclamation mark)

(1)感叹号表示感叹句末尾的停顿。

What a fine day it is!

(2)语气强烈的祈使句或陈述句末尾也用感叹号。

Look! It's him!

说明:我们在写书面表达时,要尽量少用感叹号。

7.分号(Semicolon)

分号表示复句内部并列分句之间的停顿,用来代替并列连接词 and、but、or 等。

My grandmother seldom goes to bed this early; she's afraid she'll miss out on something.

注意:分号后的句子第一个字母不大写。

8. 括号(Parentheses)

括号标明行文中注释性的话。

Everyone should fight against the novel coronavirus.

9. 破折号(Dash)

破折号标明行文中解释说明的语句。破折号和括号用法不同:破折号引出的解释说明是正文的一部分,而括号里的解释说明不是正文,只是对句中的某个部分进行注释。

Even when you are asleep, you are using energy—about 65 calories an hour.

All four of them—Bob, Jeffrey, Jason, and Brett—did well in college.

10.省略号 (Ellipsis)

省略号标明行文中省略了的话,是用来表示文中省略或虚缺部分,它的使用往往给人一种意犹未尽的感觉,欲语还休的意境,为人们打开想象的空间,任其驰骋。

Juan thought and thought... and then thought some more.

此外,省略号还用来表示说话的断断续续。

"What time is it?" "12 a.m...err, sorry, 2 p.m."

11.所有格符号(Apostrophe)

表示省去某个字母或表示所有格。汉语没有该符号。

It's a big house.

Amy's mother is in the hospital now.

12.连字号 (Hyphen)

(1)连字号的作用是把意义密切相关的词语连成一个整体。

The third- and fourth-grade teachers met with the parents.

(2)连字号也用来表示移行。

如果一个较长的词在一行之末需要断开时,需先在该行之末加一连字号,其余部分写在下一行行首。但单词移行的规则比较复杂,请同学们在书写时尽量不要把单词拆分成两个部分。

(二)英语标点符号常见错误

初中英语书面表达评分标准指出:"拼写与标点符号是语言准确性的一个方面,评分时应视其对交际的影响程度予以考虑"。现将同学们在书面表达中常犯的错误分析如下:

(1)[原文]We had a short rest, then we began to play happily, we sang and danced, some told stories, some played chess.

[修正]After a short rest, we had great fun singing and dancing, telling jokes and playing chess.

将逗号用在两个或几个完整的独立句中间,称之为"串句"(run-on sentences),这种错误在学生的书面表达中最为常见。犯这种错误的主要原因是受汉语的影响,因为汉语是重"意合"而非"形合",句子的前后连接多靠上下文的逻辑意义来实现,平时使用的连词远远少于英语。

(2)[原文]I have two purposes of dieting. To save money on food and to reduce my weight.

[修正]I have two purposes of dieting: to save money on food and to reduce my weight.

[修正]I have two purposes of dieting. One is to save money on food; the other is to reduce my weight.

一般句子都有主语和谓语这两个主要成分。"to save money on food and to reduce my weight"这一不定式短语并不是一个完整的句子,不应用句号与前句断开。如一定要另写为一句的话,需补上所缺的句子成分。

(3)[原文]Charging entrance fees for a public park, will no doubt keep a lot of people away.

[修正]Charging entrance fees for a public park will no doubt keep a lot of people away.

不要用逗号将主语和谓语分隔开。

[原文]When I heard that Beijing won the bid for the 2008 Olympic Games. I was very excited.

[修正]When I heard that Beijing won the bid for the 2008 Olympic Games, I was very excited.

位于句首的状语从句,常用逗号与主句分开。上述状语从句和主句之间被句号断开的错误比较常见,尤其当状语从句比较长的时候,学生往往会忘记使用逗号,而误用句号。

(4)[原文]Many people jumped out of the window. Because it was the only way of escaping the fire.

[修正]Many people jumped out of the window because it was the only way of escaping the fire.

状语从句后置时,主句和从句之间通常不需用标点隔开,更不可用句号将主句和从句断开。

(5)[原文]There are forty students in our class in all. Most of whom are from big cities.

[修正]There are forty students in our class in all, most of whom are from big cities.

[修正]There are forty students in our class in all. Most of them are from big cities.

非限制性定语从句在书写时,应用逗号与先行词隔开,或干脆不使用定语从句。

(6)[原文]I wrote letters to: my aunt, the bus company, and my close friend, Jack, who moved to Boston four years ago.

[修正]I wrote letters to my aunt, the bus company, and my close friend, Jack, who moved to Boston four years ago.

介词和介词宾语之间不可用标点符号分割开。

(7)[原文]Tom, the captain of the football team was seriously injured in the game.

[修正]Tom, the captain of the football team, was seriously injured in the game.

[原文]Two hundred dollars, I think is not enough.

[修正]Two hundred dollars, I think, is not enough.

位于句子中间的同位语或插入语,前后均需用逗号与句子其他成分隔开。

(8)[原文]"We've found you at long last", they said.

[修正]"We've found you at long last," they said.

引号内如是一个完整的句子,逗号就应该放在引号内。

(9)[原文]Each person can choose to go to one of the places: a factory、a farm、a school or a hospital.

[修正]Each person can choose to go to one of the places: a factory, a farm, a school or a hospital.

英语中没有顿号,在需要用顿号的地方,一般用逗号取代。

(10)[原文]There was a very interesting article entitled《No beating about the bush》in yesterday's《China Daily》.

[修正]There was a very interesting article entitled "No beating about the bush" in yesterday's *China Daily*.

汉语有书名号,如《红楼梦》,而英语则没有。英语印刷材料中的书名通常是斜体字(如:*A Dream of Red Mansions*),在手写时则常在书名下划线。文章名可用引号来表示。

标点符号使用不正确,会使阅读者产生误解,考试时会给阅卷老师造成不良印象,导致不必要的失分。学生在作文书面表达时,应认真对待每一个标点的使用,以达到预期的写作目的。

参考文献

Walvoord, B. E. & Anderson, V. J.,2004,《等级评分——学习和评价的有效工具》,国家基础教育课程改革“促进教师发展与学生成长的评价研究”项目组译,中国轻工业出版社。

Richard, J. S.,2005,《促进学习的学生参与式课堂评价(第四版)》,国家基础教育课程改革“促进教师发展与学生成长的评价研究”项目组译,中国轻工业出版社。

陈凡,2020,《基于小组合作学习培养初中英语写作素养的探究——以人教版八年级上册 Unit 8 写作教学为例》,《科学咨询》(教育科研)第 9 期。

陈琳、Simon Greenall、鲁子问、张连仲,2013,《义务教育教科书英语八年级下册》,外语教学与研究出版社。

陈卫兵、沈华冬,2020,《聚焦文化意识培养的英语阅读教学实践》,《教学月刊》(中学版)第 1—2 期。

程晓堂,2017,《英语学科核心素养及其测评》,《中国考试》第 5 期。

韩金龙,2001,《英语写作教学：过程体裁教学法》,《外语界》第 4 期。

何亚男,2011,《高中英语语法教学活动设计》,上海教育出版社。

黄雪祥,2017,《英语六步过程性写作课例探究》,《教学月刊》(中学版)第 5 期。

蒋建华,2017,《基于过程指导的初中英语写作教学策略》,《江苏教育》(中学教学)第 5 期。

教育部基础教育课程教材专家工作委员会,2012,《义务教育英语课程标准(2011 年版)解读》,北京师范大学出版社。

教育部基础教育课程教材专家工作委员会组织编写,2012,《义务教育英语课程标准(2011 年版)解读》,北京师范大学出版社。

教育部基础教育课程教材专家工作委员会组织编写,2022,《义务教育英语课程标准(2022 年版)解读》,北京师范大学出版社。

李双,2020,《词块教学法在初中英语写作课堂中的应用研究》,哈尔滨师范大学硕士学位论文。

刘兴华,2020,《中学英语写作教学循证实践现状研究》,《外语教学理论与实践》第 4 期。

柳淑瑛,2013,*Scaffolding Young Learners in Language Learning*,中国科学教育

出版社。

庞维国，2003，《自主学习：学与教的原理和策略》，华东师范大学出版社。

秦秀白，2000，《体裁教学法述评》，《外语教学与研究》第1期。

邱丽扬，2019，《“00后”新生代中学生理想信念现状调查与研究》，《科教导刊》第3期。

邱伟光，2013，《为学生未来发展点燃心中的梦想》，《思想理论教育》第10期。

孙桂英，2003，《图式理论在英语阅读课教学中的应用》，《西安外国语学院学报》第3期。

孙明新，2020，《深度学习视阈下的初中英语写作能力培养与研究》，《吉林省教育学院学报》第11期。

王笃勤，2007，《真实性评价：从理论到实践》，外语教学与研究出版社。

王景花，2015，《过程写作法在初中英语教学中的应用》，辽宁师范大学硕士学位论文。

王蔷、胡亚琳，2017，《英语学科能力及其表现研究》，《教育学报》第2期。

王蔷、孙薇薇、蔡铭珂等，2021，《指向深度学习的高中英语单元整体教学设计》，《外语教育研究前沿》第2期。

王玉琦，2020，《思维导图应用于初中英语写作教学的有效性研究》，曲阜师范大学硕士学位论文。

文秋芳，2015，《构建“产出导向法”理论体系》，《外语教学与研究》第4期。

吴红玲，2020，《词块教学法在九年级英语议论文写作教学中的应用研究》，华中师范大学硕士学位论文。

吴颖，2019，《基于输入输出假说的初中英语写作教学设计研究》，湖南科技大学硕士学位论文。

英语课程标准研制组，2002，《英语课程标准解读》，北京师范大学出版社。

张君棠，2010，《图式理论与语篇分析理论的探讨——兼谈其对英语阅读教学的启示》，《教育理论与实践》第3期。

章宁，2021，《对初中英语教材写作板块的再认识——以人教版初中〈英语〉教材为例》，《英语学习》第8期。

赵群英，2003，《高中英语写作教学中应注意的几个问题》，《中小学英语教学与研究》第3期。

中华人民共和国教育部，2011，《国家中长期教育改革和发展规划纲要(2010—2020年)》，中华人民共和国教育部网站，http://www.moe.gov.cn/srcsite/A26/s8001/201112/t20111228_167340.html。

Badger, R. & White, G. 2000. “A Process Genre Approach to Teaching Writing.” *ELT Journal* 54 (2) :153－160.

Buzan, T. & Buzan, B. 1993. *The Mind Map Book*. New York: Plume.

Ellis, R. 1985.“Sources of Variability in Interlanguage.”*Applied Linguistics* (2):

118—131.

Ellis, R. 2000. *Second Language Acquisition*. Shanghai: Shanghai Foreign Language Education Press.

Kay, H. 2005. "Stance and engagement: A model of interaction in academic discourse."*Discourse Studies* (2): 173—192.

Kay, H., & Dudley, E. 1998. "Genre: What Teachers Think."*ELT Journal* 52 (4):308—314.

Krashen, S. 1985.*The Input Hypothesis*. London: Longman.

Krashen, S. D. 1982.*Principles and Practice in Second Language Acquisition*. New York: Pergamon.

Krashen, S. D. 1985.*The Input Hypothesis: Issues and Implications*. New York: Longman.

Lewis, M. 1993.*The Lexical Approach: The State of ELT and A Way Forward*. Hove: Language Teaching Publications.

Lewis, M. 1997. *Implementing the Lexical Approach: Putting Theory into Practice*. Hove, England: Language Teaching Publication.

Raimes, A. 1983. *Techniques in Teaching Writing*. New York: Oxford University Press.

Rumelhart, D. E. 1980. "Schemata: The Building Blocks of Cognition." In Spiro, R.J. et al., eds. *Theoretical Issues in Reading Comprehension*. Hillsdale, NJ: Erl Baum.

Swain, M. 1995. "Three Functions of Output in Second Language Learning." *Principles and Practice in Applied Linguistics* (2): 125—144.

Swain, M. 2008. "Output Hypothesis: Its History and Its Future." *Foreign Language Teaching and Research* (1): 45—50.

Swain, M. 1985. "Communicative Competence: Some Roles of Comprehensible Input and Comprehensible Output in Its Development." In Gass, S. & C. Madden, Rowley, eds. *Input in Second Language Acquisition*. Mass.: Newbury House.

Widdowson, H. G. 1989. "Knowledge of Language and Ability for Use." *Applied Linguistics*(2): 128—137.